The 바른 한국어 첫걸음
မြန်မာလို လေ့လာနိုင်မယ့် ကိုရီးယားဘာသာ

The 바른 한국어 첫걸음

초판인쇄 2024년 01월 10일
초판2쇄 2025년 03월 01일

지은이 닌유툳, 메이표
펴낸이 임승빈
펴낸곳 ECK북스
출판사 등록번호 제 2020-000303호
출판사 등록일자 2000. 2. 15
주소 서울시 마포구 창전로2길 27 [04098]
대표전화 02-733-9950 | **이메일** eck@eckedu.com

제작총괄 염경용
편집책임 정유항, 김하진
표지 디자인 다원기획 | **내지 디자인** 디자인캠프
조판 요미원 | **일러스트** 강기혜
마케팅 이서빈 | **영상** 김선관 | **인쇄** 신우인쇄

ISBN 979-11-6877-334-9
정가 20,000원

ECK교육 | 세상의 모든 언어를 담다

기업출강 · 전화외국어 · 비대면교육 · 온라인강좌 · 교재출판 · 통번역센터 · 평가센터

ECK교육 www.eckedu.com
ECK온라인강좌 www.eckonline.kr
ECK북스 www.eckbook.com

유튜브 www.youtube.com/@eck7687
네이버 블로그 blog.naver.com/eckedu
페이스북 www.facebook.com/ECKedu.main
인스타그램 @eck__official

The **바른**

မြန်မာလို လေ့လာနိုင်မယ့် ကိုရီးယားဘာသာ

한국어
첫걸음

စာရေးသူ

နှင်းယုထွန့် (닌유툰)

မေဖြိုး (메이표)

E C K
Books

ခေါင်းစဉ် မုံ္ရမ်

ကိုရီးယားနှင့် မြန်မာ၏ နှစ်နိုင်ငံအကြားဆက်ဆံရေးသည် တိုးမြင့်လာသည်နှင့်အမျှ အပြန်အလှန်ဆက်ဆံကြသည့် လူအရေအတွက်သည်လည်း တစ်နေ့ထက်တစ်နေ့ များပြားလာပါသည်။ ကိုရီးယားဘာသာလေ့လာရုံတင်မက ခရီးသွားခြင်း၊ ဈေးဝယ်ခြင်း၊ စီးပွားရေးမှာလည်း မြန်မာလူမျိုးအများစုသည် ကိုရီးယားသို့ လာရောက်ပြီး ကိုရီးယားလူမျိုးအများအပြားလည်း မြန်မာနိုင်ငံသို့ လာရောက်လည်ပတ်လျှက်ရှိပါသည်။ ကိုရီးယားနိုင်ငံသို့ လာရောက်သော မြန်မာလူမျိုးများသည် ဘာသာစကားနှင့် မရင်းနှီးသောကြောင့် ၎င်းတို့၏ နေ့စဉ်ဘဝ၌ အခက်အခဲများစွာနှင့် ကြုံတွေ့နေကြရပါသည်။ ၎င်းနှင့် ပတ်သက်၍ ကိုရီးယားယဉ်ကျေးမှုနှင့် ကိုရီးယားဘာသာကို လေ့လာသင်ယူလိုသော မြန်မာလူမျိုးအရေအတွက်သည် လျှင်မြန်စွာ တိုးပွားလာခဲ့ပါသည်။

နိုင်ငံခြားသားများအတွက် ကိုရီးယားဘာသာ သင်ရိုးစာအုပ်များ များစွာရှိသော်လည်း ကိုရီးယားဘာသာအား သေချာမသိသေးသော အခြေအနေ၌ ကိုရီးယားဘာသာဖြင့် ရှင်းပြထားသည့် သင်ရိုးစာအုပ်ဖြင့် လေ့လာခြင်းသည် လွယ်ကူမှု မရှိပေ။ ထို့ကြောင့် မြန်မာလူမျိုးများ၏ ကိုရီးယားဘာသာ လေ့လာမှုနှင့်ပတ်သက်၍ လိုအပ်ချက်များအား ထည့်သွင်းစဉ်းစားကာ မြန်မာဘာသာဖြင့် ရှင်းလင်းထားသည့် ကိုရီးယားသင်ရိုးစာအုပ်အား ထုတ်ဝေရန် ဆုံးဖြတ်ခဲ့ပါသည်။

ဤ စာအုပ်သည် အများအားဖြင့် နေ့စဉ်ဘဝ၌ အသုံးပြုသော စကားပြောများအား ဦးစားပေးပြီး ဖွဲ့စည်းထားပါသည်။ လေ့ကျင့်နိုင်ရန် မေးခွန်းအမျိုးမျိုးနှင့် နေ့စဉ်စကားပြော၌ လိုအပ်သည့် အခြေခံသဒ္ဒါ သို့မဟုတ် စည်းမျဉ်းစည်းကမ်းများအား လေ့လာနိုင်ပြီး ဝေါဟာရအသစ်များကိုလည်း လေ့လာနိုင်စေရန် ထည့်သွင်းထားပါသည်။ ထို့အပြင် ကိုရီးယားနေထိုင်မှုဘဝ၌ အကူအညီဖြစ်စေရန် ကိုရီးယားလူမျိုးများ၏ နေထိုင်မှုပုံစံနှင့် ယဉ်ကျေးမှုတို့အား မိတ်ဆက်ပေးထားပါသည်။

ဤ စာအုပ်အား လေ့လာခြင်းဖြင့် ကိုရီးယားဘာသာစကားနှင့်ပတ်သက်သည့် အခြေခံဗဟုသုတများကို ရရှိနိုင်မည်။ ထို့ပြင်မက ကိုရီးယား၏ နေ့စဉ်နေထိုင်မှုဘဝနှင့် လုပ်ငန်းခွင်သုံး စကားများကိုလည်း သင်ယူနိုင်မည်။ မြန်မာနိုင်ငံမှ ကိုရီးယားနိုင်ငံသို့ သွားရောက်၍ ကိုရီးယားဘာသာအား သင်ယူရန်စီစဉ်ထားသည့် လူများအတွက်လည်း လေ့လာရန် သင့်လျော်ပါသည်။ ထို့အပြင် ကိုရီးယား၌ လွတ်လပ်စွာ သီးသန့်လေ့လာချင်သူများအတွက်လည်း ဤစာအုပ်သည် ထိရောက်မှုရှိသည်။ ကိုရီးယားဘာသာအရည်အချင်းစစ်စာမေးပွဲ(TOPIK)ကို ပြင်ဆင်သည့် အစပိုင်းတွင် လိုအပ်သည့် အခြေခံဗဟုသုတများကိုလည်း ရရှိနိုင်မည်။

မြန်မာလူမျိုးများအတွက် ကိုရီးယားဘာသာ အခြေခံစာအုပ် ရေးသားထုတ်ဝေနိုင်ရန် ခွင့်ပြုသည့် ECK EDUCATION ၏ ဥက္ကဋ္ဌ 임승빈 အား ကျေးဇူးတင်ရှိပါသည်။ ထို့အပြင် ပုံနှိပ်ထုတ်ဝေရန် တန်ဖိုးထား ထောက်ပံ့ပေးသည် Sang Sang A&E ၏ ဥက္ကဋ္ဌ 김현영 တို့အား ကျေးဇူးတင်ကြောင်း ပြောကြားလိုပါသည်။ ထို့နောက် စာအုပ်အား ရေးသားပြုစုရန် ပါဝင်ပံ့ပိုးကူညီသူအားလုံးကို ကျေးဇူးအထူးတင်ရှိပါသည်။

ကိုရီးယားဘာသာလေ့လာလိုသော မြန်မာလူမျိုးအားလုံးနှင့် ကိုရီးယားသို့ ရောက်ရှိပြီးဖြစ်သည့် မြန်မာလူမျိုးများအတွက် အသုံးဝင်သည့် စာအုပ်ဖြစ်မည်ဟု မျှော်လင့်မိပါသည်။

2022. 03

နှင်းယုထွဋ်, မေဖြိုး 닌유툳, 메이표

5

အညွှန်း 목차

㈤ စာအုပ်၏ ဖွဲ့စည်းမှု 이 책의 구성

💡 ကြိုတင်လေ့လာခြင်း

ကိုရီးယားစာ၏ ဗျည်းနှင့် သရအား ရင်းနှီးကျွမ်းဝင်အောင် ထပ်တလဲလဲ လေ့ကျင့်နိုင်မည်။

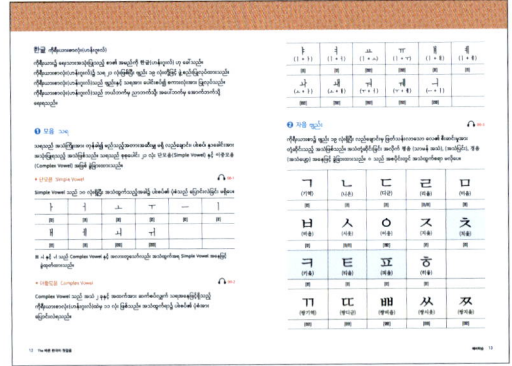
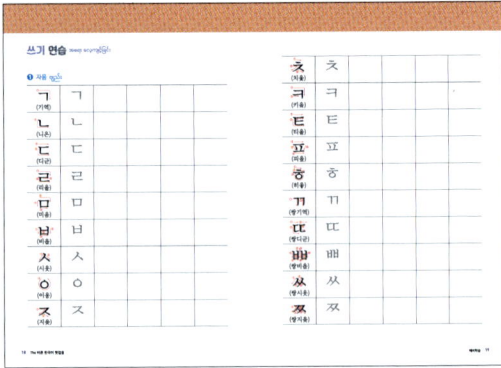

💡 ဝေါဟာရ ကြိုတင်လေ့လာခြင်း

သင်ခန်းစာတွင် သင်မည့် အရေးကြီးသည့် ဝေါဟာရအား ကြိုတင်လေ့လာနိုင်မည်။

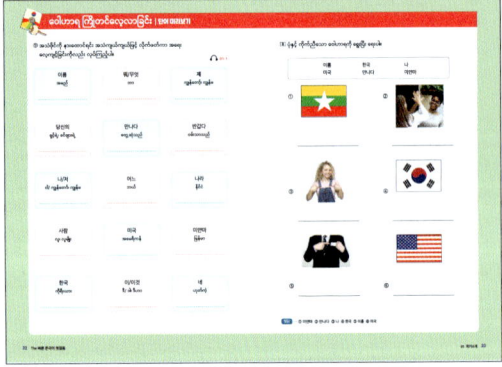

💡 စကားပြော

နေ့စဉ်နေ့တိုင်းမှုဘဝ၌ အသုံးပြုသည့် စကားပြောနှင့် မိမိ၏အတွေးအား ပြောဆိုနိုင်သည့် အရည်အချင်းအား တိုးမြှင့်နိုင်မည်။

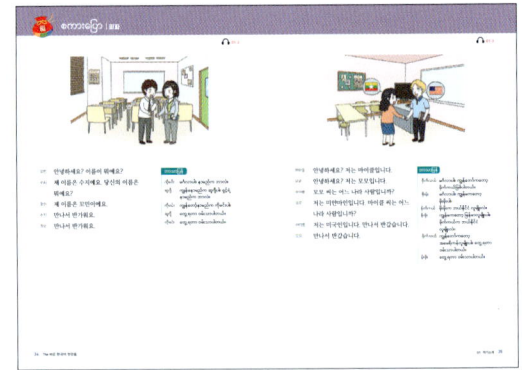

💡 စကားပြော လေ့ကျင့်ခြင်း

စကားပြော၏ အဓိက စကားလုံးအား ကျက်ပြီး ဆက်စပ်သည့် ဝေါဟာရများအား အမျိုးမျိုးပြောင်းလဲ၍ ထပ်တလဲလဲ လေ့ကျင့်နိုင်သည်။

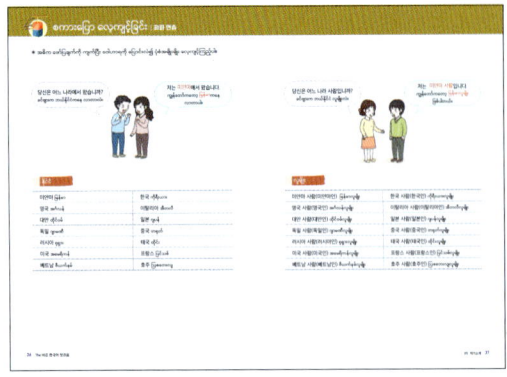

💡 သဒ္ဒါ

စကားပြော၌ အရေးကြီးသည့် အခြေခံ စည်းမျဉ်းစည်းကမ်းများအား လေ့လာနိုင်မည်။

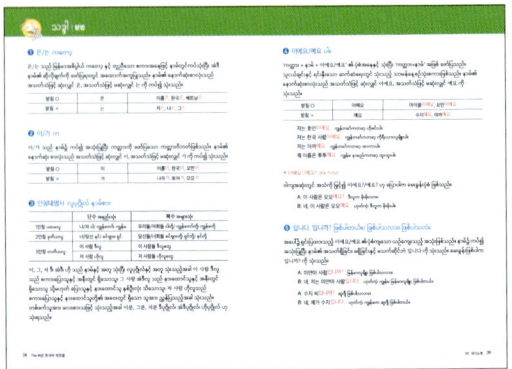

အကြားလေ့ကျင့်ခြင်း/ အရေးလေ့ကျင့်ခြင်း/ အဖတ်လေ့ကျင့်ခြင်း

လက်တွေ့လေ့ကျင့်ခန်း အမျိုးမျိုးမှတဆင့် လေ့လာထားသည့် အကြောင်းအရာများအား ပြန်လည်လေ့လာ သုံးသပ်နိုင်မည်။

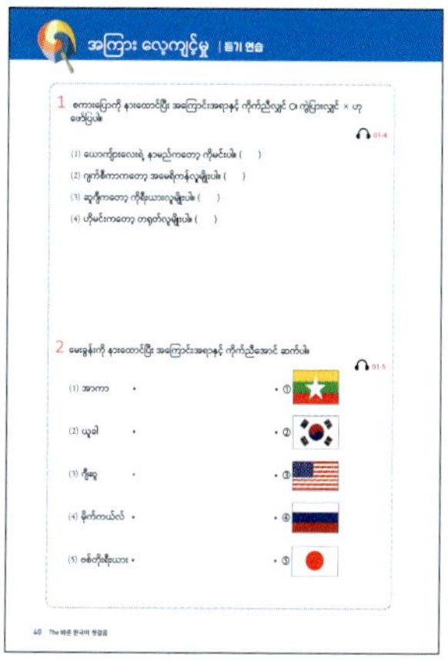

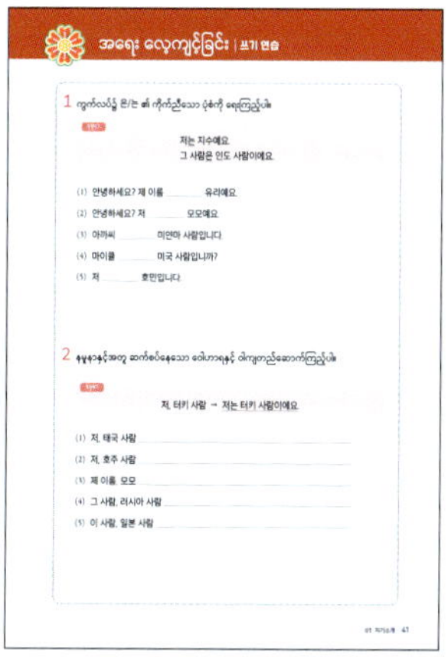

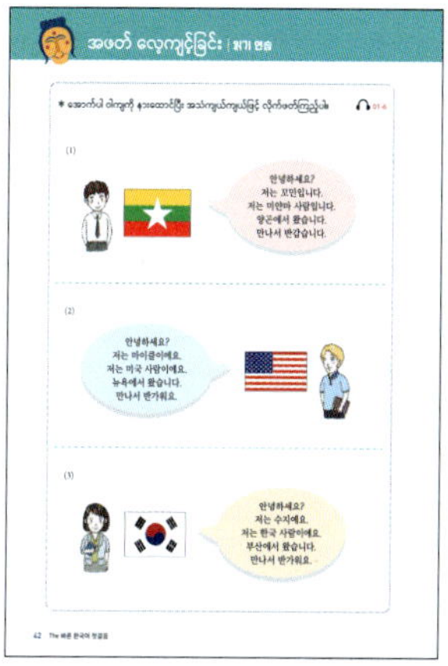

အသံထွက် လေ့ကျင့်ခြင်း

ကိုရီးယား၏ အဓိက အသံထွက်နည်းလမ်းများကို လေ့ကျင့်နိုင်မည်။

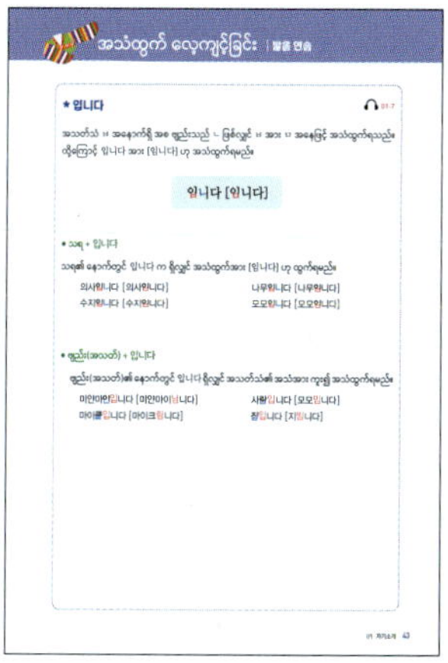

ယဉ်ကျေးမှုအကြောင်း တစေ့တစောင်း

ကိုရီးယား၏ ယဉ်ကျေးမှုနှင့် နေ့စဉ်နေထိုင်မှုဘဝအား မိတ်ဆက်ပေးသည်။

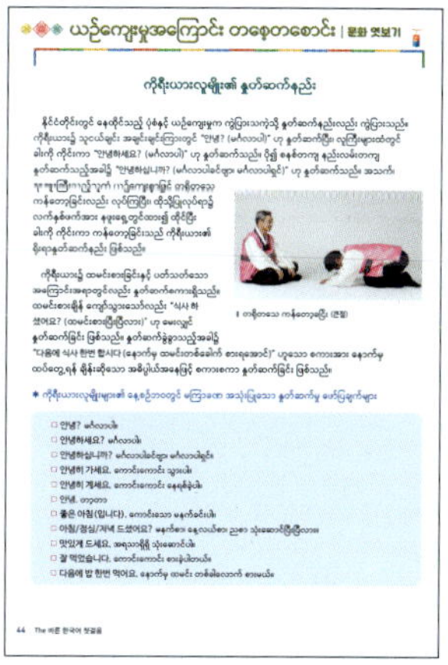

MP3 Download နည်းလမ်း

စာအုပ်၏ MP3 ဖိုင်အား www.eckbooks.kr ၌ အခမဲ့ Download ရယူနိုင်ပါသည်။

QR code အား ရိုက်၍ Download Page အား အသုံးပြုနိုင်သည်။

ကြိုတင်လေ့လာခြင်း
예비학습

- 한글 ကိုရီးယားစာလုံး(ဟန်းဂူးလ်)
- 한국어의 음절 구조 ကိုရီးယားဘာသာ၏ ဝဏ္ဏဖွဲ့စည်းတည်ဆောက်ပုံ
- 한국어 어순 ကိုရီးယားဘာသာ ဝါကျတည်ဆောက်ပုံ
- 한국어 숫자 ကိုရီးယားဘာသာ ကိန်းဂဏန်း
- 쓰기 연습 အရေး လေ့ကျင့်ခြင်း

한글 ကိုရီးယားစာလုံး(ဟန်းဂူးလ်)

ကိုရီးယား၌ ရေးသားအသုံးပြုသည့် စာ၏ အမည်ကို 한글(ဟန်းဂူးလ်) ဟု ခေါ်သည်။ ကိုရီးယားစာလုံး(ဟန်းဂူးလ်)၌ သရ ၂၁ လုံးဖြစ်ပြီး ဗျည်း ၁၉ လုံးတို့ဖြင့် ဖွဲ့စည်းပြုလုပ်ထားသည်။ ကိုရီးယားစာလုံး(ဟန်းဂူးလ်)သည် ဗျည်းနှင့် သရအား ပေါင်းစပ်၍ စကားလုံးအား ပြုလုပ်သည်။ ကိုရီးယားစာလုံး(ဟန်းဂူးလ်)သည် ဘယ်ဘက်မှ ညာဘက်သို့၊ အပေါ်ဘက်မှ အောက်ဘက်သို့ ရေးရသည်။

❶ 모음 သရ

သရသည် အသံကြိုးအား တုန်ခါ၍ မည်သည့်အတားအဆီးမျှ မရှိ လည်ချောင်း၊ ပါးစပ်၊ နှာခေါင်းအား အသုံးပြုရသည့် အသံဖြစ်သည်။ သရသည် စုစုပေါင်း ၂၁ လုံး 단모음(Simple Vowel) နှင့် 이중모음 (Complex Vowel) အဖြစ် ခွဲခြားထားသည်။

● 단모음 Simple Vowel 🎧 00-1

Simple Vowel သည် ၁၀ လုံးရှိပြီး အသံထွက်သည့်အခါ၌ ပါးစပ်၏ ပုံစံသည် ပြောင်းလဲခြင်း မရှိပေ။

ㅏ	ㅓ	ㅗ	ㅜ	ㅡ	ㅣ
[အာ]	[အော]	[အို]	[အူ]	[အု/အွတ်]	[အီ]
ㅐ	ㅔ	ㅚ	ㅟ		
[အဲ]	[အယ်]	[ဝဲ]	[ဝီ]		

※ ㅚ နှင့် ㅟ သည် Complex Vowel နှင့် အလားတူသော်လည်း အသံထွက်အရ Simple Vowel အနေဖြင့် ခွဲထုတ်ထားသည်။

● 이중모음 Complex Vowel 🎧 00-2

Complex Vowel သည် အသံ ၂ ခုနှင့် အထက်အား ဆက်စပ်လျှက် သရအနေဖြင့်ရှိသည့် ကိုရီးယားစာလုံး(ဟန်းဂူးလ်)ထဲမှ ၁၁ လုံး ဖြစ်သည်။ အသံထွက်ရာ၌ ပါးစပ်၏ ပုံစံအား ပြောင်းလဲရသည်။

ㅑ (ㅣ + ㅏ)	ㅕ (ㅣ + ㅓ)	ㅛ (ㅣ + ㅗ)	ㅠ (ㅣ + ㅜ)	ㅒ (ㅣ + ㅐ)	ㅖ (ㅣ + ㅖ)
[ယာ]	[ယော]	[ယို]	[ယူ]	[ယဲ]	[ယယ်]
ㅘ (ㅗ + ㅏ)	ㅙ (ㅗ + ㅐ)	ㅝ (ㅜ + ㅓ)	ㅞ (ㅜ + ㅔ)	ㅢ (ㅡ + ㅣ)	
[ဝါ]	[ဝဲ:]	[ဝေါ]	[ဝယ်:]	[အွီ]	

❷ 자음 ဗျည်း

🎧 00-3

ကိုရီးယားစာ၌ ဗျည်း ၁၉ လုံးရှိပြီး လည်ချောင်းမှ ဖြတ်သန်းလာသော လေ၏ စီးဆင်းမှုအား တုံ့ဆိုင်းသည့် အသံဖြစ်သည်။ အသံတုံ့ဆိုင်းခြင်း အလိုက် 평음 (သာမန် အသံ), (အသံပြင်း), 경음 (အသံပျော့) အနေဖြင့် ခွဲခြားထားသည်။ ㅇ သည် အစပိုင်းတွင် အသံထွက်စရာ မလိုပေ။

ㄱ (기역)	ㄴ (니은)	ㄷ (디귿)	ㄹ (리을)	ㅁ (미음)
[ဂ]	[န]	[ဒ]	[လ/ရ]	[မ]
ㅂ (비읍)	ㅅ (시옷)	ㅇ (이응)	ㅈ (지읒)	ㅊ (치읓)
[ဘ]	[ဆ]	[အ]	[ဂျ]	[ချ]
ㅋ (키읔)	ㅌ (티읕)	ㅍ (피읖)	ㅎ (히읗)	
[ခ]	[ထ]	[ဖ]	[ဟ]	
ㄲ (쌍기역)	ㄸ (쌍디귿)	ㅃ (쌍비읍)	ㅆ (쌍시옷)	ㅉ (쌍지읒)
[ဂ]	[ဒ]	[ပ]	[စ]	[ကျ]

● 거센소리 အသံပြင်း   🎧 00-4

အသံပြင်းသည်အောက်၌ရှိသောအပြာရောင်ချယ်ထားသည့်အသံဖြစ်သည်။အသံထွက်လာသည့်အခါ ပုံမှန်အသံထက် ပါးစပ်မှ ပိုများသည့် လေအား ထုတ်လွတ်ကာ ပိုကျယ်သည့် အသံအား ထွက်သည်။

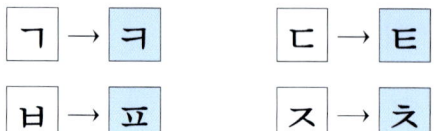

● 된소리 အသံပျော့   🎧 00-5

အသံပျော့သည် အောက်၌ရှိသော ပန်းရောင်ချယ်ထားသည့် အသံဖြစ်သည်။ ပုံမှန်အသံထက် ပိုကျယ်ကျယ် ကြားရသော်လည်း ပါးစပ်မှ လေအား ထုတ်လွတ်မှု မရှိပေ။

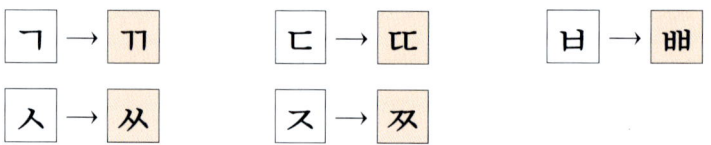

❸ 받침 အသတ်

ကိုရီးယားဗျည်းသည် ပထမအသံနှင့် နောက်ဆုံးအသံအနေဖြင့် သုံးသည်။ ထိုအခါ အသံ၏ အဆုံး၌ရှိသည့် ဗျည်းအား အသတ်ဟု ခေါ်သည်။ ဗျည်း ၁၉ လုံးအနက် ㄸ, ㅃ, ㅉ မှ လွဲ၍ ကျန် ၁၆ လုံးသော ဗျည်းများအား အသတ်အနေဖြင့် သုံးသည်။

ဗျည်းတစ်လုံးတည်းရှိသည့် အသတ်အား 홑받침(သီးခြားအသတ်), ဗျည်းနှစ်လုံး၌ အခြားဗျည်းနှင့်အတူ ဆက်စပ်သည့် အသတ်အား 겹받침(ရောစပ်အသတ်), တူညီသည့် ဗျည်းနှစ်ခုအား ကပ်ကာဆက်စပ်သည့် အသတ်အား 쌍받침(ဆင်တူအသတ်) ဟု ခေါ်သည်။

● 홑받침

    학생 ကျောင်းသား   집 အိမ်   한국 ကိုရီးယား   중국 တရုတ်

● 겹받침

    읽다 ဖတ်သည်   않다 မဟုတ်ဘူး   밟다 နင်းသည်   핥다 လျက်သည်

● 쌍받침

    밖 အပြင်   닦다 တိုက်သည်   먹었다 စားခဲ့သည်   갔다 သွားခဲ့သည်

한국어의 음절 구조 ကိုရီးယား၏ ဝဏ္ဏဖွဲ့စည်းတည်ဆောက်ပုံ

စကားပြောသည့်အခါ အသံပိုင်းဆိုင်ရာ အသီးသီးအား ချိတ်ဆက်၍ ပထမဆုံးအသံထွက်သည့် စာလုံးအား ဝဏ္ဏဟု ခေါ်သည်။ အများအားဖြင့် ဝဏ္ဏသည် သရ၏နောက်တွင် တစ်လုံးနှင့်အထက်သော ဗျည်းအား ပေါင်းစပ်ပါက ဝဏ္ဏတစ်ခု ဖြစ်ပေါ်သည်။

① 모음 သရ

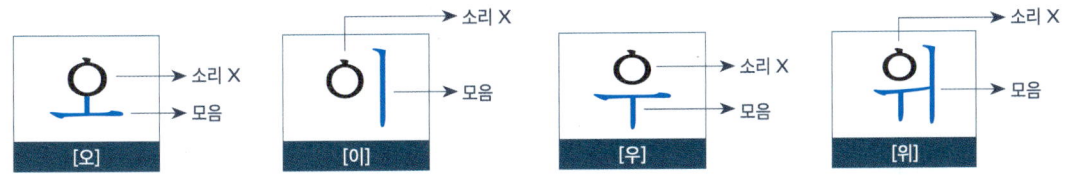

* သရတစ်လုံးအား ဝဏ္ဏတစ်ခုအနေဖြင့် သုံးသည့်အခါ ㅇ သည် သရ၏ အရှေ့၌ ကပ်၍ သုံးသော်လည်း အသံထွက်စရာ မလိုပေ။

② 모음 + 자음(받침) သရ + ဗျည်း(အသတ်)

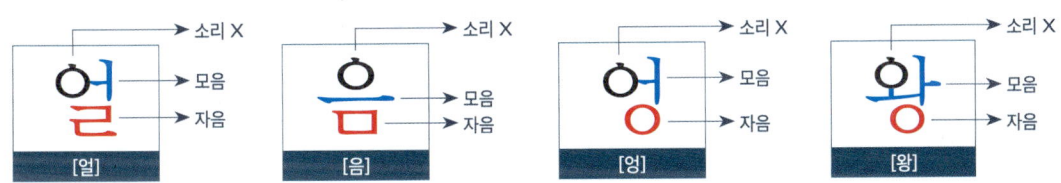

③ 자음 + 모음 ဗျည်း + သရ

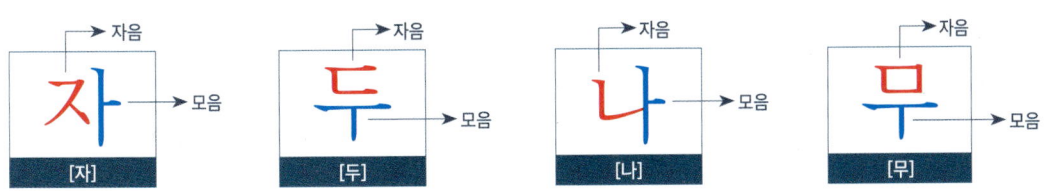

④ 자음 + 모음 + 자음(받침) ဗျည်း + သရ + ဗျည်း(အသတ်)

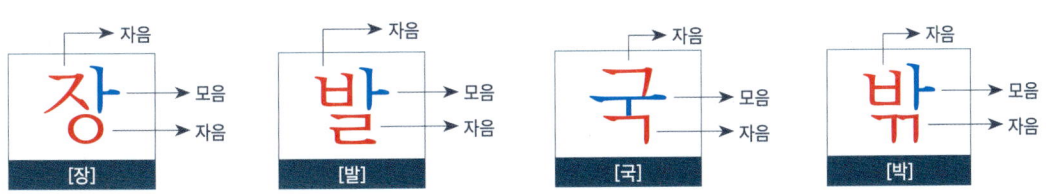

한국어 어순 ကိုရီးယားဘာသာ ဝါကျတည်ဆောက်ပုံ

① ကိုရီးယား၏ ဝါကျၐ္ဒ္ဓ သာမန်အားဖြင့် 주어(ကတ္တား) + 목적어(ကံ) + 서술어(ကြိယာ) တို့ဖြင့် အစဉ်လိုက် ဖွဲ့စည်းထားသည်။

나는	한국을	좋아해요.
(주어)	(목적어)	(서술어)
↓	↓	↓
ငါကတော့	ကိုရီးယားကို	ကြိုက်တယ်။
그녀는	한국어를	공부해요.
(주어)	(목적어)	(서술어)
↓	↓	↓
သူမကတော့	ကိုရီးယားဘာသာကို	လေ့လာတယ်။
우리는	사과를	먹어요.
(주어)	(목적어)	(서술어)
↓	↓	↓
ငါတို့ကတော့	ပန်းသီးကို	စားတယ်။

② ဂုဏ်ရည်ပြ အထူးပြုထားသည့် စကားသည် ဂုဏ်ရည်ပြ အထူးပြုလိုသည့် စကား၏ အရှေ့၌ သုံးရသည်။

빨간 구두 အနီရောင် ရှူးဖိနပ်

예쁜 소녀 လှတဲ့ မိန်းမပျိုလေး

높은 산 မြင့်တဲ့ တောင်

낡은 집 ဟောင်းတဲ့ အိမ်

한국어 숫자 ကိုရီးယား၏ ကိန်းဂဏန်း

00-6

ကိန်းဂဏန်း	တရုတ်ကိန်းဂဏန်း	ကိုရီးယားကိန်းဂဏန်း	ကိန်းဂဏန်း	တရုတ်ကိန်းဂဏန်း	ကိုရီးယားကိန်းဂဏန်း
1	일	하나(한)	11	십일	열하나
2	이	둘(두)	12	십이	열둘
3	삼	셋(세)	13	십삼	열셋
4	사	넷(네)	14	십사	열넷
5	오	다섯	15	십오	열다섯
6	육	여섯	16	십육	열여섯
7	칠	일곱	17	십칠	열일곱
8	팔	여덟	18	십팔	열여덟
9	구	아홉	19	십구	열아홉
10	십	열	20	이십	스물
30	삼십	서른	70	칠십	일흔
40	사십	마흔	80	팔십	여든
50	오십	쉰	90	구십	아흔
60	육십	예순	100	백	온*

* ၁၀၀ ဆိုသည့် ကိန်းဂဏန်းတွင် 온(တစ်ရာ) အား မသုံးမပြုဘဲ 백(ဘဲ့ဂ်) ဟုသာ အများအားဖြင့် သုံးသည်။

• အချိန်နှင့် နေ့ရက်အား ဖတ်ရန်

① ကိုရီးယားဘာသာ၌ အချိန်တွင် နာရီကို ကိုရီးယားကိန်းဂဏန်းအား သုံး၍ ပြောဆိုရပြီး၊ မိနစ်နှင့် စက္ကန့်ကို တရုတ်ကိန်းဂဏန်းအား သုံး၍ ပြောဆိုရသည်။

(한 시 이십오 분 이십 초)

(다섯 시 십 분 오십 초)

② နေ့ရက်အား တရုတ်ကိန်းဂဏန်းဖြင့် ဖတ်ရသည်။

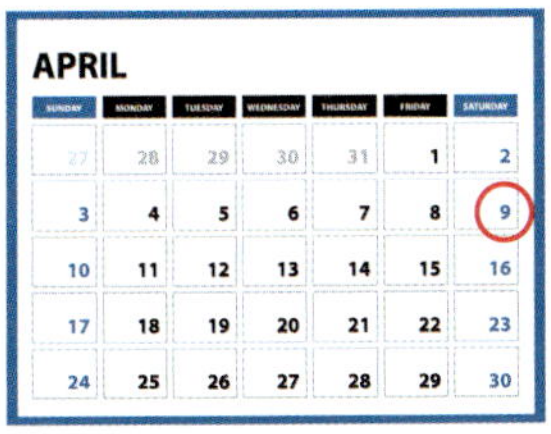

(사 월 구 일)

(구 월 이십오 일)

쓰기 연습 အရေး လေ့ကျင့်ခြင်း

❶ 자음 ဗျည်း

ㄱ (기역)	ㄱ			
ㄴ (니은)	ㄴ			
ㄷ (디귿)	ㄷ			
ㄹ (리을)	ㄹ			
ㅁ (미음)	ㅁ			
ㅂ (비읍)	ㅂ			
ㅅ (시옷)	ㅅ			
ㅇ (이응)	ㅇ			
ㅈ (지읒)	ㅈ			

ㅊ (치읓)	ㅊ				
ㅋ (키읔)	ㅋ				
ㅌ (티읕)	ㅌ				
ㅍ (피읖)	ㅍ				
ㅎ (히읗)	ㅎ				
ㄲ (쌍기역)	ㄲ				
ㄸ (쌍디귿)	ㄸ				
ㅃ (쌍비읍)	ㅃ				
ㅆ (쌍시옷)	ㅆ				
ㅉ (쌍지읓)	ㅉ				

❷ 모음 သရ

ㅏ [아]	ㅏ				
ㅑ [야]	ㅑ				
ㅓ [어]	ㅓ				
ㅕ [여]	ㅕ				
ㅗ [오]	ㅗ				
ㅛ [요]	ㅛ				
ㅜ [우]	ㅜ				
ㅠ [유]	ㅠ				
ㅡ [으]	ㅡ				
ㅣ [이]	ㅣ				

ㅐ [애]	ㅐ				
ㅒ [얘]	ㅒ				
ㅔ [에]	ㅔ				
ㅖ [예]	ㅖ				
ㅘ [와]	ㅘ				
ㅙ [왜]	ㅙ				
ㅚ [외]	ㅚ				
ㅝ [워]	ㅝ				
ㅞ [웨]	ㅞ				
ㅟ [위]	ㅟ				
ㅢ [의]	ㅢ				

❸ 자음 + 모음 ဗျည်း + သရ

자음＼모음	ㅏ	ㅑ	ㅓ	ㅕ	ㅗ
ㄱ	가	갸	거	겨	고
ㄴ	나	냐	너	녀	노
ㄷ	다	댜	더	뎌	도
ㄹ	라	랴	러	려	로
ㅁ	마	먀	머	며	모
ㅂ	바	뱌	버	벼	보
ㅅ	사	샤	서	셔	소

모음 자음	ㅛ	ㅜ	ㅠ	ㅡ	ㅣ
ㄱ	교	구	규	그	기
ㄴ	뇨	누	뉴	느	니
ㄷ	됴	두	듀	드	디
ㄹ	료	루	류	르	리
ㅁ	묘	무	뮤	므	미
ㅂ	뵤	부	뷰	브	비
ㅅ	쇼	수	슈	스	시

자음\모음	ㅏ	ㅑ	ㅓ	ㅕ	ㅗ
ㅇ	아	야	어	여	오
ㅈ	자	쟈	저	져	조
ㅊ	차	챠	처	쳐	초
ㅋ	카	캬	커	켜	코
ㅌ	타	탸	터	텨	토
ㅍ	파	퍄	퍼	펴	포
ㅎ	하	햐	허	혀	호

모음 자음	ㅛ	ㅜ	ㅠ	ㅡ	ㅣ
ㅇ	요	우	유	으	이
ㅈ	죠	주	쥬	즈	지
ㅊ	쵸	추	츄	츠	치
ㅋ	쿄	쿠	큐	크	키
ㅌ	툐	투	튜	트	티
ㅍ	표	푸	퓨	프	피
ㅎ	효	후	휴	흐	히

모음 자음	ㅐ	ㅒ	ㅔ	ㅖ	ㅘ	ㅙ
ㄱ	개	걔	게	계	과	괘
ㄴ	내	냬	네	녜	놔	놰
ㄷ	대	댸	데	뎨	돠	돼
ㄹ	래	럐	레	례	롸	뢔
ㅁ	매	먜	메	몌	뫄	뫠
ㅂ	배	뱨	베	볘	봐	봬
ㅅ	새	섀	세	셰	솨	쇄

모음 자음	ㅚ	ㅝ	ㅞ	ㅟ	ㅢ
ㄱ	괴	궈	궤	귀	긔
ㄴ	뇌	눠	눼	뉘	늬
ㄷ	되	둬	뒈	뒤	듸
ㄹ	뢰	뤄	뤠	뤼	릐
ㅁ	뫼	뭐	뭬	뮈	믜
ㅂ	뵈	붜	붸	뷔	븨
ㅅ	쇠	숴	쉐	쉬	싀

모음 자음	ㅐ	ㅒ	ㅔ	ㅖ	ㅘ	ㅙ
ㅇ	애	얘	에	예	와	왜
ㅈ	재	쟤	제	졔	좌	좨
ㅊ	채	챼	체	쳬	촤	쵀
ㅋ	캐	컈	케	켸	콰	쾌
ㅌ	태	턔	테	톄	톼	퇘
ㅍ	패	퍠	페	폐	퐈	퐤
ㅎ	해	햬	헤	혜	화	홰

자음＼모음	ㅚ	ㅝ	ㅞ	ㅟ	ㅢ
ㅇ	외	워	웨	위	의
ㅈ	죄	줘	줴	쥐	즤
ㅊ	최	춰	췌	취	츼
ㅋ	쾨	쿼	퀘	퀴	킈
ㅌ	퇴	퉈	퉤	튀	틔
ㅍ	푀	풔	풰	퓌	픠
ㅎ	회	훠	훼	휘	희

ကိုယ့်ကိုယ်ကို မိတ်ဆက်ခြင်း
자기소개

လေ့လာရခြင်း ရည်ရွယ်ချက်

- -

- နာမည်နှင့် နိုင်ငံကို စကားပြောနိုင်မည်။

အဓိက သဒ္ဒါ

- -

- 은/는 ကတော့   ・이/가 က   ・인칭대명사 လူပုဂ္ဂိုလ် နာမ်စား
- 이에요/예요 ပါ။
- 입니다/입니까? ဖြစ်ပါတယ်။/ ဖြစ်ပါသလဲ၊ ဖြစ်ပါသလား။

ယဉ်ကျေးမှုအကြောင်း တစေ့တစောင်း

- -

- ကိုရီးယားလူမျိုး၏ နှုတ်ဆက်နည်း

ဝေါဟာရ ကြိုတင်လေ့လာခြင်း | 단어 미리보기

⚙ အသံဖိုင်ကို နားထောင်ရင်း အသံကျယ်ကျယ်ဖြင့် လိုက်ဖတ်ကာ အရေး
လေ့ကျင့်ခြင်းကိုလည်း လုပ်ကြည့်ပါ။

🎧 01-1

| 이름 | 뭐/무엇 | 제 |
| အမည် | ဘာ | ကျွန်တော့်၊ ကျွန်မ |

| 당신의 | 만나다 | 반갑다 |
| ရှင့်ရဲ့၊ ခင်ဗျားရဲ့ | တွေ့ဆုံသည် | ဝမ်းသာသည် |

| 나/저 | 어느 | 나라 |
| ငါ/ ကျွန်တော်၊ ကျွန်မ | ဘယ် | နိုင်ငံ |

| 사람 | 미국 | 미얀마 |
| လူ၊ လူမျိုး | အမေရိကန် | မြန်မာ |

| 한국 | 이/이것 | 네 |
| ကိုရီးယား | ဒီ/ ဒါ၊ ဒီဟာ | ဟုတ်ကဲ့ |

[🔊] ပုံနှင့် ကိုက်ညီသော ဝေါဟာရကို ရွေးပြီး ရေးပါ။

이름	한국	나
미국	만나다	미얀마

①

_____

②

_____

③

_____

④

_____

⑤

_____

⑥

_____

정답 --- ① 미얀마 ② 만나다 ③ 나 ④ 한국 ⑤ 이름 ⑥ 미국

01-2

꼬민 안녕하세요? 이름이 뭐예요?

수지 제 이름은 수지예요. 당신의 이름은 뭐예요?

꼬민 제 이름은 꼬민이에요.

수지 만나서 반가워요.

꼬민 만나서 반가워요.

ဘာသာပြန်

ကိုမင်း မင်္ဂလာပါ။ နာမည်က ဘာလဲ။

ဆူဂျီ ကျွန်မနာမည်က ဆူဂျီပါ။ ရှင့်ရဲ့ နာမည်က ဘာလဲ။

ကိုမင်း ကျွန်တော့်နာမည်က ကိုမင်းပါ။

ဆူဂျီ တွေ့ရတာ ဝမ်းသာပါတယ်။

ကိုမင်း တွေ့ရတာ ဝမ်းသာပါတယ်။

마이클	안녕하세요? 저는 마이클입니다.
모모	안녕하세요? 저는 모모입니다.
마이클	모모 씨는 어느 나라 사람입니까?
모모	저는 미얀마인입니다. 마이클 씨는 어느 나라 사람입니까?
마이클	저는 미국인입니다. 만나서 반갑습니다.
모모	만나서 반갑습니다.

ဘာသာပြန်

မိုက်ကယ်	မင်္ဂလာပါ။ ကျွန်တော်ကတော့ မိုက်ကယ်ဖြစ်ပါတယ်။
မိုးမိုး	မင်္ဂလာပါ။ ကျွန်မကတော့ မိုးမိုးပါ။
မိုက်ကယ်	မိုးမိုးက ဘယ်နိုင်ငံ လူမျိုးလဲ။
မိုးမိုး	ကျွန်မကတော့ မြန်မာလူမျိုးပါ။ မိုက်ကယ်က ဘယ်နိုင်ငံ လူမျိုးလဲ။
မိုက်ကယ်	ကျွန်တော်ကတော့ အမေရိကန်လူမျိုးပါ။ တွေ့ရတာ ဝမ်းသာပါတယ်။
မိုးမိုး	တွေ့ရတာ ဝမ်းသာပါတယ်။

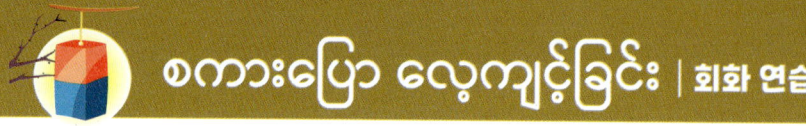

✱ အဓိက ဖော်ပြချက်ကို ကျက်ပြီး ဝေါဟာရကို ပြောင်းလဲ၍ ပုံစံအမျိုးမျိုး လေ့ကျင့်ကြည့်ပါ။

당신은 어느 나라에서 왔습니까?
ခင်ဗျားက ဘယ်နိုင်ငံကနေ လာတာလဲ။

저는 미얀마에서 왔습니다.
ကျွန်မကတော့ မြန်မာကနေ
လာတာပါ။

နိုင်ငံ

미얀마 မြန်မာ	한국 ကိုရီးယား
영국 အင်္ဂလန်	이탈리아 အီတလီ
대만 ထိုင်ဝမ်	일본 ဂျပန်
독일 ဂျာမနီ	중국 တရုတ်
러시아 ရုရှား	태국 ထိုင်း
미국 အမေရိကန်	프랑스 ပြင်သစ်
베트남 ဗီယက်နမ်	호주 ဩစတေးလျ

당신은 어느 나라 사람입니까?
ရှင်က ဘယ်နိုင်ငံ လူမျိုးလဲ။

저는 미얀마 사람입니다.
ကျွန်တော်ကတော့ မြန်မာလူမျိုး ဖြစ်ပါတယ်။

လူမျိုး

미얀마 사람(미얀마인) မြန်မာလူမျိုး	한국 사람(한국인) ကိုရီးယားလူမျိုး
영국 사람(영국인) အင်္ဂလန်လူမျိုး	이탈리아 사람(이탈리아인) အီတလီလူမျိုး
대만 사람(대만인) ထိုင်ဝမ်လူမျိုး	일본 사람(일본인) ဂျပန်လူမျိုး
독일 사람(독일인) ဂျာမဏီလူမျိုး	중국 사람(중국인) တရုတ်လူမျိုး
러시아 사람(러시아인) ရုရှားလူမျိုး	태국 사람(태국인) ထိုင်းလူမျိုး
미국 사람(미국인) အမေရိကန်လူမျိုး	프랑스 사람(프랑스인) ပြင်သစ်လူမျိုး
베트남 사람(베트남인) ဗီယက်နမ်လူမျိုး	호주 사람(호주인) ဩစတေးလျလူမျိုး

❶ 은/는 ကတော့

은/는 သည် မြန်မာအဓိပ္ပါယ် ကတော့ နှင့် တူညီသော စကားအနေဖြင့် နာမ်တွင်ကပ်သုံးပြီး အဲဒီ နာမ်၏ ဆိုလိုချက်ကို ဖော်ပြရာတွင် အထောက်အကူပြုသည်။ နာမ်၏ နောက်ဆုံးစာလုံးသည် အသတ်သံဖြင့် ဆုံးလျှင် 은, အသတ်သံဖြင့် မဆုံးလျှင် 는 ကို ကပ်၍ သုံးသည်။

받침 ○	은	이름은, 한국은, 베트남은
받침 ×	는	저는, 나는, 그는

❷ 이/가 က

이/가 သည် နာမ်၌ ကပ်၍ အသုံးပြုပြီး ကတ္တားကို ဖော်ပြသော ကတ္တားဝိဘတ်ဖြစ်သည်။ နာမ်၏ နောက်ဆုံး စာလုံးသည် အသတ်သံဖြင့် ဆုံးလျှင် 이, အသတ်သံဖြင့် မဆုံးလျှင် 가 ကို ကပ်၍ သုံးသည်။

받침 ○	이	이름이, 한국이, 꼬민이
받침 ×	가	나라가, 토야가, 모모가

❸ 인칭대명사 လူပုဂ္ဂိုလ် နာမ်စား

	단수 အနည်းသုံး	복수 အများသုံး
1인칭 ပထမလူ	나/저 ငါ/ ကျွန်တော်၊ ကျွန်မ	우리들/저희들 ငါတို့/ ကျွန်တော်တို့၊ ကျွန်မတို့
2인칭 ဒုတိယလူ	너/당신 နင်/ ခင်ဗျား၊ ရှင်	당신들/너희들 ခင်ဗျားတို့၊ ရှင်တို့၊ နင်တို့
3인칭 တတိယလူ	이 사람 ဒီလူ	이 사람들 ဒီလူတွေ
	저 사람 ဟိုလူ	저 사람들 ဟိုလူတွေ

이, 그, 저 ဒီ၊ အဲဒီ၊ ဟို သည် နာမ်နှင့် အတူ သုံးပြီး လူပုဂ္ဂိုလ်နှင့် အတူ သုံးသည့်အခါ 이 사람 ဒီလူ သည် စကားပြောသူနှင့် အနီးတွင် ရှိသောသူ၊ 그 사람 အဲဒီလူ သည် နားထောင်သူနှင့် အနီးတွင် ရှိသောသူ သို့မဟုတ် ပြောသူနှင့် နားထောင်သူ နှစ်ဦးလုံး သိသောသူ၊ 저 사람 ဟိုလူသည် စကားပြောသူနှင့် နားထောင်သူတို့၏ အဝေးတွင် ရှိသော သူအား ညွှန်ပြသည့်အခါ သုံးသည်။ တစ်ဖက်သူအား လေးစားသဖြင့် သုံးသည့်အခါ 이분, 그분, 저분 ဒီပုဂ္ဂိုလ်၊ အဲဒီပုဂ္ဂိုလ်၊ ဟိုပုဂ္ဂိုလ် ဟု သုံးရသည်။

❹ 이에요/예요 ပါ။

'ကတ္တား + နာမ် + 이에요/예요' ၏ ပုံစံအနေနှင့် သုံးပြီး 'ကတ္တား=နာမ်' အဖြစ် ဖော်ပြသည်။ သူငယ်ချင်းနှင့် ရင်းနှီးသော ဆက်ဆံရေးတွင် သုံးသည့် သာမန်နေ့စဉ်သုံးစကားဖြစ်သည်။ နာမ်၏ နောက်ဆုံးစာလုံးသည် အသတ်သံဖြင့် ဆုံးလျှင် 이에요, အသတ်သံဖြင့် မဆုံးလျှင် 예요 ကို သုံးသည်။

받침 ○	이에요	마이클이에요, 꼬민이에요
받침 ×	예요	수지예요, 아까예요

저는 호민이에요.　ကျွန်တော်ကတော့ ဟိုမင်းပါ။
저는 한국 사람이에요.　ကျွန်တော်ကတော့ ကိုရီးယားလူမျိုးပါ။
저는 아까예요.　ကျွန်တော်ကတော့ အာကာပါ။
제 이름은 투투예요.　ကျွန်မ နာမည်ကတော့ ထူးထူးပါ။

● 이에요?/예요? လဲ၊ လား။

ဝါကျအဆုံးတွင် အသံကို မြှင့်၍ 이에요?/예요? ဟု ပြောပါက မေးခွန်းပုံစံ ဖြစ်သည်။

A: 이 사람은 모모예요?　ဒီလူက မိုးမိုးလား။
B: 네, 이 사람은 모모예요.　ဟုတ်ကဲ့၊ ဒီလူက မိုးမိုးပါ။

❺ 입니다. 입니까?　ဖြစ်ပါတယ်။/ ဖြစ်ပါသလား၊ ဖြစ်ပါသလဲ။

အပေါ်၌ ရှင်းပြထားသည့် 이에요/예요 ၏ ပုံစံကျသော ယဉ်ကျေးသည့် အသုံးဖြစ်သည်။ နာမ်၌ ကပ်၍ အသုံးပြုပြီး နာမ်၏ အသတ်ရှိခြင်း၊ မရှိခြင်းနှင့် မသက်ဆိုင်ဘဲ 입니다 ကို သုံးသည်။ မေးခွန်းဖြစ်ပါက 입니까? ကို သုံးသည်။

A: 미얀마 사람입니까?　မြန်မာလူမျိုး ဖြစ်ပါသလား။
B: 네, 저는 미얀마 사람입니다.　ဟုတ်ကဲ့၊ ကျွန်မ မြန်မာလူမျိုး ဖြစ်ပါတယ်။

A: 수지 씨입니까?　ဆူဂျီ ဖြစ်ပါသလား။
B: 네, 제가 수지입니다.　ဟုတ်ကဲ့၊ ကျွန်မက ဆူဂျီ ဖြစ်ပါတယ်။

အကြား လေ့ကျင့်မှု | 듣기 연습

1 စကားပြောကို နားထောင်ပြီး အကြောင်းအရာနှင့် ကိုက်ညီလျှင် ○၊ ကွဲပြားလျှင် × ဟု
ဖော်ပြပါ။

🎧 01-4

(1) ယောက်ျားလေးရဲ့ နာမည်ကတော့ ကိုမင်းပါ။ (　　)

(2) ဂျက်စီကာကတော့ အမေရိကန်လူမျိုးပါ။ (　　)

(3) ဆူချီကတော့ ကိုရီးယားလူမျိုးပါ။ (　　)

(4) ဟိုမင်းကတော့ တရုတ်လူမျိုးပါ။ (　　)

2 မေးခွန်းကို နားထောင်ပြီး အကြောင်းအရာနှင့် ကိုက်ညီအောင် ဆက်ပါ။

🎧 01-5

(1) အာကာ •

(2) ယူခါ •

(3) ဂျီဆူ •

(4) မိုက်ကယ်လ် •

(5) ဗစ်တိုးရီးယား •

• ①

• ②

• ③

• ④

• ⑤

 အရေး လေ့ကျင့်ခြင်း | 쓰기 연습

1 ကွက်လပ်၌ 은/는 ၏ ကိုက်ညီသော ပုံစံကို ရေးကြည့်ပါ။

နမူနာ

저<u>는</u> 지수예요.
그 사람<u>은</u> 인도 사람이에요.

(1) 제 이름 _____ 유리예요.

(2) 저 _____ 모모예요.

(3) 아까 씨 _____ 미얀마 사람입니다.

(4) 마이클 _____ 미국 사람입니까?

(5) 저 _____ 호민입니다.

2 နမူနာနှင့်အတူ ဆက်စပ်နေသော ဝေါဟာရနှင့် ဝါကျတည်ဆောက်ကြည့်ပါ။

နမူနာ

저, 터기 사람 → 저<u>는 터키 사람이에요</u>.

(1) 저, 태국 사람 _____

(2) 저, 호주 사람 _____

(3) 제 이름, 모모 _____

(4) 이 사람, 일본사람 _____

(5) 그 사람, 러시아 사람 _____

✱ အောက်ပါ ဝါကျကို နားထောင်ပြီး အသံကျယ်ကျယ်ဖြင့် လိုက်ဖတ်ကြည့်ပါ။ 🎧 01-6

(1)

안녕하세요?
저는 꼬민입니다.
저는 미얀마 사람입니다.
양곤에서 왔습니다.
만나서 반갑습니다.

(2)

안녕하세요?
저는 마이클이에요.
저는 미국 사람이에요.
뉴욕에서 왔습니다.
만나서 반가워요.

(3)

안녕하세요?
저는 수지예요.
저는 한국 사람이에요.
부산에서 왔습니다.
만나서 반가워요.

✱ 입니다
🎧 01-7

အသတ်သံ ㅂ အနောက်ရှိ အစ ဗျည်းသည် ㄴ ဖြစ်လျှင် ㅂ အား ㅁ အနေဖြင့် အသံထွက်ရသည်။
ထို့ကြောင့် 입니다 အား [임니다] ဟု အသံထွက်ရမည်။

입니다 [임니다]

● သရ + 입니다

သရ၏ နောက်တွင် 입니다 က ရှိလျှင် အသံထွက်အား [임니다] ဟု ထွက်ရမည်။

의사입니다 [의사임니다]   나무입니다 [나무임니다]
수지입니다 [수지임니다]   모모입니다 [모모임니다]

● ဗျည်း(အသတ်) + 입니다

ဗျည်း(အသတ်)၏ နောက်တွင် 입니다 ရှိလျှင် အသတ်သံ၏ အသံအား ကူးရွှေ့ အသံထွက်ရမည်။

미얀마인입니다 [미얀마이님니다]   사람입니다 [사라밈니다]
마이클입니다 [마이크림니다]   집입니다 [지빔니다]

ကိုရီးယားလူမျိုး၏ နှုတ်ဆက်နည်း

နိုင်ငံတိုင်းတွင် နေထိုင်သည့် ပုံစံနှင့် ယဉ်ကျေးမှုက ကွဲပြားသကဲ့သို့ နှုတ်ဆက်နည်းလည်း ကွဲပြားသည်။ ကိုရီးယား၌ သူငယ်ချင်း အချင်းချင်းကြားတွင် "안녕? (မင်္ဂလာပါ)" ဟု နှုတ်ဆက်ပြီး၊ လူကြီးများထံတွင် ခါးကို ကိုင်းကာ "안녕하세요? (မင်္ဂလာပါ)" ဟု နှုတ်ဆက်သည်။ ပို၍ စနစ်တကျ နည်းလမ်းတကျ နှုတ်ဆက်သည့်အခါ၌ "안녕하십니까? (မင်္ဂလာပါခင်ဗျာ၊ မင်္ဂလာပါရှင်)" ဟု နှုတ်ဆက်သည်။ အသက်

ရာထူးကြီးသည့်သူ့ထံ ယဉ်ကျေးစွာဖြင့် တရိုတသေ ကန်တော့ခြင်းလည်း လုပ်ကြပြီး၊ ထိုသို့ပြုလုပ်ရာ၌ လက်နှစ်ဖက်အား နဖူးရှေ့တွင်ထား၍ ထိုင်ပြီး ခါးကို ကိုင်းကာ ကန်တော့ခြင်းသည် ကိုရီးယား၏ ရိုးရာနှုတ်ဆက်နည်း ဖြစ်သည်။

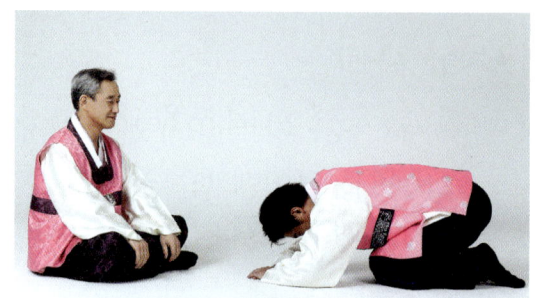

တရိုတသေ ကန်တော့ခြင်း (큰절)

ကိုရီးယား၌ ထမင်းစားခြင်းနှင့် ပတ်သတ်သော အကြောင်းအရာတွင်လည်း နှုတ်ဆက်စကားရှိသည်။ ထမင်းစားချိန် ကျော်သွားသော်လည်း "식사 하셨어요? (ထမင်းစားပြီးပြီလား)" ဟု မေးလျှင် နှုတ်ဆက်ခြင်း ဖြစ်သည်။ နှုတ်ဆက်ခွဲခွာသည့်အခါ၌ "다음에 식사 한번 합시다 (နောက်မှ ထမင်းတစ်ခေါက် စားရအောင်)" ဟူသော စကားအား နောက်မှ ထပ်တွေ့ရန် ချိန်းဆိုသော အဓိပ္ပါယ်အနေဖြင့် စကားစကာ နှုတ်ဆက်ခြင်း ဖြစ်သည်။

✱ ကိုရီးယားလူမျိုးများ၏ နေ့စဉ်ဘဝတွင် မကြာခဏ အသုံးပြုသော နှုတ်ဆက်မှု ဖော်ပြချက်များ

- ☐ 안녕? မင်္ဂလာပါ။
- ☐ 안녕하세요? မင်္ဂလာပါ။
- ☐ 안녕하십니까? မင်္ဂလာပါခင်ဗျာ၊ မင်္ဂလာပါရှင်။
- ☐ 안녕히 가세요. ကောင်းကောင်း သွားပါ။
- ☐ 안녕히 계세요. ကောင်းကောင်း နေရစ်ခဲ့ပါ။
- ☐ 안녕. တာ့တာ
- ☐ 좋은 아침(입니다). ကောင်းသော မနက်ခင်းပါ။
- ☐ 아침/점심/저녁 드셨어요? မနက်စာ၊ နေ့လယ်စာ၊ ညစာ သုံးဆောင်ပြီးပြီလား။
- ☐ 맛있게 드세요. အရသာရှိရှိ သုံးဆောင်ပါ။
- ☐ 잘 먹었습니다. ကောင်းကောင်း စားခဲ့ပါတယ်။
- ☐ 다음에 밥 한번 먹어요. နောက်မှ ထမင်း တစ်ခါလောက် စားမယ်။

အလုပ်အကိုင်
직업

လေ့လာရခြင်း ရည်ရွယ်ချက်

- အလုပ်အကိုင်ကို မိတ်ဆက်နိုင်မည်။

အဓိက သဒ္ဒါ

- -아/어요, -고 있다, -ㅂ니다/습니다 တယ်၊ နေသည်၊ ပါတယ်
- 안, -지 않다 မ – ဘူး

ယဉ်ကျေးမှုအကြောင်း တစေ့တစောင်း

- ကိုရီးယားလူမျိုး၏ အလုပ်အကိုင် ယဉ်ကျေးမှု

② အသံဖိုင်ကို နားထောင်ရင်း အသံကျယ်ကျယ်ဖြင့် လိုက်ဖတ်ကာ အရေး
  လေ့ကျင့်ခြင်းကိုလည်း လုပ်ကြည့်ပါ။

🎧 02-1

직업 အလုပ်အကိုင်	**영어** အင်္ဂလိပ်	**선생님** ဆရာ/ ဆရာမ
회사원 ကုမ္ပဏီဝန်ထမ်း	**회사** ကုမ္ပဏီ	**다니다** တက်ရောက်/ လုပ်သည်
무역회사 ကုန်သွယ်ရေးကုမ္ပဏီ	**외국어** နိုင်ငံခြားဘာသာစကား	**가르치다** သင်ကြားသည်
먹다 စားသည်	**공부하다** လေ့လာသည်	**배우다** သင်ယူသည်
있다 ရှိသည်	**닫다** ပိတ်သည်	**달리다** ပြေး/ တပ်ဆင်/ ချိတ်ဆွဲသည်

[♠] ပုံနှင့် ကိုက်ညီသော ဝေါဟာရကို ရွေးပြီး ရေးပါ။

먹다	영어	회사원
선생님	가르치다	공부하다

①

_____

②

_____

③

_____

④

_____

⑤

_____

⑥

_____

정답 --- ① 선생님 ② 영어 ③ 회사원 ④ 먹다 ⑤ 가르치다 ⑥ 공부하다

စကားပြော | 회화

02-2

꼬민	수지 씨는 직업이 뭐예요?
수지	저는 영어 선생님이에요. 꼬민 씨는 직업이 뭐예요?
꼬민	저는 회사원이에요.
수지	무슨 회사를 다녀요?
꼬민	무역 회사를 다니고 있어요.

ဘာသာပြန်

ကိုမင်း	ဆူဂျီ အလုပ်အကိုင်က ဘာလဲ။
ဆူဂျီ	ကျွန်မကတော့ အင်္ဂလိပ်စာ ဆရာမပါ။ ကိုမင်းရော အလုပ်အကိုင်က ဘာလဲ။
ကိုမင်း	ကျွန်တော်ကတော့ ကုမ္ပဏီဝန်ထမ်းပါ။
ဆူဂျီ	ဘယ် ကုမ္ပဏီမှာ အလုပ်လုပ်လဲ။
ကိုမင်း	ကုန်သွယ်ရေး ကုမ္ပဏီမှာ လုပ်နေပါတယ်။

02-3

모모 마이클 씨는 무슨 일을 합니까?

마이클 저는 외국어 선생님입니다.

모모 무슨 외국어를 가르칩니까?

마이클 영어를 가르칩니다. 모모 씨는 무슨 일을 합니까?

모모 저는 일을 안 합니다. 저는 학생입니다.

ဘာသာပြန်

မိုးမိုး မိုက်ကယ်က ဘာအလုပ် လုပ်လဲ။

မိုက်ကယ် ကျွန်တော်က နိုင်ငံခြား ဘာသာစကား ဆရာ ဖြစ်ပါတယ်။

မိုးမိုး ဘာ နိုင်ငံခြားဘာသာစကားကို သင်ကြားတာလဲ။

မိုက်ကယ် အင်္ဂလိပ်စာကို သင်ကြားတာပါ။ မိုးမိုးရော ဘာ အလုပ် လုပ်လဲ။

မိုးမိုး ကျွန်မက အလုပ် မလုပ်ပါဘူး။ ကျွန်မက ကျောင်းသူပါ။

✴ အဓိက ဖော်ပြချက်ကို ကျက်ပြီး ဝေါဟာရကို ပြောင်းလဲ၍ ပုံစံအမျိုးမျိုး လေ့ကျင့်ကြည့်ပါ။

직업이 뭐예요?
အလုပ်အကိုင်က ဘာလဲ။

선생님이에요.
ဆရာမ ပါ။

အလုပ်အကိုင်

선생님 ဆရာ/ ဆရာမ	학생 ကျောင်းသား
공무원 အစိုးရဝန်ထမ်း	회사원 ကုမ္ပဏီဝန်ထမ်း
의사 ဆရာဝန်	약사 ဆေးရောင်းသူ
강사 ကထိက၊ ဆရာ/ ဆရာမ	주부 အိမ်ရှင်မ
관광 가이드 ဧည့်လမ်းညွှန်	파출부 အိမ်အကူ

무슨 회사를 다녀요?
ဘယ် ကုမ္ပဏီမှာ အလုပ်လုပ်လဲ။

무역회사를 다녀요.
ကုန်သွယ်ရေးကုမ္ပဏီမှာ
အလုပ်လုပ်ပါတယ်။

ကုမ္ပဏီ

무역회사 ကုန်သွယ်ရေးကုမ္ပဏီ	음료회사 အချိုရည်ကုမ္ပဏီ
의류회사 အထည်ကုမ္ပဏီ	건설회사 ဆောက်လုပ်ရေးကုမ္ပဏီ
교육회사 ပညာရေးကုမ္ပဏီ	식품회사 အစားအသောက်ကုမ္ပဏီ
여행사 ခရီးသွားအေဂျင်စီ	출판사 ပုံနှိပ်တိုက်
공장 စက်ရုံ	인력사무소 အလုပ်သမားအေဂျင်စီ

သဒ္ဒါ | 문법

❶ -아/어요 တယ်။

ကြိယာ နှင့် နာမဝိသေသန၏ မူလ အရင်းအမြစ် မှာ 아/어요 ကို ကပ်၍ လက်ရှိပုံစံကို ဖော်ပြသည်။ ကိုရီးယား ဘာသာ၏ ကြိယာ နှင့် နာမဝိသေသန အားလုံးသည် 다 ဖြင့် အဆုံးသတ်ပြီး 다 ၏ အရှေ့ စာလုံးကို '어간 မူလ အရင်းအမြစ်' ဟု ပြောသည်။

가다　오다　예쁘다　일하다
어간　어간　어간　어간

-아/어요 သည် ကြိယာနှင့် နာမဝိသေသန၏ အရင်းအမြစ်၌ ပေါင်းစပ်ထားပြီး၊ အဆုံးသတ် သရသည် ㅏ, ㅗ ဖြစ်လျှင် 아요, ㅏ, ㅗက လွဲ၍ တခြား သရဖြစ်လျှင် 어요 ကို အသုံးပြုရပါသည်။ 하다 အား 해요 ကို အသုံးပြုသည်။

ㅏ, ㅗ	-아요	만나다 보다	만나 + 아요 보 + 아요	만나요 봐요
ㅏ, ㅗ 이외	-어요	있다 배우다 재미있다	있 + 어요 배우 + 어요 재미있 + 어요	있어요 배워요 재미있어요
-하다	-해요	일하다 공부하다		일해요 공부해요

စကားပြောသောအခါ အဆုံးသတ်ကို အသံမြှင့်၍ 아/어요?, 해요? ဟု ပြောလျှင် မေးခွန်းပုံစံ ဖြစ်သည်။

　　지금 가요?　အခု သွားလား။　　　　　일해요?　အလုပ်လုပ်လား။

❷ -고 있다 နေသည်။

ကြိယာ၌ ကပ်၍အတူသုံးလျှင် ပစ္စုပ္ပန်တွင် လုပ်ဆောင်နေခြင်းကို ဖော်ပြသော လက်ရှိပြုလုပ်နေသည့် ပုံစံဖြစ်သည်။

　　먹다 → 먹고 있다　　　　읽다 → 읽고 있다
　　다니다 → 다니고 있다　　일하다 → 일하고 있다
　　달리다 → 달리고 있다　　나르다 → 나르고 있다

한국 회사를 다니고 있어요.　ကိုရီးယားကုမ္ပဏီမှာ အလုပ် လုပ်နေပါတယ်။
저는 일하고 있어요.　ကျွန်တော်ကတော့ အလုပ် လုပ်နေပါတယ်။
짐을 나르고 있어요.　အထုပ်ကို သယ်နေပါတယ်။

❸ -ㅂ니다/습니다 ပါတယ်

-아/어요 ၏ အမြင့်သုံး ပုံစံဖြစ်သည်။ ကြိယာနှင့် နာမဝိသေသန အတူကပ်ပြီး အသုံးပြုလျှင် ကြိယာနှင့် နာမဝိသေသန၌ မူလအရင်းအမြစ်သည် အသတ်သံဖြင့် ဆုံးလျှင် 습니다, အသတ်သံဖြင့် မဆုံးလျှင် ㅂ니다 ကို အသုံးပြုပါသည်။

받침 ○	-습니다	있다 재미있다 먹다	있 + 습니다 재미있 + 습니다 먹 + 습니다	있습니다 재미있습니다 먹습니다
받침 ×	-ㅂ니다	만나다 가르치다 일하다	만나 + ㅂ니다 가르치 + ㅂ니다 일하 + ㅂ니다	만납니다 가르칩니다 일합니다

မေးခွန်း ပုံစံမှာ ㅂ니까?/습니까? ဟု ရေးပြီး အဆုံးသတ်ကို အသံမြင့်၍ ပြောရမည်။

영화가 재미있습니까? ရုပ်ရှင်က စိတ်ဝင်စားဖို့ကောင်းလား။

무슨 일 합니까? ဘာ အလုပ် လုပ်လဲ။

❹ 안, -지 않다 မ - ဘူး

ကြိယာနှင့် နာမဝိသေသန အားလုံး အငြင်းပုံစံ လုပ်သောအခါ အသုံးပြုပါသည်။ မြန်မာစကားဖြင့် 'မ - ဘူး' ဟူသော အဓိပ္ပာယ်ဖြစ်ပါသည်။ ကြိယာနှင့် နာမဝိသေသန၏ အရှေ့တွင် 안 ကို အသုံးပြုပြီး, ကြိယာနှင့် နာမဝိသေသန၏ မူလ အရင်းအမြစ်နောက်တွင် အသုံးပြုသောအခါ 지 않다 ကို အသုံးပြုပါသည်။

먹다 → 안 먹다 = 먹지 않다 မစားဘူး။

가다 → 안 가다 = 가지 않다 မသွားဘူး။

좋다 → 안 좋다 = 좋지 않다 မကောင်းဘူး။

만나다 → 안 만나다 = 만나지 않다 မတွေ့ဘူး။

하다 ဖြင့် ဆုံးသော ကြိယာဖြစ်လျှင် 하다 ရှေ့တွင် 안 ကို ကပ်ရမည်။

일하다 → 일 안 하다 = 일하지 않다 အလုပ် မလုပ်ဘူး။

공부하다 → 공부 안 하다 = 공부하지 않다 စာ မလေ့လာဘူး။

쇼핑하다 → 쇼핑 안 하다 = 쇼핑하지 않다 ဈေးဝယ် မထွက်ဘူး။

1 စကားပြောကို နားထောင်ပြီး ကိုက်ညီသော ရုပ်ပုံကို ရှာကြည့်ပါ။

 02-4

① 　　　②

③ 　　　④

(1) _____　　　(2) _____

(3) _____　　　(4) _____

2 စကားပြောကို နားထောင်ပြီး ရုပ်ပုံ၏ ရှင်းပြမှုက မှန်လျှင် ○ အမှတ်အသား ၊ မှားလျှင် ✕ အမှတ်အသား လုပ်ပါ။

 02-5

(1) 　　　(2) 　　　(3)

_____　　　_____　　　_____

1 အောက်ပါ ဝေါဟာရကို သဒ္ဒါမှာ မှန်အောင် ရေးကြည့်ပါ။

	-아/어요	-고 있어요	-ㅂ니다/습니다
먹다	먹어요	먹고 있어요	먹습니다
만나다			
배우다			
읽다			
앉다			
있다			
없다			
좋다			
일하다			
좋아하다			

2 အောက်ပါ ဝေါဟာရကို သဒ္ဒါမှာ မှန်အောင် ရေးကြည့်ပါ။

	안	-지 않아요
먹다	안 먹어요	먹지 않아요
만나다		
배우다		
읽다		
앉다		
놀다		
보다		
좋다		
일하다		
좋아하다		

✱ အောက်ပါတို့ကို ဖတ်ပြီး အကြောင်းအရာနှင့် ကိုက်ညီလျှင် ○၊ ကွဲပြားလျှင် × ဟု ဖော်ပြပါ။

안녕하세요?
제 이름은 모모입니다.
저는 미얀마 사람입니다.
저는 한국어를 배우고 있습니다.
한국어가 재미있습니다.
수지는 제 친구입니다.
수지는 한국 사람입니다.
수지는 태권도를 가르칩니다.
저는 태권도를 배우지 않습니다.

⑴ 수지는 미얀마 사람이다. (   )

⑵ 모모는 한국어를 배운다. (   )

⑶ 수지는 태권도를 가르친다. (   )

⑷ 모모는 태권도를 배운다. (   )

* –ㅂ니다/습니다

 02-6

ㅂ니다 ဖြင့် ဆုံးသော စကားတွင် အသတ်သံ ㅂ အနောက်ရှိ အစသံဗျည်းသည် ㄴ ဖြစ်လျှင် ㅂ အား ㅁ အနေဖြင့် အသံထွက်ရသည်။ ဒါကြောင့် ㅂ니다 ကို [ㅁ니다] ဟု အသံထွက်ရမည်။

입니다 [임니다]

감사합니다 [감사함니다]   죄송합니다 [죄송함니다]
예쁩니다 [예쁨니다]   만납니다 [만남니다]

'받침 + 습니다' မှာ 습 ၏ အစသံ ㅅ က အရှေ့ အသတ် နှင့် တွေ့လျှင် ㅆ အသံထွက်ရမည်။ အရှေ့၏ အသတ်သံက ㅎ ဖြစ်လျှင် ㅎ ၏ အနောက်တွင်ရှိသော ㅅ နှင့် ပေါင်းပြီး ㅎ က ပြုတ်၍ အနောက်တွင် ရှိသော ㅅ ကို ㅆ ဟု အသံထွက်ရမည်။

반갑습니다 [반갑씀니다]

먹습니다 [먹씀니다]   입습니다 [입씀니다]
덥습니다 [덥씀니다]   고맙습니다 [고맙씀니다]
좋습니다 [조씀니다]   놓습니다 [노씀니다]

ကိုရီးယား လူမျိုး၏ လုပ်ငန်းခွင် ယဉ်ကျေးမှု

ကိုရီးယား လူမျိုး၏ လုပ်ငန်းခွင်ကတော့ အများစုမှာ တနင်္လာနေ့ ကနေ သောကြာနေ့အထိ တစ်ပတ် ၅ရက် အလုပ်လုပ်ကြပါသည်။ အများအားဖြင့် မနက် ၉နာရီမှာ ရုံးတက်ပြီး ညနေ ၆ နာရီမှာ ရုံးဆင်းခြင်းသည် ပုံမှန်ဖြစ်သော်လည်း၊ ကုမ္ပဏီကို လိုက်ပြီး အလုပ်သမားက ရုံးတက်ရုံးဆင်းချိန်ကို လွတ်လွတ်လပ်လပ် သတ်မှတ်ထားသော လိုက်လျောညီထွေ အလုပ်လုပ်သော စနစ်ကိုလည်း လက်တွေ့တွင် လုပ်ဆောင်သည်။ ကိုရီးယား အလုပ်သမားများသည် အလုပ်ပတ်ဝန်းကျင် ကျင့်ဝတ်များကို ကောင်းကောင်း လိုက်နာကြသည်။ ထို့နောက် အလုပ်ပတ်ဝန်းကျင်မှာ နောက်မကျဘဲ ရုံးတက်ခြင်း၊ အလုပ်ပျက်ကွက်မှု မရှိခြင်း၊ အကြောင်းရင်းမရှိဘဲ စောစော ရုံးမဆင်းခြင်း စသည်တို့ကို လိုက်နာဖို့အတွက် ကြိုးစားကြသည်။

နေ့လယ် ထမင်းစားချိန်ကတော့ ပုံမှန် ၁နာရီ ပေးထားပြီး၊ ထိုအချိန်တွင် မိမိ၏ ကိုယ်ရေးကိုယ်တာလည်း လုပ်နိုင်သည်။ ထို့နောက် ကိုရီးယားလူမျိုးများသည် အတူအလုပ်လုပ်သော လူများနှင့် ရင်းနှီးရန်အတွက် တစ်ခါတစ်ရံ အလုပ်ပြီးလျှင် ကုမ္ပဏီညစာစားပွဲကို ပြုလုပ်ကြသည်။ လုပ်ငန်းခွင်တွင် အချင်းချင်း နာမည်ခေါ်ခြင်းထက် ရာထူး သို့မဟုတ် အဆင့်ကို ခေါ်ကြသည်။ ရာထူးအနေဖြင့် 사원-대리-과장-차장-부장-이사-상무-전무-사장 အစဉ်လိုက် ရှိပါသည်။ ဝန်ထမ်းဖြစ်ပါက နာမည်ခေါ်လျှင် နာမည်၏ အနောက်တွင် 씨 ကို ကပ်ပြီး '○○○씨' ဟု ခေါ်၍၊ ရာထူးရှိသူများအား မျိုးရိုး၏နောက်တွင် ရာထူးကို ကပ်၍ '김대리'၊ '박차장' ဟု အတူခေါ်ကြသည်။ မိမိထက် ရာထူးကြီးသော လူကို ခေါ်သောအခါ အဆုံးတွင် '님' ကို ကပ်၍ '김대리님'၊ '박차장님'ဟု ခေါ်သည်။

မိတ်ဆက်ခြင်း

소개

လေ့လာရခြင်း ရည်ရွယ်ချက်

- မိသားစုနှင့် အသိမိတ်ဆွေအား မိတ်ဆက်နိုင်မည်။

အဓိက သဒ္ဒါ

- 이/가 아니에요 က မဟုတ်ပါဘူး   • 의 ရဲ့/ ၏   • 을/를 ကို
- -고 ပြီး/ ပြီးတော့   • 숫자 ကိန်းဂဏန်း

ယဉ်ကျေးမှုအကြောင်း တစေ့တစောင်း

- '가족 မိသားစု' နှင့် '식구 အတူနေသူများ'

㉑ အသံဖိုင်ကို နားထောင်ရင်း အသံကျယ်ကျယ်ဖြင့် လိုက်ဖတ်ကာ အရေး
လေ့ကျင့်ခြင်းကိုလည်း လုပ်ကြည့်ပါ။

 03-1

가족 사진 မိသားစု ဓာတ်ပုံ	**어머니** အမေ	**오빠** အစ်ကို
남동생 ညီလေး/ မောင်လေး	**가족** မိသားစု	**친구** သူငယ်ချင်း
직장 လုပ်ငန်းခွင်	**동료** လုပ်ဖော်ကိုင်ဖက်	**아니요** ဟင့်အင်း
빵 ပေါင်မုန့်	**찌개** ဟင်းရည်	**신문** သတင်းစာ
책 စာအုပ်	**수도** မြို့တော်	**영화** ရုပ်ရှင်

[🎙] ပုံနှင့် ကိုက်ညီသော ဝေါဟာရကို ရွေးပြီး ရေးပါ။

찌개	신문	책
가족 사진	어머니	친구

①

_____

②

_____

③

_____

④

_____

⑤

_____

⑥

_____

정답 --- ① 책 ② 가족 사진 ③ 친구 ④ 찌개 ⑤ 신문 ⑥ 어머니

福 စကားပြော | 회화

꼬민	뭐 하고 있어요?
수지	가족 사진을 보고 있어요.
꼬민	이 사람은 누구예요?
수지	이 사람은 제 어머니예요.
꼬민	이 사람은 오빠예요?
수지	아니요, 오빠가 아니에요. 남동생이에요.
꼬민	가족이 총 세 명이에요?
수지	네, 저희 가족은 세 명이에요.

ဘာသာပြန်

ကိုမင်း	ဘာလုပ်နေလဲ॥
ဆူဂျီ	မိသားစု ဓါတ်ပုံကို ကြည့်နေတယ်॥
ကိုမင်း	ဒီလူက ဘယ်သူလဲ॥
ဆူဂျီ	ဒီလူကတော့ ကျွန်မ အမေပါ॥
ကိုမင်း	ဒီလူက အစ်ကိုလား॥
ဆူဂျီ	ဟင့်အင်း၊ အစ်ကို မဟုတ်ပါဘူး॥ မောင်လေးပါ॥
ကိုမင်း	မိသားစုက အားလုံး သုံးယောက်လား॥
ဆူဂျီ	ဟုတ်ကဲ့၊ ကျွန်မတို့ မိသားစုက သုံးယောက်ပါ॥

마이클　안녕하세요, 꼬민 씨?

꼬민　안녕하세요, 마이클 씨?

마이클　꼬민 씨, 이 사람은 제 친구 모모예요.

모모　안녕하세요?

꼬민　안녕하세요, 모모 씨? 저는 마이클 씨의
　직장 동료이고, 이름은 꼬민입니다.

모모　만나서 반갑습니다.

꼬민　만나서 반갑습니다.

✱ အဓိက ဖော်ပြချက်ကို ကျက်ပြီး ဝေါဟာရကို ပြောင်းလဲ၍ ပုံစံအမျိုးမျိုး လေ့ကျင့်ကြည့်ပါ။

이 사람은 누구예요?
ဒီ လူက ဘယ်သူလဲ။

이 사람은 제 어머니예요.
ဒီ လူက ကျွန်မ အမေပါ။

မိသားစု တော်စပ်မှု

아버지/아빠 အဖေ/ ဖေဖေ	어머니/엄마 အမေ/ မေမေ
형/오빠 အစ်ကို	언니/누나 အစ်မ
남/여동생 မောင်လေး၊ ညီလေး/ ညီမလေး	삼촌 ဦးလေး
이모 အဒေါ်	사촌 ဝမ်းကွဲ
남편 ခင်ပွန်း	아내 ဇနီး

이 사람은 제 **친구** 모모예요.
ဒီ လူကတော့ ကျွန်တော့် သူငယ်ချင်း မိုးမိုးပါ။

안녕하세요, 모모 씨?
မင်္ဂလာပါ။ မိုးမိုး။

အသိမိတ်ဆွေ တော်စပ်မှု

친구 သူငယ်ချင်း	동창 ကျောင်းနေဖက်
선배 စီနီယာ	후배 ဂျူနီယာ
직장 동료 လုပ်ငန်းခွင် လုပ်ဖော်ကိုင်ဖက်	직장 상사 လုပ်ငန်းခွင် အထက်လူကြီး
여자 친구 မိန်းကလေး သူငယ်ချင်း	남자 친구 ယောက်ျားလေး သူငယ်ချင်း

❶ 이/가 아니에요 က မဟုတ်ပါဘူး။

နာမ်၏ နောက်တွင် ကပ်၍ ၎င်းအမှန်တရားအား ငြင်းဆိုသော အဓိပ္ပာယ်ကို ဖော်ပြသည်။ 이에요/예요 နှင့်တူညီပြီး သူငယ်ချင်း သို့မဟုတ် ရင်းနှီးသူ ကြား၌ သုံးသော သာမန်နေ့စဉ်သုံး ပုံစံဖြစ်သည်။ နာမ်၏ နောက်ဆုံးစာလုံးသည် အသတ်သံဖြင့် ဆုံးလျှင် 이 아니에요 ကို သုံးပြီး၊ အသတ်သံဖြင့် မဆုံးလျှင် 가 아니에요 ကို အသုံးပြုပါသည်။

받침 ○	이 아니에요	일본 사람이 아니에요. 학생이 아니에요.
받침 ×	가 아니에요	아까가 아니에요. 의사가 아니에요.

A: 그 사람은 인도 사람이에요? ဒီ လူက အိန္ဒိယလူမျိုးလား။

B: 아니요, 그 사람은 인도 사람이 아니에요. ဟင့်အင်း၊ ဒီ လူက အိန္ဒိယလူမျိုး မဟုတ်ပါဘူး။
프랑스 사람이에요. ပြင်သစ် လူမျိုးပါ။

A: 그 사람이 모모 씨예요? ဒီ လူက မိုးမိုးလား။

B: 아니요, 모모 씨가 아니에요. ဟင့်အင်း၊ မိုးမိုး မဟုတ်ပါဘူး။
그 사람은 유리 씨예요. ဒီ လူက ယူရီပါ။

❷ 의 ရဲ့/ ၏

နာမ်၌ ကပ်၍ အနောက်က နာမ်သည် အရှေ့က နာမ်၏ ပိုင်ဆိုင်မှု သို့မဟုတ် ပိုင်ဆိုင်ကြောင်းပြခြင်းကို ဖော်ပြသော ဝိဘတ်ဖြစ်သည်။

나/저 ငါ/ ကျွန်တော်၊ ကျွန်မ	나의(내)/저의(제) ငါရဲ့ (ငါ့) / ကျွန်တော်ရဲ့ (ကျွန်တော့်)၊ ကျွန်မရဲ့ (ကျွန်မ)	이/그/저 사람 ဒီ/ အဲဒီ/ ဟို လူ	이/그/저 사람의 ဒီ/ အဲဒီ/ ဟို လူရဲ့
너 နင်	너의(네) နင်ရဲ့ (နင့်)	우리 ငါတို့	우리의/저희 ငါတို့ရဲ့၊ ကျွန်တော်တို့၊ ကျွန်မတို့
당신 ခင်ဗျား	당신의 ခင်ဗျားရဲ့၊ ရှင့်ရဲ့	그들 သူတို့	그들의 သူတို့ရဲ့

이것은 제 책이에요. ဒီဟာက ကျွန်တော့် စာအုပ်ပါ။
저것은 친구의 핸드폰이에요. ဟိုဟာက သူငယ်ချင်းရဲ့ ဟန်းဖုန်းပါ။
미얀마의 수도는 네피도예요. မြန်မာရဲ့ မြို့တော်က နေပြည်တော်ပါ။

❸ 을/를 ကို

အပြုခံရသူကို ဖော်ပြသော ကံဝိဘတ်အနေဖြင့် နာမ်၌ ကပ်၍ သုံးသည်။ နာမ်၏ နောက်ဆုံးစာလုံးသည် အသတ်ရှိလျှင် 을, မရှိလျှင် 를 ကို ကပ်ရသည်။ စကားပြောတွင် ကံဝိဘတ်ကို ဖျောက်၍ သုံးနိုင်သည်။

받침 ○	을	밥을, 옷을, 일을
받침 ×	를	우유를, 영화를, 김치를

빵을 먹어요. ပေါင်မုန့်ကို စားတယ်။
신문을 읽어요. သတင်းစာကို ဖတ်တယ်။
찌개를 먹어요. ဟင်းရည်ကို သောက်တယ်။
영화를 봐요. ရုပ်ရှင်ကို ကြည့်တယ်။

❹ -고 ပြီး/ ပြီးတော့

နှစ်ခုနှင့်အထက် အဖြစ်အပျက်အား ညီတူညီမျှ အစဉ်လိုက်သုံးသော စကားဆက်ဖြစ်သည်။ ကြိယာ၊ နာမဝိသေသန၊ 이다/아니다 နှင့် ကပ်၍ သုံးသည်။

가다 → 가고	오다 → 오고	좋다 → 좋고
예쁘다 → 예쁘고	이다 → 이고	아니다 → 아니고

수지 씨는 성격이 좋고 예뻐요. ဆူဂျီကတော့ အၾကျင့်ကောင်းပြီး လှကယ်။
꼬민 씨는 회사원이고 지수 씨는 선생님이에요. ကိုမင်းကတော့ ကုမ္ပဏီဝန်ထမ်းဖြစ်ပြီး ဂျီဆူကတော့ ဆရာမပါ။

❺ 숫자 ကိန်းဂဏန်း

하나(1), 둘(2), 셋(3), 넷(4) သည် နာမ်ကို အထူးပြုသော နာမ်အရေအတွက်ကို သုံးသည့်အခါ အသီးသီး 한, 두, 세, 네 ပုံစံသို့ ပြောင်းသည်။ ကျန်သည့် ကိန်းဂဏန်းများအား မပြောင်းလဲပါ။

한 명 တစ်ယောက်   두 사람 လူနှစ်ယောက်
세 여자 မိန်းကလေး သုံးယောက်   네 남자 ယောက်ျားလေး လေးယောက်
다섯 명 ငါးယောက်   여섯 사람 လူခြောက်ယောက်

1 အောက်ပါတို့ကို နားထောင်ပြီး မှန်ကန်သော ပုံကို ဆက်ပါ။

🎧 03-4

①

②

③

④

(1) _____

(2) _____

(3) _____

(4) _____

2 စကားပြောကို နားထောင်ပြီး အကြောင်းအရာနှင့် ကိုက်ညီလျှင် ○ အမှတ်အသား, မကိုက်ညီလျှင် × အမှတ်အသားကို လုပ်ပါ။

🎧 03-5

(1) မိုးမိုးကတော့ မိုက်ကယ်ရဲ့ သူငယ်ချင်းပါ။ (   )

(2) ကိုမင်းကတော့ မိုက်ကယ်ရဲ့ သူငယ်ချင်းပါ။ (   )

(3) ကိုမင်းက မိုက်ကယ်ရဲ့ လုပ်ဖော်ကိုင်ဖက်ပါ။ (   )

(4) ကိုမင်းနဲ့ မိုးမိုးကတော့ သူငယ်ချင်းပါ။ (   )

1 ကွက်လပ်တွင် 을/를 ၏ မှန်ကန်သော ပုံစံကို ရေးကြည့်ပါ။

<u>နမူနာ</u>

빵을 먹어요.

(1) 꿈_____ 꿔요.

(2) 영화_____ 봐요.

(3) 찌개_____ 먹어요.

(4) 신문_____ 읽어요.

(5) 가족_____ 소개해요.

2 နမူနာနှင့် အတူ ဆက်စပ်သည့် ဝေါဟာရဖြင့် ဝါကျအား တည်ဆောက်ကြည့်ပါ။ ပထမ ဝေါဟာရအား မှန်ကန်သော ပုံစံသို့ ပြောင်း၍ ရေးပါ။

<u>နမူနာ</u>

(나, 아버지, 미얀마 사람)
→ <u>제 아버지는 미얀마 사람이에요.</u>

(1) 그녀, 이름, 모모 _____

(2) 우리, 직업, 소방관 _____

(3) 그, 친구, 러시아 사람 _____

(4) 나, 아버지, 미얀마 사람 _____

(5) 그 사람, 어머니, 한국 사람 _____

* အောက်ပါတို့ကို ဖတ်ပြီး အကြောင်းအရာနှင့် ကိုက်ညီလျှင် ०၊ ကွဲပြားလျှင် × ဟု ဖော်ပြပါ။

지수 아까 씨, 뭐 해요?

아까 가족 사진을 보고 있어요.

지수 이분들이 엄마, 아빠예요?

아까 네, 맞아요.

지수 이분은 누나예요?

아까 아니요, 누나가 아니에요. 여동생이에요.

지수 아까 씨 가족은 총 네 명이에요?

아까 네, 네 명이에요

(1) 아까는 가족과 전화하고 있다. (   )

(2) 아까는 누나가 있다. (   )

(3) 아까는 여동생이 있다. (   )

(4) 아까의 가족은 4명이다. (   )

* 의(ㅢ)

의 ဖြင့် စသော ဝေါဟာရတွင် 의 သည် [의] အီွ ဟု အသံထွက်ရမည်။

의자 [의자]

의사 [의사]

의리 [의리]

의견 [의견]

ဝေါဟာရ၏ အစ မဟုတ်ဘဲ အနောက်တွင် ရှိပါက 의 သည် [의] အီွ ဟု အသံထွက်နိုင်သကဲ့သို့ [이] အီ ဟုလည်း အသံထွက်နိုင်သည်။

회의 [회의/회이]

주의 [주의/주이]

강의 [강의/강이]

정의 [정의/정이]

သရ ㅢ သည် ㅇ ဗျည်းမှ လွဲ၍ တခြားသော ဗျည်းဖြင့် ပေါင်းစပ်လျှင် [ㅣ] အီ ဟု အသံထွက်ရမည်။

무늬 [무니]

희망 [히망]

저희 [저히]

너희 [너히]

နာမ်၌ ကပ်၍ အနောက်တွင်ရှိသော နာမ်သည် အရှေ့တွင်ရှိသောနာမ်၏ ပိုင်ဆိုင်မှု သို့မဟုတ် ပိုင်ဆိုင်ကြောင်းအား ဖော်ပြသည့် ဝိဘတ် 의 သည် [의]အီွ ဟု အသံထွက်နိုင်သကဲ့သို့ [에] အယ် ဟုလည်း အသံထွက်နိုင်သည်။

나의 [나의/나에]

우리의 [우리의/우리에]

누나의 [누나의/누나에]

친구의 [친구의/친구에]

어머니의 [어머니의/어머니에]

선생님의 [선생님의/선생님에]

가족 (မိသားစု) နှင့် 식구 (အတူနေသူများ)

ကိုရီးယားဘာသာစကား၌ 가족(မိသားစု ဟူသော စကားနှင့် 식구(အတူနေသူများ) ဟူသော စကားရှိသည်။ 가족(မိသားစု)သည် အကြင်လင်မယားအား အခြိမ်ကထား၍ ပြောပြီး၊ ဆွေမျိုးတော်စပ်သည့် လူများ၏ ဖွဲ့စည်းပုံကို ပြောလျှင် အိမ်ထောင်ပြုခြင်း၊ သွေးသားတော်စပ်ခြင်း၊ ကလေးမွေးစားခြင်း စသည့် ဖြစ်ပေါ်လာသည့် ဆက်စပ်မှုမျိုးအား ပြောသည်။ ဆယ်စုနှစ်အတွင်း အဝေး၌ နေထိုင်သော်လည်း သွေးသားတော်စပ်မှုရှိလျှင် အားလုံး 가족(မိသားစု)ဟု ခေါ်ဆိုနိုင်သည်။ ထိုစကားနှင့် နိုင်းယှဉ်၍ 식구 (အတူနေသူများ)သည် အိမ်တစ်အိမ်ထဲတွင် အတူတကွ နေထိုင်စားသောက်သောလူဟု အဓိပ္ပယ်ရသည့် စကားဖြစ်သည်။

ဥပမာဆိုရသော် အဖေသည် အလုပ်ကိစ္စကြောင့် အတူတကွ မနေထိုင်ဘဲ နယ်တွင် ခွဲခွာနေသည့် အခါ၌ အဖေသည် 가족(မိသားစု)မှန်သော်လည်း 식구(အတူနေသူများ)ဟု ပြောလျှင် မှားယွင်းသော အသုံးအနှုန်း ဖြစ်ပေမည်။ 식구(အတူနေသူများ)သည် တစ်နည်းအားဖြင့် "우리 사무실 식구가 벌써 열 명이 되었다. (ငါတို့ ရုံးမှာ အတူနေသူက ဆယ်ယောက်တောင် ဖြစ်နေပြီပဲ)" ဟူသော အဖွဲ့အစည်းနှင့် ပတ်သက်မှုကဲ့သို့ အတူ အလုပ်လုပ်သော လူများအား တင်စားပြောဆိုသည့် စကားအနေဖြင့်လည်း သုံးသည်။

မိသားစု သို့မဟုတ် အတူနေသူများသည် နေရာတစ်ခုအတွင်း စားဝတ်နေရေးနှင့် ဘဝကို အတူတကွ အမြဲတမ်းရှိသည့် သံယောဇဉ်အနေဖြင့် 집(အိမ်) ဟူသော နေရာသည် အရေးပါသည်။ သို့သော် 가족(မိသားစု) သည် တစ်အိမ်တည်းတွင် မနေသော်လည်း သက်ဆိုင်နေကြသည်။ တစ်ဖက်တွင် 식구(အတူနေသူများ) သည် ထိုသို့ မဟုတ်ပေ။ အဆောင်နေသူ သို့မဟုတ် တည်းခိုသည့် ဧည့်သည်ဖြစ်သော်လည်း အဖိုးအခ ရခြင်း၊ မရခြင်းနှင့် မသက်ဆိုင်ဘဲ 식구(အတူနေသူများ) ဖြစ်နိုင်သည်။ သို့သော် ထိုလူများသည် 가족(မိသားစု)တွင် ပါဝင်ခြင်း မရှိနိုင်ပါ။

ရက်စွဲ၊ နေ့၊ အချိန်
날짜, 요일, 시간

လေ့လာရခြင်း ရည်ရွယ်ချက်

- ရက်စွဲနှင့် နေ့၊ အချိန်ကို ပြောနိုင်မည်။

အဓိက သဒ္ဒါ

- -(으)ㄹ 거예요 မှာပါ   • N부터 N까지 N ကနေ N အထိ   • 에 မှာ/ က   • 무슨 ဘာ

ယဉ်ကျေးမှုအကြောင်း တစေ့တစောင်း

- ကိုရီးယား၏ ထူးခြားသော အထိမ်းအမှတ်နေ့

◎ အသံဖိုင်ကို နားထောင်ရင်း အသံကျယ်ကျယ်ဖြင့် လိုက်ဖတ်၍ အရေး လေ့ကျင့်ခြင်းကိုလည်း
လုပ်ကြည့်ပါ။

🎧 04-1

휴가 အားလပ်ရက်	언제 ဘယ်အချိန်	월/달 လ/ လပိုင်း
일 ရက်	여행 ခရီး	어디 ဘယ်
저녁 ညနေ	매주 အပတ်တိုင်း	같이 အတူတူ
케이크 ကိတ်မုန့်	쉬다 နားသည်	몇 ဘယ်နှ
바다 ပင်လယ်	방학 ကျောင်းပိတ်ရက်ရှည်	마시다 သောက်သည်

[🎤] 픽과 ကိုက်ညီသော ဝေါဟာရကို ရွေးပြီး ရေးပါ။

쉬다	일	바다
케이크	월	마시다

①

_____

②

_____

③

_____

④

_____

⑤

_____

⑥

_____

정답 --- ① 월 ② 케이크 ③ 일 ④ 마시다 ⑤ 쉬다 ⑥ 바다

 04-2

수지 꼬민 씨 휴가가 언제예요?

꼬민 8월 15일부터 22일까지예요.

수지 그래요? 휴가에 뭐 할 거예요?

꼬민 여행을 갈 거예요.

수지 어디 갈 거예요?

꼬민 부산 해운대에 갈 거예요.

ဘာသာပြန်

ဆူဂျီ ကိုမင်း အားလပ်ရက်က
ဘယ်အချိန်လဲ။

ကိုမင်း ၈ လပိုင်း ၁၅ ရက်နေ့ကနေ ၂၂
ရက်နေ့ အထိပါ။

ဆူဂျီ ဟုတ်လား။ အားလပ်ရက်မှာ
ဘာလုပ်မှာလဲ။

ကိုမင်း ခရီး သွားမှာပါ။

ဆူဂျီ ဘယ်သွားမှာလဲ။

ကိုမင်း ဘူဆန် ဟဲအွန်းဒဲကို သွားမှာပါ။

마이클   모모 씨 저녁에 뭐 해요?

모모   공부해요.

마이클   무슨 공부를 해요?

모모   한국어 공부를 해요. 매주 금요일 저녁 6시 부터 8시 반까지 해요.

마이클   다음에 같이 해요.

ဘာသာပြန်

မိုက်ကယ်   မိုးမိုး ညနေမှာ ဘာ လုပ်လဲ။

မိုးမိုး   စာလေ့လာတယ်။

မိုက်ကယ်   ဘာ စာကို လေ့လာလဲ။

မိုးမိုး   ကိုရီးယားဘာသာကို လေ့လာတယ်။ အပတ်တိုင်း သောကြာနေ့ ညနေ ၆ နာရီကနေ ၈ နာရီခွဲ အထိ လုပ်တယ်။

မိုက်ကယ်   နောက်ကျရင် အတူတူ လုပ်မယ်။

✱ အခိက ဖော်ပြချက်ကို ကျက်ပြီး ဝေါဟာရကို ပြောင်းလဲ၍ ပုံစံအမျိုးမျိုး လေ့ကျင့်ကြည့်ပါ။

몇 월 며칠이에요?
ဘယ်နှ လပိုင်း ဘယ်နှစ်ရက်နေ့လဲ။

8월 22일이에요.
၈ လပိုင်း ၂၂ ရက်နေ့ပါ။

၈

일월 ၁ လပိုင်း	이월 ၂ လပိုင်း
삼월 ၃ လပိုင်း	사월 ၄ လပိုင်း
오월 ၅ လပိုင်း	유월(육월 ✕) ၆ လပိုင်း
칠월 ၇ လပိုင်း	팔월 ၈ လပိုင်း
구월 ၉ လပိုင်း	시월(십월 ✕) ၁၀ လပိုင်း
십일월 ၁၁ လပိုင်း	십이월 ၁၂ လပိုင်း

무슨 요일이에요?
ဘာ နေ့လဲ။

금요일이에요.
သောကြာနေ့ပါ။

နေ့ရက်

월요일 တနင်္လာနေ့	화요일 အင်္ဂါနေ့
수요일 ဗုဒ္ဓဟူးနေ့	목요일 ကြာသပတေးနေ့
금요일 သောကြာနေ့	토요일 စနေနေ့
일요일 တနင်္ဂနွေနေ့	

❶ -(으)ㄹ 거예요 မှာပါ

အနာဂတ် ကာလကို ဖော်ပြပြီး ပြောသူ၏ ဆန္ဒ၊ ရည်မှန်းချက် သို့မဟုတ် ခန့်မှန်းပြောဆိုသည့်အခါ အသုံးပြုပါသည်။ အရှေ့၏ ကြိယာနှင့် နာမဝိသေသနနှင့် မူလအရင်းအမြစ်၏ နောက်ဆုံးစာလုံးသည် အသတ်သံရှိလျှင် 을 거예요, အသတ်သံ မရှိလျှင် ㄹ 거예요 ကို အသုံးပြုပါသည်။

받침 ○	-을 거예요	먹을 거예요, 읽을 거예요
받침 ×, ㄹ 받침 (ㄹ 탈락)	-ㄹ 거예요	갈 거예요, 마실 거예요 만들 거예요, 살 거예요

① 미래/의지 အနာဂတ်/ ဆန္ဒ၊ ရည်မှန်းချက်

이번 주말에 바다에 갈 거예요. ဒီတစ်ပတ် ပိတ်ရက်မှာ ပင်လယ်ကို သွားမှာပါ။

오늘 저녁에 친구를 만날 거예요. ဒီနေ့ညနေမှာ သူငယ်ချင်းကို တွေ့မှာပါ။

저는 한국어 공부를 할 거예요. ကျွန်တော်ကတော့ ကိုရီးယားဘာသာကို လေ့လာမှာပါ။

저는 운전면허를 딸 거예요. ကျွန်တော်ကတော့ ယာဉ်မောင်းလိုင်စင်ကို ရမှာပါ။

저는 밥을 먹을 거예요. ကျွန်တော်ကတော့ ထမင်းစားမှာပါ။

② 추측 ခန့်မှန်းခြင်း

꼬민은 (아마) 불고기를 좋아할 거예요. ကိုမင်းကတော့ အသားကင်ကို ကြိုက်မှာပါ။

내일 (아마) 추울 거예요. မနက်ဖြန် အေးမှာပါ။

수지는 (아마) 빨간색을 고를 거예요. ဆူဂျီကတော့ အနီရောင်ကို ရွေးမှာပါ။

시험이 (아마) 어려울 거예요. စာမေးပွဲက ခက်မှာပါ။

❷ N부터 N까지 N ကနေ N အထိ

ဝေါဟာရလို့ ကပ်ပြီး အပြုအမူ သို့မဟုတ် အခြေအနေ၏ အစနှင့် အဆုံးကို ဖော်ပြပါသည်။ 부터 ကတော့ အစ ဖြစ်ပြီး 까지 ကတော့ အဆုံး ဖြစ်သည်။

저녁 6시부터 8시까지 운동해요. ညနေ ၆ နာရီကနေ ၈ နာရီအထိ အားကစားလုပ်တယ်။

월요일부터 토요일까지 일해요. တနင်္လာနေ့ကနေ စနေနေ့အထိ အလုပ်လုပ်တယ်။

12월부터 2월까지 방학이에요. ၁၂ လပိုင်းကနေ ၂ လပိုင်းအထိ ကျောင်းပိတ်ရက်ရှည်ပါ။

열두 시부터 한 시까지 점심을 먹어요. ၁၂ နာရီကနေ ၁ နာရီအထိ နေ့လည်စာကို စားတယ်။

❸ 에 မှာ/ ကို

အပြုအမူ သို့မဟုတ် အခြေအနေ ဖြစ်ပေါ်သောအချိန်ကို ဖော်ပြရန်အတွက် နာမ်၌ကပ်၍ အသုံးပြုသည်။ 어제(မနေ့က), 오늘(ဒီနေ့), 내일(မနက်ဖြန်), 모레(သန်ဘက်ခါ), 지금(အခု) ကဲ့သို့သော ဝေါဟာရများ၏ နောက်တွင် အသုံးမပြုပါ။

생일에 케이크를 먹어요. မွေးနေ့မှာ ကိတ်မုန့်ကို စားတယ်။
일요일에 친구를 만나요. တနင်္ဂနွေနေ့မှာ သူငယ်ချင်းကို တွေ့တယ်။
주말에 쉬어요. ပိတ်ရက်မှာ နားတယ်။

오늘 한국어를 공부해요. ဒီနေ့ ကိုရီးယားဘာသာကို လေ့လာတယ်။
오늘에 한국어를 공부해요. (×)
내일 일해요. မနက်ဖြန် အလုပ်လုပ်တယ်။
내일에 일해요. (×)

❹ 무슨 ဘာ

무슨 ကတော့ အရာဝတ္ထုပစ္စည်း သို့မဟုတ် မရှင်းလင်းသော အရာများကို ဖော်ပြသည့် အချိန်၌ အသုံးပြုသည်။ 어떤 'ဘယ်လို' အနေဖြင့် အသုံးပြုနိုင်သည်။

무슨 (어떤)
- 영화를 좋아해요? ဘာ ရုပ်ရှင်ကို ကြိုက်လဲ။
- 차를 좋아해요? ဘာ လက်ဖက်ရည်ကို ကြိုက်လဲ။
- 일을 해요? ဘာ အလုပ်ကို လုပ်လဲ။
- 색깔을 좋아해요? ဘာ အရောင်ကို ကြိုက်လဲ။
- 운동을 좋아해요? ဘာ အားကစားကို ကြိုက်လဲ။

အကြား လေ့ကျင့်မှု | 듣기 연습

---

1 အကြောင်းအရာကို နားထောင်ပြီး ရက်စွဲကို ရေးပါ။

🎧 04-4

(1) ____ 월 ____ 일   (2) ____ 월 ____ 일

(3) ____ 월 ____ 일   (4) ____ 월 ____ 일

2 စကားပြောကို နားထောင်ပြီး အကြောင်းအရာနှင့် ကိုက်ညီလျှင် ○ အမှတ်အသား, မကိုက်ညီလျှင် × အမှတ်အသားကို လုပ်ပါ။

🎧 04-5

(1) ဂျူဆူကတော့ ဒီနေ့ စာလေ့လာမှာပါ။ (   )

(2) ဂျူဆူကတော့ ကိုရီးယားဘာသာ စာမေးပွဲကို ဖြေမှာပါ။ (   )

(3) ကိုရီးယားဘာသာ စာမေးပွဲကတော့ တနင်္ဂနွေနေ့မှာ ရှိတယ်။ (   )

1 ကွက်လပ်၌ 에 က လိုအပ်လျှင် ရေးပြီး မလိုအပ်လျှင် × အမှတ်အသား လုပ်ပါ။

(1) 일요일_____ 등산할 거예요?

(2) 내일_____ 뭐 해요?

(3) 주말_____ 영화를 봐요.

(4) 오늘_____ 친구를 만나요.

(5) 금요일_____ 뭐 해요?

2 အောက်ပါတို့ကို နမူနာနှင့် အတူတူ ရေးပါ။

월요일부터 금요일까지 일할 거예요. (월요일, 금요일, 일하다)

(1) 금요일, 일요일, 쉬다 _____

(2) 아침, 저녁, 공부하다 _____

(3) 수요일, 토요일, 여행 가다 _____

(4) 9월, 12월, 학교에 가다 _____

(5) 이번 달, 다음 달, 바쁘다 _____

✱ အောက်ပါတို့ကို ဖတ်ပြီး အကြောင်းအရာနှင့် ကိုက်ညီလျှင် ○၊ ကွဲပြားလျှင် ✕ ဟု ဖော်ပြပါ။

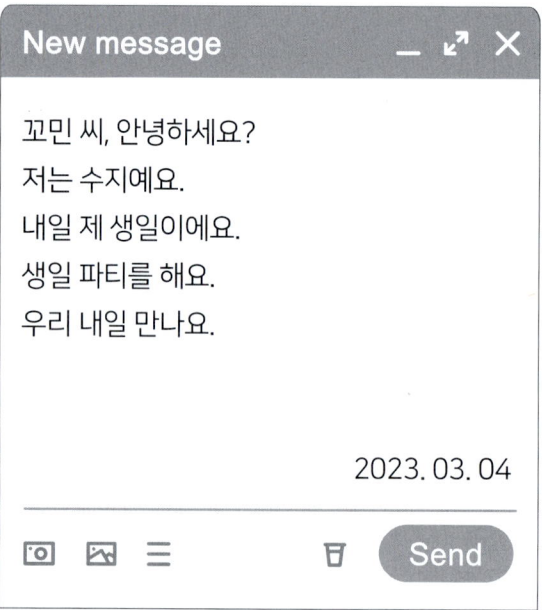

(1) 수지는 생일 파티를 할 것이다. (   )

(2) 수지의 생일은 3월 4일이다. (   )

(3) 수지의 생일은 3월 5일이다. (   )

အသံထွက် လေ့ကျင့်ခြင်း | 발음 연습

★ 받침소리

 04-6

အောက်ပါဧယား၌ ဗျည်း ၁၆ လုံးအား အသတ်သံအနေဖြင့် အသုံးပြုသည့်အခါ ကိုယ်စားပြု ၍ ၇ လုံးအား အသံထွက်ပါသည်။

받침	받침소리
ㄱ, ㄲ, ㅋ	[ㄱ]
ㄴ	[ㄴ]
ㄷ, ㅌ, ㅅ, ㅆ, ㅈ, ㅊ, ㅎ	[ㄷ]
ㄹ	[ㄹ]
ㅁ	[ㅁ]
ㅂ, ㅍ	[ㅂ]
ㅇ	[ㅇ]

● 받침소리 [ㄱ]

막 [막] 밖 [박] 억 [억]

● 받침소리 [ㄴ]

눈 [눈] 안 [안]

● 받침소리 [ㄷ]

곧 [곧] 밑 [믿] 옷 [옫]

있 [읻] 낮 [낟] 몇 [멷]

꽃 [꼳] 읗 [읃]

● 받침소리 [ㄹ]

물 [물] 발 [발]

● 받침소리 [ㅁ]

감 [감] 밤 [밤]

● 받침소리 [ㅂ]

입 [입] 앞 [압] 잎 [입]

● 받침소리 [ㅇ]

강 [강] 방 [방]

ကိုရီးယား၏ ထူးခြားသော အထိမ်းအမှတ်နေ့

    ကိုရီးယားတွင် ကျွန်ုပ်တို့ထံ၌ မရှိသော ထူးခြားသည့် အထိမ်းအမှတ်နေ့များ များပါသည်။ ထိုအရာထဲရှိ တစ်ခုသည် ကလေးမွေးဖွားပြီးသည့်နောက် မိဘက ကလေး ရက် ၁၀၀ အတောအတွင်း ကျန်းကျန်းမာမာဖြစ်ဖြင့် ကြီးပြင်းစေရန် အထိမ်းအမှတ်လုပ်ကာ ဂုဏ်ပြုကြသည်။ ထိုအပြင် ကလေး မွေးဖွားပြီး ၁ နှစ်ပြည့် ပြီးသည့်နောက်တွင် ကလေး၏ ပထမဆုံးမွေးနေ့၊ အထိမ်းအမှတ်အဖြစ် မိသားစုနှင့် ရင်းနှီးသောသူငယ်ချင်းများအား ဖိတ်ကာ စားသောက်ပွဲကို ပြုလုပ်ကြသည်။ ထိုစားသောက်ပွဲကို 돌잔 치 'တစ်နှစ်ပြည့်မွေးနေ့' ဟု ဆိုကြသည်။ ၎င်းစားသောက်ပွဲတွင် ကလေးများ အနာဂတ်၏ အလုပ်အကိုင်၊ အသက်ရှည်ရှည် နေထိုင်နိုင်ခြင်းကို ကြိုတင်ခန့်မှန်သော ရှေးဟောင်းဓလေ့ထုံးစံလည်း ရှိသည်။ ကလေး၏ အနာဂတ်အား တွက်ချက်သည့် အနေဖြင့် အပ်ချည်ကြိုး၊ ခဲတံ၊ မုန့်၊ ပိုက်ဆံ စသည်တို့ကို စားပွဲပေါ်၌ ပြင်ဆင်ထားပြီး ကလေးကို ရွေးချယ်စေခြင်းအားဖြင့် ကလေး၏ အနာဂတ်အား တွက်ချက်ခြင်းကို 돌잡이 ဟု ခေါ်သည်။

▌ တစ်နှစ်ပြည့်မွေးနေ့(돌잔치)

▌ အနာဂတ်အား ခန့်မှန်းသည့် ပစ္စည်းရွေးချယ်ခြင်း(돌잡이)

    ထို့နောက် သက်ကြီးရွယ်အိုများအနေဖြင့်၊ အသက် ၆၀ ပြည့်မွေးနေ့(ကိုရီးယား အသက်ဟုဆိုလျှင် ၆၁~၆၂ နှစ်) အား အထိမ်းအမှတ် ပြုလုပ်ပြီး ထိုအရာကို 환갑 'မွေးဖွားသည့်နှစ်သို့ ပြန်လည်ရောက်ရှိခြင်း' ဟု ခေါ်သည်။ မိမိအား မွေးဖွားသည့် နှစ်သို့ ပြန်လည်ရောက်လာသည့် အဓိပ္ပာယ်ဖြင့် 환갑 'မွေးဖွားသည့်နှစ်သို့ ပြန်လည်ရောက်ရှိခြင်း' ဟု ခေါ်ပြီး ၎င်းအား ၆၀ နှစ် မွေးနေ့တွင် သားသမီးများနှင့် မိသားစု ဆွေမျိုးများ အတူစုဝေးကာ ကျန်းကျန်းမာမာ အသက်ရှည်စေရန် ဆုတောင်းသော စားသောက်ပွဲဖြစ်သည်။ ယခင်ကမူ ပျမ်းမျှ သက်တမ်းသည် တိုသောကြောင့် ၎င်းအထိမ်းအမှတ် ဂုဏ်ပြုစားပွဲကို လုပ်သော်လည်း ယခုမူ ပျမ်းမျှ သက်တမ်းသည် ရှည်လာ၍ အသက် ၆၀ ပြည့် ဂုဏ်ပြုစားပွဲအား ယခင်ကဲ့သို့ မပြုလုပ်တော့ပေ။ ထိုအစား ၇၀ သို့မဟုတ် ၈၀ ပြည့်နှစ် မွေးနေ့၌ အထိမ်းအမှတ် ဂုဏ်ပြုစားပွဲအား ပြုလုပ်ကြသည်။

အခန်း
05

ရာသီဥတုနှင့် ရာသီ
날씨와 계절

လေ့လာရခြင်း ရည်ရွယ်ချက်

- ရာသီဥတု၊ ရာသီနှင့် ပတ်သက်၍ ပြောဆိုနိုင်မည်။

အဓိက သဒ္ဒါ

- -았/었어요 ခဲ့သည်
- -아/어지다 လာသည်
- -아/어서 လို့
- ㅂ 불규칙 ㅂ မူမမှန်ကြိယာ

ယဉ်ကျေးမှုအကြောင်း တစေ့တစောင်း

- ကိုရီးယား၏ ၄ ရာသီ

ဝေါဟာရ ကြိုတင်လေ့လာခြင်း | 단어 미리보기

⑦ အသံဖိုင်ကို နားထောင်ရင်း အသံကျယ်ကျယ်ဖြင့် လိုက်ဖတ်၍ အရေး လေ့ကျင့်ခြင်းကိုလည်း လုပ်ကြည့်ပါ။

05-1

여름 နွေရာသီ	날씨 ရာသီဥတု	어떠하다 ဘယ်လိုလုပ်သည်
덥다 ပူသည်	장마철 မိုးများသည့်ကာလ	끝나다 ပြီးသည်
계절 ရာသီ	가을 ဆောင်းဦး	물놀이 ရေကစားခြင်း
많다 များသည်	적다 နည်းသည်	춥다 အေးသည်
피곤하다 ပင်ပန်းသည်	사다 ဝယ်သည်	가깝다 နီးသည်

[♣] ပုံနှင့် ကိုက်ညီသော ဝေါဟာရကို ရွေးပြီး ရေးပါ။

적다	춥다	가을
물놀이	많다	덥다

① _____ ② _____

③ _____ ④ _____

⑤ _____ ⑥ _____

စကားပြော | 회화

05-2

꼬민 수지 씨, 한국은 여름 날씨가 어때요?

수지 한국 여름은 날씨가 덥고 습해요.

꼬민 한국은 여름에 비가 많이 와요?

수지 네, 장마철에 비가 많이 와요. 장마가 끝나고 더워져요.

ဘာသာပြန်

ကိုမင်း ဆူဂျီ၊ ကိုရီးယား နွေရာသီက ဘယ်လိုလဲ။

ဆူဂျီ ကိုရီးယား နွေရာသီကတော့ ပူပြီး စိုထိုင်းတယ်။

ကိုမင်း ကိုရီးယား နွေရာသီမှာ မိုးအများကြီး ရွာလား။

ဆူဂျီ ဟုတ်ကဲ့၊ မိုးများတဲ့ကာလမှာ မိုးအများကြီး ရွာတယ်။ မိုးများတဲ့ကာလ ပြီးရင် ပူလာတယ်။

마이클   모모 씨는 무슨 계절을 좋아해요?

모모   가을을 좋아해요.

마이클   가을에 주로 무엇을 해요?

모모   날씨가 좋아서 여행을 많이 가요. 작년
         가을에는 경주에 갔어요.
         마이클 씨는 어때요?

마이클   저는 물놀이를 좋아해서 여름이 좋아요.

ဘာသာပြန်

မိုက်ကယ်   မိုးမိုးက ဘာရာသီဥတုကို
              ကြိုက်လဲ။

မိုးမိုး   ဆောင်းဦးရာသီကို ကြိုက်တယ်။

မိုက်ကယ်   ဆောင်းဦးရာသီမှာ
              အများသောအားဖြင့် ဘာလုပ်လဲ။

မိုးမိုး   ရာသီဥတုကောင်းလို့ ခရီး
              အများကြီးသွားတယ်။ မနှစ်က
              ဆောင်းဦးမှာ ဂယောင်းဂျူကို
              သွားခဲ့တယ်။ မိုက်ကယ်ကရော
              ဘယ်လိုလဲ။

မိုက်ကယ်   ကျွန်တော်ကတော့
              ရေကစားတာကို ကြိုက်လို့
              နွေရာသီက ကောင်းတယ်။

✱ အခိက ဖော်ပြချက်ကို ကျက်ပြီး ဝေါဟာရကို ပြောင်းလဲ၍ ပုံစံအမျိုးမျိုး လေ့ကျင့်ကြည့်ပါ။

날씨가 어때요?
ရာသီဥတုက ဘယ်လိုလဲ။

덥고 습해요.
ပူပြီး စိုထိုင်းတယ်။

ရာသီဥတု

덥다 ပူသည်	춥다 အေးသည်
건조하다 ခြောက်သွေ့သည်	습하다 စိုထိုင်းသည်
맑다 ကြည်လင်သည်	따뜻하다 နွေးထွေးသည်
시원하다 အေးမြသည်	선선하다 အေးစိမ့်သည်
흐리다 အုံ့မှိုင်းသည်	바람이 불다 လေတိုက်သည်
비가 오다 မိုးရွာသည်	눈이 오다 နှင်းကျသည်

봄(여름/가을/겨울)에 뭐 해요?
နွေဦး (နွေ/ ဆောင်းဦး/ ဆောင်း)မှာ
ဘာလုပ်လဲ။

꽃구경을 가요.
ပန်းပွဲတော်ကို သွားတယ်။

ရာသီအလိုက် လုပ်ဆောင်မှု

꽃구경을 가요 ပန်းပွဲတော်ကို သွားကြမ်။	벚꽃 놀이를 가요 ချယ်ရီပန်းပွဲတော်ကို သွားတယ်
수영을 해요 ရေကူးတယ်	물놀이를 해요 ရေကစားတယ်
등산을 해요 တောင်တက်တယ်	단풍놀이를 가요 မေပယ်ရွက်ပွဲတော်ကို သွားတယ်
캠핑을 가요 ကမ်းပိန်းထွက်တယ်	눈썰매를 타요 နှင်းလျှောစီးတယ်
스키를 타요 ရေခဲပြင်စကိတ်စီးတယ်	스노보드를 타요 ရေခဲပြင်စကိတ်ပြားစီးတယ်

❶ –았/었어요 ခဲ့တယ်

အခြေအနေ သို့မဟုတ် အဖြစ်အပျက်၏ အတိတ်အကြောင်းအရာအား ဖော်ပြသည့် အခိပွိုင်ဖြစ်သည်။ ကြိယာ၊ နာမဝိသေသနနှင့် 이다/아니다 ၌ ကပ်၍ သုံးသည်။ ကြိယာ၊ နာမဝိသေသန၏ မူလအရင်းအမြစ်သည် သရ ㅏ, ㅗ ဖြစ်လျှင် 았어요, ကျန်သည့် သရများဖြစ်လျှင် 었어요 ကို ကပ်ရမည်။ 하다 သည် 했어요 ဟု ပြောင်းရမည်။

ㅏ, ㅗ	-았어요	가다 오다	가 + 았어요 오 + 았어요	갔어요 왔어요
ㅏ, ㅗ 이외	-었어요	먹다 배우다 이다	먹 + 었어요 배우 + 었어요 이 + 었어요	먹었어요 배웠어요 이었어요
-하다	-했어요	일하다, 공부하다		일했어요, 공부했어요

나ame + 이었어요 တွင် နာမ်သည် အသတ်သံဖြင့် မဆုံးလျှင် 이었어요 အစား 였어요 ဟု ပြောင်းရမည်။

선생님이었어요. ဆရာမ ဖြစ်ခဲ့တယ်။   의사였어요. ဆရာဝန် ဖြစ်ခဲ့တယ်။

● –았/었습니다 ခဲ့ပါတယ်

–았/었어요 ၏ ယဉ်ကျေးသည့် အမြင့်သုံးပုံစံ ဖြစ်သည်။ ကြိယာ၏ မူလအရင်းအမြစ်သည် ㅏ, ㅗ ဖြင့် ဆုံးလျှင် 았습니다 ဖြစ်ပြီး၊ အခြား သရဖြင့်ဆုံးလျှင် 었습니다 ကို ကပ်ရသည်။ 하다 ဖြစ်လျှင် ထိုကြိယာအား 했습니다 ဟု ရေးရမည်။

ㅏ, ㅗ	-았습니다	가다, 오다	갔습니다, 왔습니다
ㅏ, ㅗ 이외	-었습니다	먹다, 배우다	먹었습니다, 배웠습니다
-하다	-했습니다	일하다, 공부하다	일했습니다, 공부했습니다

❷ –아/어지다 ... လာသည်

ကိစ္စတစ်ခုခု ဖြစ်ပေါ်လာခြင်း သို့မဟုတ် အခြေအနေတစ်ခုခု ဖြစ်လာသည်ကို ဖော်ပြသည့် ပုံစံဖြစ်သည်။ ကြိယာ၊ နာမဝိသေသန၏ မူလအရင်းအမြစ်သည် သရ ㅏ, ㅗ ဖြစ်လျှင် 아지다, ကျန်သည့် သရဖြစ်လျှင် 어지다 ကို ကပ်ရသည်။ 하다 အား 해지다 ဟု ပြောင်းရမည်။

ㅏ, ㅗ	-아지다	많다	많 + 아지다	많아지다
ㅏ, ㅗ 이외	-어지다	적다	적 + 어지다	적어지다
-하다	-해지다	날씬하다		날씬해지다

요즘 일이 많아졌어요. အခုတလော အလုပ် များလာတယ်။

운동해서 날씬해졌어요. အားကစားလုပ်လို့ ပိန်လာတယ်။

❸ -아/어서 လို့

ကြိယာ၊ နာမဝိသေသန၊ 이다/아니다 ၌ ကပ်၍ အကြောင်းပြချက်၏ မူလဇစ်မြစ်ကို ဖော်ပြသည်။
ကြိယာ၊ နာမဝိသေသန၏ မူလအရင်းအမြစ် သရသည် ㅏ, ㅗ ဖြစ်လျှင် 아서၊ ကျန်သည့်
သရဖြစ်လျှင် 어서 ကို ကပ်ရမည်။ 하다 အား 해서 ဟု ပြောင်းရမည်။

ㅏ, ㅗ	-아서	가다 오다	가 + 아서 오 + 아서	가서 와서
ㅏ, ㅗ 이외	-어서	먹다 배우다 이다	먹 + 어서 배우 + 어서 이 + 어서	먹어서 배워서 이어서
-하다	-해서	일하다, 공부하다		일해서, 공부해서

비가 와서 우산을 샀어요. မိုးရွာလို့ ထီးကို ဝယ်ခဲ့တယ်။

일을 많이 해서 피곤해요. အလုပ် အများကြီး လုပ်လို့ ပင်ပန်းတယ်။

나名 + 이어서 တွင် 나名သည် အသတ်သံဖြင့် မဆုံးလျှင် 이어서 အစား 여서 ဟု ပြောင်းရေးရမည်။

시험이어서 စာမေးပွဲမို့လို့

최고여서 အကောင်းဆုံးမို့လို့

학생이어서 ကျောင်းသားမို့လို့

의사여서 ဆရာဝန်မို့လို့

❹ ㅂ 불규칙 ㅂ မူမမှန်ကြိယာ

မူလအရင်းအမြစ်၏ အသတ်သံ ㅂ ဖြင့် ဆုံးသည့်ဝေါဟာရသည် သရနှင့် တွေ့လျှင် ㅂ သည် 오/우
အဖြစ်သို့ ပြောင်းသည့် အခြေအနေလည်း ရှိသည်။

မူမမှန်		မူမှန်	
돕다	도오 + 아요 → 도와요	잡다	잡 + 아요 → 잡아요
곱다	고오 + 아요 → 고와요	좁다	좁 + 아요 → 좁아요
덥다	더우 + 어요 → 더워요	뽑다	뽑 + 아요 → 뽑아요
춥다	추우 + 어요 → 추워요	씹다	씹 + 어요 → 씹어요
가깝다	가까우 + 어요 → 가까워요	접다	접 + 어요 → 접어요
고맙다	고마우 + 어요 → 고마워요	입다	입 + 어요 → 입어요

1 အောက်ပါတို့ကို နားထောင်ပြီး မှန်ကန်သောပုံကို ရွေးပါ။

🎧 05-4

①

②

③

④

(1) _____ (2) _____

(3) _____ (4) _____

2 ဝါကျအား နားထောင်ပြီး မှန်ပါက အချင်းချင်း ချိတ်ဆက်ပါ။

🎧 05-5

(1) ရန်ကုန်　　•　　　　•　① အုံ့မှိုင်းသည်

(2) ဆိုးလ်　　　•　　　　•　② နွေးထွေးသည်

(3) ဘူဆန်　　　•　　　　•　③ ကြည်လင်သည်

(4) ပိတ်ရက်　　•　　　　•　④ အေးသည်

1 အောက်ပါတို့နှင့် ဆက်စပ်သည့် သဒ္ဒါပုံစံအား မှန်ကန်အောင် ရေးကြည့်ပါ။

	-았/었어요	-아/어서
눕다	누웠어요	누워서
맵다		
무겁다		
쉽다		
아름답다		
어렵다		
줍다		
접다		
좁다		
뽑다		

2 နမူနာနှင့်အတူ ဝါကျအား ပြီးပြည့်စုံအောင် ရေးပါ။

နမူနာ

가: 어제 뭐 했어요?

나: 영화를 봤어요. (영화를 보다)

(1) 주말에 뭐 했어요? (친구를 만나다)

_____

(2) 지난주 토요일에 뭐 했어요? (쇼핑하다)

_____

(3) 월요일에 뭐 했어요? (한국어를 공부하다)

_____

(4) 오늘 아침에 뭐 했어요? (운동하다)

_____

✲ အောက်ပါတို့ကို ဖတ်ပြီး အကြောင်းအရာနှင့် ကိုက်ညီလျှင် ○၊ ကွဲပြားလျှင် ✕ ဟု ဖော်ပြပါ။

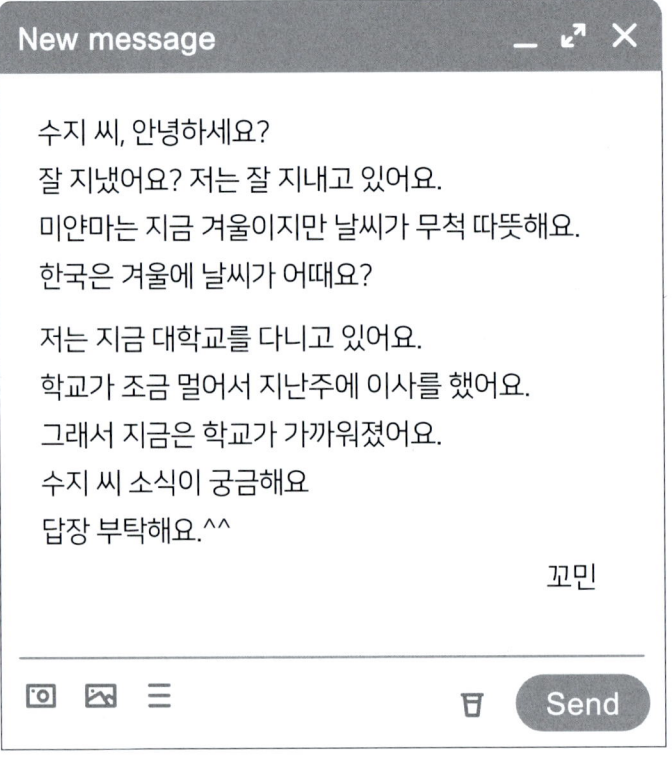

New message

수지 씨, 안녕하세요?

잘 지냈어요? 저는 잘 지내고 있어요.

미얀마는 지금 겨울이지만 날씨가 무척 따뜻해요.

한국은 겨울에 날씨가 어때요?

저는 지금 대학교를 다니고 있어요.

학교가 조금 멀어서 지난주에 이사를 했어요.

그래서 지금은 학교가 가까워졌어요.

수지 씨 소식이 궁금해요

답장 부탁해요.^^

꼬민

Send

(1) 미얀마는 겨울에 날씨가 무척 춥다. (　　　)

(2) 꼬민은 지금 학교를 다니고 있다. (　　　)

(3) 꼬민은 이사하고 집이 학교에서 멀어졌다. (　　　)

(4) 꼬민은 답장을 기다린다. (　　　)

✱ 겹받침

 05-6

ကိုရီးယားတွင် အသံကူးခြင်း ၁၁ မျိုး ရှိသည်။ ဤအသံကူးခြင်းသည် ဝေါဟာရ၏အဆုံး သို့မဟုတ် အခြားဗျည်း အရှေ့၌ ရှိသော ဗျည်းတစ်လုံးအား ဖြုတ်၍ အသံကူးခြင်းဖြင့် ရိုးရှင်းစွာ အသုံးပြုသည်။ အသံထွက် ကိုယ်စားပြုဖြစ်သည့် ㄱ, ㄴ, ㅁ, ㄹ, ㅂ အတိုင်း အသံထွက်ရသည်။ ဆိုလိုသည်မှာ 읊 တွင် ㄹ အား ဖြုတ်၍ ㅍ သာ ကျန်ပြီး ㅍ ၏ ကိုယ်စားပြု အသံ ㅂ အနေဖြင့် ㅂ အသံအား ထွက်ခြင်းဖြစ်သည်။

● အရှေ့ဗျည်းအား အသံထွက်သည့် အခြေအနေ

받침	받침소리	예
ㄱㅅ	[ㄱ]	넋 [넉], 몫 [목]
ㄴㅈ	[ㄴ]	앉 [안]
ㄴㅎ	[ㄴ]	많 [만], 않 [안]
ㄹㅂ	[ㄹ]	덟 [덜], 넓 [널]
ㄹㅅ	[ㄹ]	곬 [골]
ㄹㅌ	[ㄹ]	핥 [할]
ㄹㅎ	[ㄹ]	앓 [알], 싫 [실]
ㅂㅅ	[ㅂ]	값 [갑], 없 [업]

● အနောက်ဗျည်းအား အသံထွက်သည့် အခြေအနေ

받침	받침소리	예
ㄹㄱ	[ㄱ]	닭 [닥], 흙 [흑]
ㄹㅁ	[ㅁ]	앎 [암], 삶 [삼]
ㄹㅍ	[ㅂ]	읊 [읍]

ကိုရီးယား၏ ၄ ရာသီ

ကိုရီးယားသည် အာရှတိုက်၏ အရှေ့ဘက်တွင် တည်ရှိသည်။ နိုင်ငံမြေ ၇၀% သည် တောင်များဖြစ်ပြီး၊ အရပ်သုံးမျက်နှာအား ပင်လယ်က ဝန်းရံထားသည်။ အရှေ့ဘက်တွင် မြင့်မားသော တောင်တန်းများ ကာရံထားပြီး အနောက်ဘက်နှင့် တောင်ဘက်တွင် မြေပြန့်နှင့် မြစ်များ တည်ရှိသည်။

၊ နွေဦး

ကိုရီးယားသည် နွေဦး၊ နွေ၊ ဆောင်းဦး၊ ဆောင်း ၄ ရာသီဖြင့် လည်ပတ်သည်။ ကိုရီးယား၏ နယ်နိမိတ်သည် ကျဉ်းသော်လည်း ဒေသအလိုက် မိုးလေဝသသည် အနည်းငယ် ခြားနားသည်။ တောင်တန်းဒေသ၌ ဆောင်းရာသီတွင် နှင်း အများအပြားကျပြီး တောင်ပိုင်းဒေသတွင်မူ လေတိုက်ခြင်းနှင့် မုန်တိုင်းလည်း မကြာခဏ ဖြစ်ပေါ်သည်။ နွေဦးရာသီသည် ၃ လပိုင်းမှ ၅ လပိုင်းအထိဖြစ်ပြီး ပုံမှန် အပူချိန် ၅ ဒီဂရီမှ ၂၀ ဒီဂရီခန့် နွေးထွေးသည့် ရာသီဥတုဖြစ်သည်။ ထို့အပြင် ဒေသတိုင်းတွင် ချယ်ရီပန်းများ အစွမ်းကုန် ပွင့်လန်းပြီး ချယ်ရီပန်းပွဲတော်သည်လည်း ထင်ရှားသည်။

၊ နွေရာသီ

၆ လပိုင်းမှ ၈ လပိုင်းအထိ နွေရာသီ အခါဖြစ်သည်။ နွေရာသီသည် အလွန်ပူပြင်းပြီး စိုထိုင်းသည်။ ထို့အပြင် နွေရာသီ၌ မိုး အများအပြားရွာကာ မိုးများကာလသည် ၆ လပိုင်းကုန်မှ ၇ လပိုင်းအစအထိ ဆက်တိုက်ရွာသည်။ မိုးများကာလ ပြီးသည့်နောက်တွင် ပုံမှန်ထက် ပြင်းသော အပူဒဏ်က စတင်သည်ဖြစ်ပြီး ၎င်းအချိန်မှစ၍ ကိုရီးယားလူမျိုးများသည် အပူဒဏ်အား ရှောင်ရန် ပင်လယ် သို့မဟုတ် တောင်များ ဆီသို့ အပူရှောင်ကြသည်။

၊ ဆောင်းဦး

ဆောင်းဦးရာသီသည် ၉ လပိုင်းမှစ၍ ၁၁ လပိုင်းအထိဖြစ်သည်။ အများသောအားဖြင့် ကောင်းကင်သည် ကြည်လင်ပြီး သစ်ပင်ရှိ အရွက်များသည် အပင်အလိုက် အရောင်များ ပြောင်းလဲကြသည်။ ဆောင်းဦးရောက်လျှင် လူများသည် ကိုရီးယား၏ အဝါရောင် သစ်ရွက် 단풍 မေပယ်ရွက်အား ကြည့်ရှုပြီး သာယာသော ရာသီဥတု၌ ပျော်ရွှင်စွာဖြင့် တောင်နှင့် ပန်းခြံများသို့ ခရီးထွက်ကြသည်။

၊ ဆောင်းရာသီ

ဆောင်းရာသီသည် ၁၂ လပိုင်းမှ ၂ လပိုင်းအထိဖြစ်သည်။ အပူချိန်သည် အများအားဖြင့် ၀ ဒီဂရီအောက်ဖြစ်ပြီး အရမ်းအေးသည့်အခါ -၁၅ ဒီဂရီအောက်သို့ ကျဆင်းသည့် အခါလည်း ရှိသည်။ ကိုရီးယားတွင် ဆောင်းရာသီ၌ မြောက်ဘက်မှ တိုက်သော လေသည် အလွန်အေးသည်။ မကြာခဏ နှင်းများကျသောကြောင့်၊ ကိုရီးယားလူမျိုးများသည် ပျော်ရွှင်စွာ နှင်းလျှောစီးရန်အတွက် ခရီးထွက်ကြသည်။ အေးသောရာသီ၌ အိမ်အတွင်းပိုင်း နွေးထွေးစေရန် အပူပေးခြင်းများအား ပြုလုပ်ထားသည့်အတွက်ကြောင့် ကိုရီးယားအိမ်များ၏ ကြမ်းခင်းတွင် အပူပေးစနစ် ရှိကြသည်။

လမ်းပန်းဆက်သွယ်ရေးနှင့် တည်နေရာ
교통수단, 위치

လေ့လာရခြင်း ရည်ရွယ်ချက်

- အသုံးပြုသည့် လမ်းပန်းဆက်သွယ်ရေးနှင့် ပစ္စည်း သို့မဟုတ် နေရာ၏တည်နေရာအား ပြောနိုင်မည်။

အဓိက သဒ္ဒါ

- 이/가 있다/없다 က ရှိသည်/ မရှိဘူး   • 에 မှာ   • 에서 မှာ/ ကနေ
- (으)로 ကို/ နဲ့   • ㄷ 불규칙 ㄷ မူမမှန်ကြိယာ

ယဉ်ကျေးမှုအကြောင်း တစေ့တစောင်း

- ကိုရီးယား၏ အများသုံးယာဉ်လမ်းကြောင်း

⊙ အသံဖိုင်ကို နားထောင်ရင်း အသံကျယ်ကျယ်ဖြင့် လိုက်ဖတ်၍ အရေး လေ့ကျင့်ခြင်းကိုလည်း လုပ်ကြည့်ပါ။

🎧 06-1

어떻게 ဘယ်လို	타다 စီးသည်	버스 정류장 ဘတ်စ်ကားမှတ်တိုင်
지하철역 မြေအောက်ရထားဘူတာ	얼마나 ဘယ်လောက်	반 တစ်ဝက်
쯤 ခန့်/ လောက်	바로 တည့်တည့်	손 လက်
묻다 မေးသည်	커피숍 ကော်ဖီဆိုင်	집 အိမ်
여기 ဒီနေရာ၊ ဒီမှာ	핸드폰 ဟန်းဖုန်း	전화 ဖုန်း

[♠] ပုံနှင့် ကိုက်ညီသော ဝေါဟာရကို ရွေးပြီး ရေးပါ။

커피숍	집	전화
버스 정류장	핸드폰	지하철역

①

②

_____   _____

③

④

_____   _____

⑤

⑥

_____   _____

정답 --- ① 버스 정류장 ② 집 ③ 지하철역 ④ 커피숍 ⑤ 핸드폰 ⑥ 전화

စကားပြော | 회화

꼬민	실례합니다. 여기에서 동대문에 어떻게 가요?
행인	6001번 버스를 타세요.
꼬민	아, 6001번이요? 버스 정류장이 어디에 있어요?
행인	지하철역 옆에 있어요.
꼬민	지하철역은 어디에 있어요?
행인	저기 은행 앞에 있어요.
꼬민	네, 감사합니다.

ဘာသာပြန်

ကိုမင်း	အားနာပါတယ်။ ဒီနေရာကနေ ဒုံဒယ်မွန်းကို ဘယ်လို သွားလဲ။
လမ်းသွားလမ်းလာ	ဘတ်စ်ကားနံပါတ် ၆၀၀၁ကို စီးပါ။
ကိုမင်း	အော်၊ ဘတ်စ်ကားနံပါတ် ၆၀၀၁လား။ ဘတ်စ်ကား မှတ်တိုင်က ဘယ်မှာရှိလဲ။
လမ်းသွားလမ်းလာ	မြေအောက်ရထား ဘူတာ ဘေးမှာ ရှိတယ်။
ကိုမင်း	မြေအောက်ရထား ဘူတာက ဘယ်မှာ ရှိလဲ။
လမ်းသွားလမ်းလာ	ဟိုဘဏ်အရှေ့မှာ ရှိတယ်။
ကိုမင်း	ဟုတ်ကဲ့၊ ကျေးဇူးတင်ပါတယ်။

모모	마이클 씨, 집에서 학교까지 얼마나 걸려요?
마이클	1시간 반쯤 걸려요.
모모	학교에 무엇을 타고 가요?
마이클	지하철로 가요.
모모	지하철역은 집에서 가까워요?
마이클	네, 집 앞에 바로 지하철역이 있어요.

ဘာသာပြန်

မိုးမိုး	မိုက်ကယ် အိမ်ကနေ ကျောင်းအထိ ဘယ်လောက်ကြာလဲ။
မိုက်ကယ်	တစ်နာရီခွဲလောက် ကြာတယ်။
မိုးမိုး	ကျောင်းကို ဘာစီးပြီး သွားလဲ။
မိုက်ကယ်	မြေအောက်ရထားနဲ့ သွားတယ်။
မိုးမိုး	မြေအောက်ရထားဘူတာက အိမ်ကနေ နီးလား။
မိုက်ကယ်	ဟုတ်ကဲ့၊ အိမ်ရှေ့တည့်တည့်မှာ မြေအောက်ရထားဘူတာက ရှိတယ်။

✱ အဓိက ဖော်ပြချက်ကို ကျက်ပြီး ဝေါဟာရကို ပြောင်းလဲ၍ ပုံစံအမျိုးမျိုး လေ့ကျင့်ကြည့်ပါ။

동대문에 어떻게 가요?
ဒုံဒယ်မွန်းကို ဘယ်လို သွားလဲ။

6001번 버스를 타세요.
ဘတ်စ်ကားနံပါတ် ၆၀၀၁ကို စီးပါ။

လမ်းပန်းဆက်သွယ်ရေး

버스 ဘတ်စ်ကား	택시 တက္ကစီ
지하철 မြေအောက်ရထား	자동차 ကား
기차 ရထား	공항버스 လေဆိပ်ဘတ်စ်ကား
비행기 လေယာဉ်	유람선 အပျော်စီးသင်္ဘော
시외버스 မြို့ပြင်ဘတ်စ်ကား	걸어서 가다 လမ်းလျှောက်ပြီး သွားသည်

지하철역은 어디에 있어요?
မြေအောက်ရထားဘူတာက ဘယ်မှာရှိလဲ။

은행 앞에 있어요.
ဘဏ် အရှေ့မှာ ရှိတယ်။

တည်နေရာ နာမ်

앞 အရှေ့	뒤 အနောက်
옆 ဘေး	사이 ကြား
왼쪽 ဘယ်ဘက်	오른쪽 ညာဘက်
안 အထဲ	밖 အပြင်
위 အပေါ်	아래 အောက်

❶ 이/가 있다/없다   က ရှိသည်/ မရှိဘူး

တစ်စုံတခုက လစ်လပ်နေသည်ကို နေရာယူထားသည့်အခါ သို့မဟုတ် တစ်စုံတစ်ခုကို ပိုင်ဆိုင်နေသည့် အခြေအနေဟု အဓိပ္ပာယ်ရသည်။ နာမ်၏ အဆုံး၌ အသတ်သံရှိလျှင် 이 있다/없다 အသတ်သံ မရှိလျှင် 가 있다/없다 အား သုံးသည်။ စကားပြောသည့်အခါ အများအားဖြင့် 이/가 အား ဖြွတ်သည်။

가방이 있다. အိတ်က ရှိသည်။
가방이 없다. အိတ်က မရှိဘူး။

모자가 있다. ဦးထုပ်က ရှိသည်။
모자가 없다. ဦးထုပ်က မရှိဘူး။

❷ 에 မှာ/ကို

နာမ်၏ အနောက်၌ အသုံးပြုပြီး တစ်ခုခု ရှိသည့်နေရာကို ဖော်ပြသည်။

위에 있어요. အပေါ်မှာ ရှိတယ်။
저기에 있어요. ဟိုမှာ ရှိတယ်။

가다, 오다 သွားသည်၊ လာသည် အစရှိသည့် ကြိယာနှင့် အတူအသုံးပြုလျှင် ထိုအပြုအမူ လုပ်ဆောင်ချက်၏ ဦးတည်ချက် သို့မဟုတ် ရည်ရွယ်ချက်အား ဖော်ပြသည့်အခါလည်းရှိသည်။

장소 에 가다 /오다

동대문에 가요. ဒုံဒယ်မွန်းကို သွားတယ်။
집에 와요. အိမ်ကို လာတယ်။
저는 지금 집에 가고 있어요. ကျွန်တော်ကတော့ အခု အိမ်ကို သွားနေတယ်။
내일 미얀마에 갈 거예요. မနက်ဖြန် မြန်မာကို သွားမှာပါ။

❸ 에서 မှာ/ ကနေ

နာမ်၌ ကပ်၍ ထိုနာမ်သည် လုပ်ဆောင်ချက် သို့မဟုတ် အခြေအနေ တစ်ခုခုမှ ထွက်ခွာခြင်း၊ စတင်ခြင်းကို ဖော်ပြသည်။

집에서 학원까지 멀어요? အိမ်ကနေ သင်တန်းအထိ ဝေးလား။
회사에서 집까지 얼마나 걸려요? ကုမ္ပဏီကနေ အိမ်အထိ ဘယ်လောက် ကြာလဲ။
여기에서 서울역까지 어떻게 가요? ဒီနေရာကနေ ဆိုးလ်ဘူတာအထိ ဘယ်လို သွားလဲ။
회사에서 와요? ကုမ္ပဏီကနေ လာတာလား။

လုပ်ဆောင်ချက် တစ်ခုခုအား ပြီးမြောက်စေသော နေရာကို ဖော်ပြသည့်အခါလည်း သုံးသည်။

커피숍에서 커피를 마셔요.   ကော်ဖီဆိုင်မှာ ကော်ဖီကို သောက်တယ်။
교실에서 공부해요.   စာသင်ခန်းမှာ စာလေ့လာတယ်။

❹ (으)로 ကို/ နဲ့

နာမ်၌ ကပ်၍အသုံးပြုပြီး နည်းလမ်း သို့မဟုတ် ပစ္စည်းများကို ဖော်ပြသည်။ 로 သည် အသတ်သံ မရှိသော နာမ် သို့မဟုတ် ㄹ အသတ်ဖြင့် ဆုံးသော နာမ်၏ အနောက်၌ကပ်ပြီး 으로 သည် ㄹ ခြွင်းချက်ရှိသော အသတ်သံရှိသော နာမ် အနောက်၌ ကပ်သည်။

받침 ○ + 으로
받침 ×, ㄹ 받침 + 로

이 핸드폰으로 전화했어요.   ဒီ ဟန်းဖုန်းနဲ့ဖုန်းဆက်ခဲ့တယ်။
학교에 지하철로 가요.   ကျောင်းကို မြေအောက်ရထားနဲ့ သွားတယ်။
비누로 손을 씻었어요.   ဆပ်ပြာနဲ့ လက်ကို ဆေးခဲ့တယ်။

❺ ㄷ 불규칙 ㄷ မူမမှန်ကြိယာ

မူလအရင်းအမြစ်၏ အသတ်သံ ㄷ ဖြင့် ဆုံးသည့်ဝေါဟာရသည် သရနှင့် တွေ့လျှင် ㄷ သည် ㄹ အဖြစ်သို့ ပြောင်းသည့် အခြေအနေလည်း ရှိသည်။

မူမမှန်		မူမှန်	
걷다	걷 → 걸 + 어요 → 걸어요	닫다	닫 + 아요 → 닫아요
묻다	묻 → 물 + 어요 → 물어요	받다	받 + 아요 → 받아요
듣다	듣 → 들 + 어요 → 들어요	뜯다	뜯 + 어요 → 뜯어요
싣다	싣 → 실 + 어요 → 실어요	믿다	믿 + 어요 → 믿어요

길을 물어요.   လမ်းကို မေးတယ်။
음악을 들어요.   သီချင်းကို နားထောင်တယ်။

အကြား လေ့ကျင့်မှု | 듣기 연습

1 အောက်ပါတို့ကို နားထောင်ပြီး မှန်ကန်သောပုံကို ရွေးပါ။

 06-4

① 　　②

③ 　　④

(1) _____　　(2) _____

(3) _____　　(4) _____

2 စကားပြောကို နားထောင်ပြီး အကြောင်းအရာနှင့် ကိုက်ညီလျှင် ○၊ ကွဲပြားလျှင် × ဟု ဖော်ပြပါ။

 06-5

(1) အိတ်က စာရေးစားပွဲ ဘေးမှာ ရှိတယ်။ (　　)

(2) ပြက္ခဒိန်က စားပွဲ အထဲမှာ ရှိတယ်။ (　　)

(3) နာရီက နံရံပေါ်မှာ ရှိတယ်။ (　　)

(4) သင်္ချာစာအုပ်က ဝတ္ထုစာအုပ် ကြားမှာ ရှိတယ်။ (　　)

 အရေး လေ့ကျင့်ခြင်း | 쓰기 연습

1 နမူနာနှင့်အတူ ဝါကျအား ပြီးပြည့်စုံအောင် ရေးပါ။

နမူနာ

저는 학교에 버스<u>로</u> 가요.

(1) 신용카드_____ 결제해요.

(2) 저는 지하철_____ 학원에 가요.

(3) 교통카드를 현금_____ 사요.

(4) 핸드폰_____ 게임하고 있어요.

(5) 택시_____ 10분 정도 걸려요.

2 နမူနာနှင့်အတူ ဝါကျအား ပြီးပြည့်စုံအောင် ရေးပါ။

နမူနာ

저는 도서관<u>에</u> 있어요.
저는 도서관<u>에서</u> 공부를 해요.

(1) 언니가 시장_____ 있어요.
언니가 시장_____ 과일을 사요.

(2) 모모는 학교_____ 있어요.
모모는 학교_____ 한국어를 배워요.

(3) 엄마가 집_____ 있어요.
엄마가 집_____ 요리해요.

(4) 친구가 공원_____ 있어요.
친구가 공원_____ 운동하고 있어요.

✽ 아ᄋᆖᄏᄉᆞᆯᄀ ᄏᆞᆯᄉᄆᆞᆯᄌ ᄍᄌᄓᄃᄐᄉᆞᆯᄁ ᄏᆽᄁᄉᄃᄁᄉᄆᆞᆯᄉᆞᆯᄀ ○ᆞ ᄏᄏᆽᄃᄃᆞᆯᄉᄆ × ᄆ ᄏᆞᆯᄉᄃᄓᄉᆞᆯᄁᆞᆯᄉᆞᆯᄁᆞ॥

제 방에는 책상, 의자, 컴퓨터, 책장, 창문, 시계가 있어요.
시계는 벽 위에 있어요.
책상은 창문 앞에 있고 책장은 책상 옆에 있어요.
책상 위에는 책이 있어요.
책상 앞에 의자가 있고, 책상 아래에 서랍이 있어요.
컴퓨터는 책상 왼쪽에 있어요.

(1) 시계는 책상 위에 있다. (   )

(2) 책상 앞에 창문이 있다. (   )

(3) 책은 책상 위에 있다. (   )

(4) 서랍이 책장 위에 있다. (   )

(5) 컴퓨터는 책상 왼쪽에 있다. (   )

✱ 연음 법칙 (1)

🎧 06-6

အသံချိတ်ဆက်သည့် စည်းမျဉ်းဆိုသည်မှာ အရှေ့ဝဏ္ဏ၏ အသတ်သံအနောက်၌ သရထွက်လာလျှင် အရှေ့အသတ်သံသည် အနောက်ဝဏ္ဏ၏ ပထမအသံအနေဖြင့် အသံထွက်သော သံရင်းစည်းမျဉ်းကို ဆိုလိုသည်။ ရှေးဦးစွာ အခြေခံပုံစံမှစ၍ စမ်းစစ်ကြည့်လျှင် အောက်ပါအတိုင်းဖြစ်သည်။

얼음 [어름]

꽃을 [꼬츨]	먹이 [머기]
책이 [채기]	같은 [가튼]
한국어 [한구거]	모국어 [모구거]
먹어요 [머거요]	이름이 [이르미]
신문을 [신무늘]	부엌이 [부어키]

အရှေ့ဝဏ္ဏသည် ㅎ အသတ်ဖြင့် ဆုံးပြီး အနောက်၌ သရ ရှိလျှင် ㅎ အသံမဆက်ဘဲ ဖြုတ်၍ အသံထွက်သည်။

좋아요 [조아요]	놓아요 [노아요]
넣어요 [너어요]	낳아요 [나아요]

အရှေ့ဝဏ္ဏသည် ㅇ အသတ်ဖြင့် ဆုံးပြီး အနောက်၌ သရရှိလျှင် သံရင်းသည် ပြောင်းလဲခြင်းမရှိပါ။

방이 [방이]	빵이 [빵이]
강은 [강은]	땅은 [땅은]

နှစ်လုံးတွဲအသတ် အနောက်တွင် သရရှိသည့် အခြေအနေ၌ နှစ်လုံးတွဲအသတ်သည် အသံဆက်ဖြစ်ပြီး နောက်ဝဏ္ဏ၏ ပထမအသံအနေဖြင့် အသံထွက်သည်။

밖이 [바끼]	깎아 [까까]
갔어 [가써]	있어 [이써]

ကိုရီးယား၏ အများသုံးယာဉ်လမ်းကြောင်း

ကိုရီးယား၌ အမျိုးမျိုးသော အများသုံးယာဉ်လမ်းကြောင်းများ ရှိသည်။ ထို အရာတွေထဲ၌ မြန်နှုန်းမြင့်ကျည်ဆန် ရထား(KTX)နှင့် မြေအောက်ရထားသည် ကမ္ဘာတစ်ဝှမ်း နာမည်ကြီးသည်။ မြေအောက်ရထားသည် မြို့တော်ဆိုးလ် (서울)၊ အင်ချွန်း (인천)၊ ဂယောင်ဂီဒို(경기도) နှင့် ဘူဆန် (부산)၊ ဒယ်ဂူ (대구)၊ ဂွမ်ဂျူ(광주)၊ ဒယ်ဂျောန်(대전) စသည့် မြို့ကြီးများတွင် အသုံးပြုနိုင်သည်။ မြေအောက်ရထားသည် ယာဉ်ကြောပိတ်ဆို့မှု ပြဿနာမရှိသည့်အတွက်ကြောင့် ကိုရီးယားလူမျိုးများကြား၌ ရေပန်းစားသည့် ယာဉ်လမ်းကြောင်းများထဲမှ တစ်ခုဖြစ်သည်။ ဆိုးလ်၌ မြေအောက်ရထားလမ်းကြောင်း အမျိုးအစား ၁၀ခု ရှိပြီး ၎င်းတို့အားလုံးအား အရောင်ကွဲပြားစွာဖြင့် အမှတ်အသား ပြုလုပ်ထားသည်။

ဘတ်စ်ကားသည် မြို့တွင်းဘတ်စ်ကား(시내버스)နှင့် မြို့ပြင်ဘတ်စ်ကား(시외버스(고속버스))များ ရှိသည်။ မြို့ပြင်ဘတ်စ်ကားသည် မြို့ကြီးနှင့် မြို့ကြီးကို သွားလာသည့်အခါ စီးသော ဘတ်စ်ကားဖြစ်ပြီး မြို့တွင်းဘတ်စ်ကားသည် မြို့အတွင်း၌ သွားလာသော ဘတ်စ်ကားဖြစ်သည်။ ဆိုးလ်၌ မြို့တွင်းဘတ်စ်ကားလမ်းကြောင်းနှင့် ခရီးလမ်းကြောင်းအလိုက် ကားများ၏ အရောင်သည် ကွဲပြားကြသည်။ ကျေးရွာဘတ်စ်ကား (마을버스) သည် လူနေထူထပ်သော ရပ်ကွက်များနှင့် မြေအောက်ရထားဘူတာအပြင် မြို့တွင်းဘတ်စ်ကားမှတ်တိုင်များအား ဆက်သွယ်ပေးသည့် သေးငယ်သော ဘတ်စ်ကားဖြစ်သည်။

▎ မြန်နှုန်းမြင့်ကျည်ဆန်ရထား

▎ ဘတ်စ်ကား

ကိုရီးယား၌ အမျိုးမျိုးသော အများသုံးယာဉ်လမ်းကြောင်းအနေဖြင့် သွားလာသည့်အခါ '환승 할 인' ယာဉ်ပြောင်းစီးသည့်လျှော့ဈေးကို ရနိုင်သည်။ ယာဉ်ပြောင်းစီးသည့်လျှော့ဈေးသည် ဘတ်စ်ကားမှ ဘတ်စ်ကား၊ ဘတ်စ်ကားမှ မြေအောက်ရထား၊ မြေအောက်ရထားမှ ဘတ်စ်ကားအား ပြောင်းစီးသည့်အခါ ရနိုင်သည်။ ထိုကဲ့သို့သော လျှော့ဈေးအား ရလိုလျှင် '티머니' ဟူသော အများသုံးယာဉ်လမ်းကြောင်းကဒ် ရှိရမည်ဖြစ်သည်။ ထိုကဒ်သည် အများသုံးယာဉ်လမ်းကြောင်းသာမက ၂၄ နာရီဖွင့်သည့် စတိုးဆိုင်များ၌လည်း အသုံးပြုနိုင်သည်။

စျေးဝယ်ခြင်း
쇼핑

လေ့လာရခြင်း ရည်ရွယ်ချက်
- -
- စျေးဆိုင်၌ စျေးနှုန်းမေးမြန်းပြီး လိုအပ်သော ပစ္စည်းအား ဝယ်ယူနိုင်မည်။

အဓိက သဒ္ဒါ
- -
- -(으)려고 하다 မလို့လုပ်သည်/ မလို့ပါ   • -아/어 보다 ဖူးသည်   • 도 လည်း၊ ရော
- 에 ကို   • 와/과, 하고 နဲ့   • -(으)세요 ပါ

ယဉ်ကျေးမှုအကြောင်း တစေ့တစောင်း
- -
- ကိုရီးယား၏ စျေးဝယ်သည့် နေလေ့

◎ အသံဖိုင်ကို နားထောင်ရင်း အသံကျယ်ကျယ်ဖြင့် လိုက်ဖတ်၍ အရေး လေ့ကျင့်ခြင်းကိုလည်း
လုပ်ကြည့်ပါ။

🎧 07-1

찾다 ရှာသည်	셔츠 ရှပ်အကျႌ	이쪽에 ဒီဘက်မှာ
한번 တစ်ခေါက်	입다 ဝတ်သည်	주다 ပေးသည်
모두 အားလုံး	울다 ငိုသည်	읽다 ဖတ်သည်
운동하다 အားကစားလုပ်သည်	우유 နွားနို့	주스 ဖျော်ရည်
쇼핑하다 ဈေးဝယ်သည်	무슨 ဘာ	여행 가다 ခရီးသွားသည်

[🔊] ပုံနှင့် ကိုက်ညီသော ဝေါဟာရကို ရွေးပြီး ရေးပါ။

셔츠	우유	주스
쇼핑하다	운동하다	울다

①  _____

②  _____

③  _____

④  _____

⑤  _____

⑥  _____

정답 --- ① 운동하다 ② 쇼핑하다 ③ 셔츠 ④ 울다 ⑤ 주스 ⑥ 우유

 회화

 07-2

판매원	어서 오세요. 무엇을 찾으세요?
꼬민	셔츠를 보려고요.
판매원	네, 이쪽에 있어요. 한번 입어 보세요.
꼬민	이 셔츠 한 벌하고, 이 바지도 한 벌 주세요. 모두 얼마예요?
판매원	65,000원이에요.
꼬민	여기 있습니다.
판매원	고맙습니다.

ဘာသာပြန်

အရောင်းဝန်ထမ်း	ကြွပါရှင်။ ဘာ ရှာပါသလဲ။
ကိုမင်း	ရှပ်အကျီကို ကြည့်မလို့ပါ။
အရောင်းဝန်ထမ်း	ဟုတ်ကဲ့၊ ဒီဘက်မှာ ရှိပါတယ်။ တစ်ခေါက် ဝတ်ကြည့်ပါ။
ကိုမင်း	ဒီ ရှပ်အကျီ တစ်ထည်နဲ့၊ ဒီဘောင်းဘီလည်း တစ်ထည် ပေးပါ။ အားလုံးပေါင်း ဘယ်လောက်လဲ။
အရောင်းဝန်ထမ်း	၆၅၀၀၀ ဝမ်ပါ။
ကိုမင်း	ဒီမှာ ရှိပါတယ်။
အရောင်းဝန်ထမ်း	ကျေးဇူးတင်ပါတယ်။

07-3

모모 사과 얼마예요?

주인 1 개에 1,500원이에요.

모모 바나나하고 포도는 얼마예요?

주인 한 송이에 3,000원이에요.

모모 바나나하고 포도 한 송이, 사과 두 개 주세요.

주인 7,500원입니다. 사과 한 개는 덤이에요.

모모 고맙습니다.

주인 또 오세요.

ဘာသာပြန်

မိုးမိုး ပန်းသီး ဘယ်လောက်လဲ။

ပိုင်ရှင် ၁ လုံးကို ၁၅၀၀ ဝမ်ပါ။

မိုးမိုး ငှက်ပျောသီးနဲ့ စပျစ်သီးက ဘယ်လောက်လဲ။

ပိုင်ရှင် တစ်ခိုင်ကို ၃၀၀၀ ဝမ်ပါ။

မိုးမိုး ငှက်ပျောသီးနဲ့ စပျစ်သီး တစ်ခိုင်၊ ပန်းသီး နှစ်လုံး ပေးပါ။

ပိုင်ရှင် ၇၅၀၀ ဝမ်ပါ။ ပန်းသီး တစ်လုံးက အပိုထည့်ပေးတာပါ။

မိုးမိုး ကျေးဇူးတင်ပါတယ်။

ပိုင်ရှင် နောက်လည်း လာပါ။

စကားပြော လေ့ကျင့်ခြင်း | 회화 연습

* အဓိက ဖော်ပြချက်ကို ကျက်ပြီး ဝေါဟာရကို ပြောင်းလဲ၍ ပုံစံအမျိုးမျိုး လေ့ကျင့်ကြည့်ပါ။

얼마예요?
ဘယ်လောက်လဲ။
1개에 1,500원이에요.
၁ လုံးကို ၁၅၀၀ ဝမ်ပါ။

ယူနစ်သုံး နာမ်

개 လုံး	병 ပုလင်း
장 ရွက်	권 အုပ်
대 စီး	잔 ခွက်
벌 ထည်	켤레 စုံ
마리 ကောင်	송이 ခိုင်/ ပွင့်

무엇을 찾으세요?
ဘာကို ရှာပါသလဲ။

셔츠를 보려고요.
ရှပ်အက်ိုု ကြည့်မလိုပါ။

စျေးဝယ်ခြင်း

셔츠 ရှပ်အက်ိုု	티셔츠 တီရှပ်
바지 ဘောင်းဘီ	청바지 ဂျင်းဘောင်းဘီ
원피스 ဂါဝန်	치마 စကပ်
운동화 အားကစားဖိနပ်	구두 ရှူးဖိနပ်
가방 အိတ်	모자 ဦးထုပ်

❶ –(으)려고 하다 မလို့လုပ်သည်/ မလို့ပါ

ကြိယာ၌ ကပ်၍ အပြုအမူ၏ ရည်ရွယ်ချက် ထွက်ပေါ်လာခြင်း သို့မဟုတ် မကြာခင် ဖြစ်ပေါ်လာမည့် လှုပ်ရှားမှုအား ပေါ်ထွက်စေသည့် ပုံစံဖြစ်သည်။ (으)려고요 ၏ ပုံစံအတိုင်းလည်း ပြောနိုင်သည်။

받침 ○	-으려고 하다	먹으려고 하다, 읽으려고 하다, 앉으려고 하다
받침 ×, ㄹ 받침	-려고 하다	가려고 하다, 만나려고 하다, 자려고 하다 살려고 하다, 울려고 하다

지금 밥을 먹으려고 해요/먹으려고요. အခု ထမင်းစားမလို့လုပ်တယ်/ စားမလို့ပါ။

다음 달에 미얀마에 가려고 해요/가려고요. နောက်လမှာ မြန်မာကို သွားမလို့ လုပ်တယ်/ သွားမလို့ပါ။

❷ –아/어 보다 ကြည့်သည်

ကြိယာ၌ ကပ်၍ မည်သည့်လုပ်ဆောင်မှုမဆို တစ်ကြိမ်စမ်းသပ်ခြင်း သို့မဟုတ် တွေ့ကြုံခြင်းကို ဖော်ပြသည့် ပုံစံဖြစ်သည်။ ကြိယာ၏ မူလအရင်းအမြစ် အဆုံးသတ် သရသည် ㅏ, ㅗ ဖြစ်ပါက 아 보다 အား သုံးပြီး၊ ကျန်သည့် သရများဖြစ်ပါက 어 보다 အား သုံးသည်။ 하다 ဖြင့် ဆုံးသည့် ကြိယာအား 해 보다 ဟု သုံးသည်။

ㅏ, ㅗ	-아 보다	가다 + 아 보다 앉다 + 아 보다	가 보다 앉아 보다
ㅏ, ㅗ 이외	-어 보다	먹다 + 어 보다 배우다 + 어 보다	먹어 보다 배워 보다
-하다	-해 보다	일하다 운동하다	일해 보다 운동해 보다

강원도에 가 봤어요? ဂန်းဝန်းဒိုကို သွားဖူးလား။

매운 음식 많이 먹어 봤어요? စပ်တဲ့အစားအစာ အများကြီး စားဖူးလား။

❸ 도 လည်း၊ ရော

နာမ်၌ ကပ်၍ မူလရှိသည့် တစ်ခုခုတွင် အခြားတစ်ခုခုအား ထပ်ထည့်သည့်အခါ ပူးပေါင်းပါဝင်ခြင်းကို ဖြစ်ပေါ်စေသည့် ဝိဘတ်ဖြစ်သည်။

저도 같이 가요. ကျွန်တော်လည်း အတူတူ သွားတယ်။

동생도 자요. ညီလေးလည်း အိပ်တယ်။

❹ 에 ကို

အရေ့စကား၏ သတ်မှတ်ချက်ဖြစ်သည့် မျှော်မှန်းချက် သို့မဟုတ် ယူနစ်အား ဖြစ်ပေါ်စေသည့် ဝိဘတ်ဖြစ်သည်။

사과 한 개에 이천원이에요.　ပန်းသီး တစ်လုံးကို နှစ်ထောင်ဝမ်ပါ။
콜라 한 병에 삼천원이에요.　ကိုလာ တစ်ပုလင်းကို သုံးထောင်ဝမ်ပါ။

❺ 와/과, 하고 နဲ့

와/과 သည် အရေ့နှင့် အနောက်ဘ္ဘ္ဘ္ဘ္ဘ္ရှိသော နာမ်၏ တူညီသော အရည်အချင်းတွင် ဆက်စပ်သည့် ဝိဘတ်ဖြစ်သည်။ အသတ်ရှိလျှင် 과, အသတ်မရှိလျှင် 와 အား အသုံးပြုသည်။ 하고 သည် 와/과 နှင့် တူညီသော အဓိပ္ပါယ်ဖြစ်ပြီး စကားပြောဘ္ဘ္၌ မကြာခဏ သုံးသည်။

받침 ○	과	과일과, 신문과, 학생과, 선생님과
받침 ×	와	우유와, 주스와, 포도와, 바나나와

콜라하고 사이다 주세요.　ကိုလာနဲ့ဆိုဒါကို ပေးပါ။
신문하고 잡지 주세요.　သတင်းစာနဲ့ မဂ္ဂဇင်းကို ပေးပါ။

● 와/과, 하고 နဲ့

အလုပ်ကိစ္စတစ်ခုခု၌ အတူတကွ လုပ်သည့် ရည်ရွယ်ချက်အား ဖြစ်ပေါ်လာစေရန် သုံးသည်။ ရင်းအနောက်၌ 같이/함께 အား အသုံးပြုနိုင်ပြီး အရေးတွင်လည်း သုံးသည်။

어머니와/하고 (함께) 쇼핑해요.　အမေနဲ့ အတူတူ ဈေးဝယ်တယ်။
친구들과/하고 (함께) 여행을 가요.　သူငယ်ချင်းတွေနဲ့ အတူတူ ခရီးသွားတယ်။

❻ -(으)세요 ပါ

ကြိယာနှင့် နာမဝိသေသန၏ မူလအရင်းအမြစ်သည် 이다, 아니다 ၌ ကပ်၍ ရှင်းပြခြင်း၊ မေးမြန်းခြင်း၊ အမိန့်ပေးခြင်း၊ တောင်းဆိုခြင်း စသည့် အဓိပ္ပါယ်များအား ထွက်ပေါ်စေသည့် ဝါကျအဆုံးသတ်စကားလုံးဖြစ်သည်။

받침 ○	-으세요	앉다 + 으세요 / 읽다 + 으세요	앉으세요 / 읽으세요
받침 ×, ㄹ 받침 (ㄹ 탈락)	-세요	가다 + 세요 / 오다 + 세요	가세요 / 오세요
		만들다 + 세요 / 살다 + 세요	만드세요 / 사세요

여기에 앉으세요. ဒီမှာ ထိုင်ပါ။　　　이쪽으로 오세요. ဒီဘက်ကို လာပါ။

1 အောက်ပါ စကားပြောအား နားထောင်ပြီး ပစ္စည်းဈေးနှုန်းကို ရေးပါ။

07-4

(1) _____

(2) _____

(3) _____

2 စကားပြောအား နားထောင်ပြီး လူနှစ်ဦးသည် မည်သည့်အကြောင်းအား ပြောနေသည်ကို ရွေးချယ်ပါ။

07-5

① ② ③

(1) _____ (2) _____ (3) _____

အရေး လေ့ကျင့်ခြင်း | 쓰기 연습

1 နမူနာနှင့်အတူ ဝါကျအား ပြီးပြည့်စုံအောင် ရေးပါ။

နမူနာ

영어 수업을 <u>들으세요</u>. (듣다)

(1) 여기에 _____. (앉다)

(2) 이쪽으로 _____. (오다)

(3) 아빠는 신문을 _____. (읽다)

(4) 할아버지는 방에서 _____. (쉬다)

(5) 선생님은 지금 _____. (식사하다)

2 နမူနာနှင့်အတူ ဆက်စပ်သည့် ဝေါဟာရဖြင့် ဝါကျအား တည်ဆောက်ကြည့်ပါ။

နမူနာ

이 책을 <u>읽어 보세요</u>. (이 책, 읽다)

(1) 따라 읽다 _____

(2) 이 옷, 입다 _____

(3) 커피, 마시다 _____

(4) 제 요리, 먹다 _____

(5) 영어, 배우다 _____

✻ အောက်ပါတို့ကို ဖတ်ပြီး မေးခွန်းတွင် ဖြေပါ။

물건을 팔아요!

저는 미얀마 대학생이에요.
이번 달 20일에 미얀마에 돌아가요.
그래서 제 물건을 팔려고 해요.

책상

이 책상을 지난달에 백화점에
서 샀어요. 거의 사용을 안 해
서 아주 좋아요.

♡ | 50,000원 [거래하기]

책

우리 집에 책이 많이 있어요.
한 권에 사천원,
세 권에 만원이에요.

♡ | 4,000원 [거래하기]

컴퓨터, 노트북

17인치 노트북이 있어요.
노트북이 최신형이어서
아주 가벼워요.
컴퓨터도 있어요.
노트북하고 같이 백만원을
주고 샀어요.

♡ | 500,000원 [거래하기]

전화 주세요! 핸드폰: 010-1234-5678

---

(1) အပေါ်၌ရှိသောစာ၏ အဓိက ရည်ရွယ်ချက်အား ရွေးပါ။

① 물건을 판다.　　　② 물건을 받는다.　　　③ 물건을 산다.

(2) မှန်ကန်သည့် အရာအား ရွေးပါ။

① 책 3권에 9,000원이다.
② 책상은 깨끗하지 않다.
③ 이메일로 연락을 원한다.
④ 학생은 노트북과 컴퓨터를 백만원을 주고 샀다.

★ 연음 법칙 (2) 07-6

အရှေ့ဝဏ္ဏ၏ အသတ်သည် ပေါင်းစပ်အသတ်ဖြစ်ပါက အနောက်၌ရှိသော သရနှင့် တွေ့လျှင် ပေါင်းစပ်အသတ်ထဲရှိ အရှေ့ဗျည်းသည် ထိုနေရာ၌ မူလအတိုင်းကျန်ပြီး အနောက်ဗျည်းသည် အခြားဝဏ္ဏ၏ ပထမအသံအနေဖြင့် အသံထွက်ရမည်။

읽어요 [일거요]

닭이 [달기]	젊음 [절음]
읊어 [을퍼]	핥아 [할타]
삶이 [살미]	앉아 [안자]
맑아요 [말가요]	밝아요 [발가요]

ㅅ ဖြင့် ဆုံးသည့် ပေါင်းစပ်အသတ်၌ ㅅ သည် အသံဆက်ကာ ㅆ အဖြစ်သို့ အသံထွက်သည်။

넋이 [넉시→넉씨]	몫이 [목시→목씨]
값을 [갑슬→갑쓸]	없어 [업서→업써]

ㅎ ဖြင့်ဆုံးသည့် ပေါင်းစပ်အသတ်၌ ㅎ သည် အသံမထွက်ပါ။

닳아 [달아→다라]	싫어 [실어→시러]
끊어 [끈어→끄너]	옳아 [올아→오라]
많아 [만아→마나]	앓아 [안아→아나]

ကိုရီးယား၏ ဈေးဝယ်သည့်ဓလေ့

ကိုရီးယားသည် ကမ္ဘာတစ်ဝှမ်း ဖက်ရှင်တကျ ခေတ်စားမှုအား ဦးဆောင်ပြီး သင့်တင့်သည့် အဝတ်အစားအမျိုးမျိုးအား ထုတ်လုပ်သည့်နေရာအဖြစ် ထင်ရှားသည်။ ထို့ကြောင့် ကိုရီးယားသို့ ရှာဖွေလည်ပတ်သည့် များစွာသော အလည်အပတ်လာသည့်ဧည့်သည်များသည် ကိုရီးယား၌ ဈေးဝယ်ခြင်းအား ပျော်ရွှင်နှစ်သက်ကြသည်။

ထို့အပြင် ကိုရီးယား၌ ဈေးဝယ်သည့် နယ်ပယ်ကျယ်သည့်အတွက်လည်း ထင်ရှားသည်။ ထိုနယ်ပယ်၌ အဝတ်အစား၊ Accessories နှင့် ဖိနပ်များအား ရောင်းချသည့် ဈေးသည်များ စုဝေးနေပြီး လိုအပ်သည်များရှိပါက သင့်တင့်သည့် ဈေးနှုန်းဖြင့် ဝယ်ယူနိုင်သည်။ ဤသို့ ဈေးဝယ်သည့် နယ်ပယ်၌ မြောင်းဒုံ(명동)၊ ဒုံဒယ်မွန်း(동대문)၊ ဟုံးဒယ်(홍대)၊ အီထယ်ဝေါန်း (이태원)၊ နမ်ဒယ်မွန်း(남대문) စသည့် လူကြိုက်များသည့် ဈေးဝယ်နယ်ပယ်များလည်း ရှိသည်။ ဤနေရာတွင်ရှိသော ဆိုင်များသည် ကိုရီးယား၏ လူငယ်များသာမက နိုင်ငံခြားသားများပါမကျန် အလွန် နှစ်သက်၍ လူကြိုက်များသည်။ ထို့အပြင် ဤဆိုင်များကြား လမ်းလျှောက်ကာ အရသာရှိသည့် အစားအစာများအား နှစ်ခြိုက်စွာ သုံးဆောင်နိုင်သည်။ ဤဆိုင်များအား ကြည့်ခြင်းဖြင့် ကိုရီးယား၏ ဈေးဝယ်သည့်ဓလေ့နှင့် ဖက်ရှင်အား သိရှိနိုင်သည့် နေရာပင် ဖြစ်သည်။

ကိုရီးယား၌ အွန်လိုင်းဈေးဝယ်ခြင်းသည်လည်း ကျယ်ပြန့်စွာ တည်ရှိသည်။ Coupang, G-market, TMON စသည့် အင်တာနက်ဝက်ဘ်ဆိုဒ်မှတဆင့် မိမိဝယ်ယူလိုသည့် ပစ္စည်းအား မှာယူပါက အိမ်အထိ တိုက်ရိုက် ပို့ပေးသည်။ ဤအွန်လိုင်းဆိုင်များသည် ရယ်ဒီမိတ်ပစ္စည်းများအပြင် လတ်ဆက်သည့် ဟင်းသီးဟင်းရွက်များအပါအဝင် အသားငါးများနှင့်အတူ ချက်ချင်းစားသုံးနိုင်သော ကုန်ပစ္စည်းများအား အလွန်လျှင်မြန်စွာ ပို့ဆောင်ပေးသည်။

| မြောင်းဒုံ

ပိတ်ရက်၊ အားလပ်ချိန်၊ ဝါသနာ
주말, 여가, 취미

လေ့လာရခြင်း ရည်ရွယ်ချက်

- ပိတ်ရက်၊ အားလပ်ချိန်၊ ဝါသနာလှုပ်ရှားမှုနှင့် ပတ်သက်၍ ပြောနိုင်မည်။

အဓိက သဒ္ဒါ

- -(으)ㄹ까요? မလား   • -(으)ㄹ 수 있다/없다 နိုင်သည်/ မ...နိုင်ဘူး
- -겠- လိမ့်မည်   • 못 မ...နိုင်ဘူး   • -지만 ပေမယ့်
- ㅡ(으) 탈락 ဧ ဖြုတ်ခြင်း

ယဉ်ကျေးမှုအကြောင်း တစေ့တစောင်း

- ကိုရီးယားလူမျိုး၏ အားလပ်ချိန် အလေ့အထ

ⓐ အသံဖိုင်ကို နားထောင်ရင်း အသံကျယ်ကျယ်ဖြင့် လိုက်ဖတ်၍ အရေး လေ့ကျင့်ခြင်းကိုလည်း လုပ်ကြည့်ပါ။

🎧 08-1

주말
ပိတ်ရက်

일하다
အလုပ်လုပ်သည်

재미있다
စိတ်ဝင်စားဖို့ကောင်းသည်

취미
ဝါသနာ

등산하다
တောင်တက်သည်

낚시
ငါးမျှားခြင်း

바쁘다
အလုပ်များသည်

지난
ပြီးခဲ့တဲ့

못하다
မလုပ်နိုင်ဘူး

좋아하다
ကြိုက်သည်

자전거 타다
စက်ဘီး စီးသည်

받다
လက်ခံသည်

다치다
ထိခိုက်မိသည်

앉다
ထိုင်သည်

기다리다
စောင့်သည်

[♠] ပုံနှင့် ကိုက်ညီသော ဝေါဟာရကို ရွေးပြီး ရေးပါ။

앉다	다치다	낚시
등산하다	자전거 타다	주말

①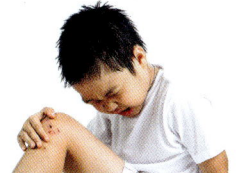

_____

②

_____

③

_____

④

_____

⑤

_____

⑥

_____

정답 --- ① 다치다 ② 낚시 ③ 주말 ④ 자전거 타다 ⑤ 등산하다 ⑥ 앉다

수지   꼬민 씨, 이번 주말에 뭐 해요?

꼬민   일해요. 수지 씨는 뭐 해요?

수지   한강에서 자전거를 탈 거예요. 꼬민 씨 자전거 탈 수 있어요? 같이 갈까요?

꼬민   자전거 탈 수 있지만, 바빠서 못 가요.

수지   그럼, 다음에 같이 가요.

꼬민   좋아요. 재미있겠어요.

ဘာသာပြန်

ဆူဂျီ   ကိုမင်း ဒီတစ်ခေါက် ပိတ်ရက်မှာ ဘာလုပ်မှာလဲ။

ကိုမင်း   အလုပ်လုပ်မှာပါ။ ဆူဂျီရော ဘာလုပ်မှာလဲ။

ဆူဂျီ   ဟန်မြစ်မှာ စက်ဘီး စီးမှာပါ။ ကိုမင်း စက်ဘီး စီးနိုင်လား။ အတူတူ သွားမလား။

ကိုမင်း   စက်ဘီး စီးနိုင်ပေမယ့် အလုပ်များလို့ မသွားဘူး။

ဆူဂျီ   ဒါဆို နောက်မှ အတူတူ သွားကြမယ်။

ကိုမင်း   ကောင်းပြီ။ ပျော်စရာကောင်းမှာပဲ။

  The 바른 한국어 첫걸음

마이클   모모 씨, 취미가 뭐예요?

모모   등산이에요. 지난 주말에도 친구들하고
        북한산에 갔어요.

마이클   좋았겠어요.

모모   네 좋았어요. 마이클 씨는 취미가
        뭐예요?

마이클   제 취미는 낚시예요. 잘 못하지만
        좋아해요.

모모   저도 낚시 좋아해요. 다음에 같이 가요.

마이클   그래요.

ဘာသာပြန်

မိုက်ကယ်   မိုးမိုး ဝါသနာက ဘာလဲ။

မိုးမိုး   တောင်တက်တာပါ။
          ပြီးခဲ့တဲ့ ပိတ်ရက်မှာလည်း
          သူငယ်ချင်းတွေနဲ့
          ဘူခန်းတောင်ကို သွားခဲ့တယ်။

မိုက်ကယ်   ကောင်းလိုက်တာ။

မိုးမိုး   ဟုတ်ကဲ့၊ ကောင်းတယ်။
          မိုက်ကယ်ရော ဝါသနာက ဘာလဲ။

မိုက်ကယ်   ကျွန်တော့် ဝါသနာက
          ငါးမျှားတာပါ။ ကောင်းကောင်း
          မလုပ်တတ်ပေမယ့် ကြိုက်တယ်။

မိုးမိုး   ကျွန်မလည်း ငါးမျှားတာကို
          ကြိုက်တယ်။ နောက်မှ အတူတူ
          သွားကြမယ်။

မိုက်ကယ်   ဟုတ်ပါပြီ။

✱ အမီက ဖော်ပြချက်ကို ကျက်ပြီး ဝေါဟာရကို ပြောင်းလဲ၍ ပုံစံအမျိုးမျိုး လေ့ကျင့်ကြည့်ပါ။

주말에 뭐 해요?
ဝိတ်ရက်မှာ ဘာလုပ်လဲ။

자전거 타요.
စက်ဘီး စီးတယ်။

အားလပ်ချိန် လှုပ်ရှားမှု

자전거 타다 စက်ဘီးစီးသည်	피아노 배우다 စန္ဒယားသင်ယူသည်
외국어 배우다 နိုင်ငံခြား ဘာသာစကားသင်ယူသည်	산책하다 လမ်းလျှောက်သည်
등산하다 တောင်တက်သည်	여행하다 ခရီးသွားသည်
운동하다 အားကစားလုပ်သည်	영화를 보다 ရုပ်ရှင်ကြည့်သည်
친구를 만나다 သူငယ်ချင်းကို တွေ့သည်	쇼핑하다 ဈေးဝယ်ထွက်သည်

취미가 뭐예요?
ဝါသနာက ဘာလဲ။

등산이에요.
တောင်တက်တာပါ။

ဝါသနာ လှုပ်ရှားမှု

등산 တောင်တက်ခြင်း	음악 감상 တေးဂီတခံစားခြင်း
낚시 ငါးမျှားခြင်း	독서 စာဖတ်ခြင်း
요리하기 ဟင်းချက်ခြင်း	여행 ခရီး
텔레비전 시청 တီဗွီကြည့်ခြင်း	사진 찍기 ဓာတ်ပုံရိုက်ခြင်း
영화 감상 ရုပ်ရှင်ခံစားခြင်း	비디오 게임하기 ဗီဒီယိုဂိမ်းကစားခြင်း

❶ –(으)ㄹ까요? မလား

ကြိယာ၌ ကပ်၍ တစ်ဖက်သူ၏ထင်မြင်ချက်အား မေးမြန်းခြင်း သို့မဟုတ် အကြံပြုခြင်းအား ဖော်ပြသည့် ပုံစံဖြစ်သည်။ ကြိယာ မူလအရင်းအမြစ်၏ အဆုံး၌ အသတ်သံရှိလျှင် 을까요 အသတ်သံမရှိလျှင် ㄹ까요 အား အသုံးပြုသည်။

받침 ○	–을까요	먹다 + 을까요 읽다 + 을까요 앉다 + 을까요	먹을까요? 읽을까요? 앉을까요?
받침 ×, ㄹ 받침 (ㄹ 탈락)	–ㄹ까요	가다 + ㄹ까요 사다 + ㄹ까요 만들다 + ㄹ까요	갈까요? 살까요? 만들까요?

여기 앉을까요? ဒီမှာ ထိုင်မလား။   한강공원에 갈까요? ဟန်မြစ်ပန်းခြံကို သွားမလား။

❷ –(으)ㄹ 수 있다/없다 နိုင်သည်/ မ…နိုင်ဘူး

ကြိယာ၌ ကပ်၍ ကိစ္စတစ်ခုခုအား လုပ်နိုင်သည့်အရည်အချင်း ရှိခြင်း၊ မရှိခြင်းကို ဖော်ပြသည်။ ကြိယာ မူလအရင်းအမြစ်၏ အဆုံး၌ အသတ်သံရှိလျှင် 을 수 있다/없다 အသတ်သံမရှိလျှင် ㄹ 수 있다/없다 အား အသုံးပြုသည်။

받침 ○	–을 수 있다/없다	먹다 + 을 수 있다/없다 읽다 + 을 수 있다/없다 받다 + 을 수 있다/없다	먹을 수 있다/없다 읽을 수 있다/없다 받을 수 있다/없다
받침 ×, ㄹ 받침 (ㄹ 탈락)	–ㄹ 수 있다/없다	가다 + ㄹ 수 있다/없다 오다 + ㄹ 수 있다/없다 만들다 + ㄹ 수 있다/없다	갈 수 있다/없다 올 수 있다/없다 만들 수 있다/없다

한국어를 읽을 수 있어요. ကိုရီးယားစာကို ဖတ်နိုင်တယ်။
내일 우리 집으로 올 수 있어요? မနက်ဖြန် ငါတို့ အိမ်ကို လာနိုင်မလား။

❸ –겠– လိမ့်မည်

ကြိယာ သို့မဟုတ် နာမဝိသေသန၌ ကပ်၍ အနာဂတ်၏ အလုပ်ကိစ္စ သို့မဟုတ် ခန့်မှန်းခြင်းကို ဖော်ပြသည့် အဆုံးသတ်စကားလုံးဖြစ်သည်။ ၎င်းအနောက်၌ 어요, 네요, 습니다 စသည့် ဝါကျအဆုံးသတ်သဒ္ဒါများနှင့် ကပ်သည်။

친구가 와서 좋겠어요. သူငယ်ချင်းလာရင် ကောင်းလိမ့်မယ်။
잘 먹겠습니다. ကောင်းကောင်းစားပွဲမယ်။

❹ 못 မ...နိုင်ဘူး

ကြိယာအရှေ့၌ ကပ်၍ ထိုလှုပ်ရှားမှုအား မလုပ်နိုင်ခြင်းကို ဖော်ပြသည့် ပုံစံဖြစ်သည်။ အငြင်း သို့မဟုတ် ဆန့်ကျင်ဘက်၏ အဓိပ္ပယ်အား ဖော်ပြသော 안 နှင့်ကွဲပြားသည်ကို သတိပြုပါ။

가다 → 못 가다	먹다 → 못 먹다
일하다 → 일 못 하다	운동하다 → 운동 못 하다

저는 오늘 회사에 못 가요. ကျွန်တော် ဒီနေ့ ကုမ္ပဏီကို မသွားနိုင်ဘူး။
저는 오늘 회사에 안 가요. ကျွန်တော် ဒီနေ့ ကုမ္ပဏီကို မသွားဘူး။
저는 김치를 못 먹어요. ကျွန်တော် ကင်မ်ချီကို မစားနိုင်ဘူး။
저는 김치를 안 먹어요. ကျွန်တော် ကင်မ်ချီကို မစားဘူး။

❺ -지만 ပေမယ့်

ကြိယာ၊ နာမဝိသေသန၊ 이다/아니다 ၌ ကပ်၍ အရှေ့နှင့် အနောက်သည် အချင်းချင်း ဆန့်ကျင်ဘက်ဖြစ်သည့် အကြောင်းအရာကို ဖော်ပြသည့် စကားဆက်ဖြစ်သည်။

좋다 → 좋지만	읽다 → 읽지만
기다리다 → 기다리지만	예쁘다 → 예쁘지만

이 핸드폰은 좋지만 너무 비싸요. ဒီဟန်းဖုန်းကတော့ ကောင်းပေမယ့် အရမ်း စျေးကြီးတယ်။
그녀는 예쁘지만 성격이 안 좋아요. ဒီမိန်းကလေးကတော့ လှပေမယ့် အကျင့်စရိုက်က မကောင်းဘူး။

❻ ―(으) 탈락 ―(으) ဖြုတ်ခြင်း

နာမဝိသေသနနှင့် ကြိယာ၏ မူလအရင်းအမြစ် အဆုံး၌ ရှိသော ―(으) သည် သရနှင့် တွေ့လျှင် ဖြုတ်ရမည်။

	-아요/어요	-았/었어요	-아/어서
예쁘다	예뻐요	예뻤어요	예뻐서
바쁘다	바빠요	바빴어요	바빠서
크다	커요	컸어요	커서
쓰다	써요	썼어요	써서
슬프다	슬퍼요	슬펐어요	슬퍼서
배고프다	배고파요	배고팠어요	배고파서
나쁘다	나빠요	나빴어요	나빠서

1 စကားပြောကို နားထောင်ပြီး အကြောင်းအရာနှင့် ကိုက်ညီသည့် ပုံကို ရွေးပါ။ 🎧 08-4

① ② ③ ④

(1) _____   (2) _____

(3) _____   (4) _____

2 စကားပြောကို နားထောင်ပြီး လိုက်ရေးပါ။ 🎧 08-5

모모   아까 씨, 주말에 뭐 _____?

아까   친구들과 함께 영화를 보고 고기도 _____.

모모   좋았겠어요. 저는 주말에 아르바이트를 했어요.

아까   무슨 아르바이트를 했어요?

모모   주방 도우미를 했어요.

아까   모모 씨는 한국 음식을 _____?

모모   아니요, 저는 한국 음식을 _____ 요리는 _____.

아까   그럼 한번 _____.

 **အရေး လေ့ကျင့်ခြင်း | 쓰기 연습**

---

1 နမူနာနှင့်အတူ ဝါကျအား ပြီးပြည့်စုံအောင် ရေးပါ။

နမူနာ

제 친구는 정말 <u>예뻐요</u>. (예쁘다)

(1) 아침을 안 먹어서 배가 _____. (고프다)

(2) 친구에게 편지를 _____. (쓰다)

(3) 먼지가 들어가서 눈이 _____. (아프다)

(4) 우리 동생은 키가 _____. (크다)

(5) 요즘 많이 _____. (바쁘다)

2 အောက်ပါ ဖော&ရားကို ပြီးပြည့်စုံအောင် ဖြည့်စွက်ပါ။

	-겠어요	-지만	-(으)ㄹ까요?
있다	있겠어요	있지만	있을까요?
없다			
하다			
좋다			
먹다			
입다			
신다			
쉬다			
싸다			
비싸다			

✱ 아옥빠토고 빠뜨삐 아끄라아야나 꼬닝우 ○, 꿰빠야우 ✕ 후 포쁘빠။

나의 취미

저는 초등학교 5학년 학생입니다.
제 취미는 축구입니다.
저는 주말에 친구들과 같이 운동장에서 축구를 합니다.
제 친한 친구 민호는 농구를 더 좋아합니다.
그래서 저는 가끔 민호와 농구도 합니다.
운동이 끝나고 저는 친구들과 다 같이 피자를
먹습니다. 저는 운동이 좋지만 친구들과 피자를
먹는 것도 좋습니다.

(1) 글쓴이의 취미는 축구이다. (   )

(2) 글쓴이는 평일에 친구들과 운동장에서 축구를 한다. (   )

(3) 민호는 농구보다 축구를 더 좋아한다. (   )

(4) 글쓴이는 운동이 끝나고 햄버거를 먹는다. (   )

✱ 된소리되기 🎧 08-6

အသတ်သံ [ㄱ], [ㄷ], [ㅂ] သည် ㄱ, ㄷ, ㅂ, ㅅ, ㅈ နှင့် တွေ့လျှင် အသတ်သံ [ㄱ], [ㄷ], [ㅂ] သည် မူလအတိုင်း အသံထွက်ပြီး ဗျည်း ㄱ, ㄷ, ㅂ, ㅅ, ㅈ သည် ပေါင်းစပ်ဗျည်းအသံ [ㄲ, ㄸ, ㅃ, ㅆ, ㅉ] အနေဖြင့် အသံထွက်သည်။

학교 [학꾜]
받침소리 [ㄱ]

책방 [책빵]
받침소리 [ㄱ]

옆집 [엽찝]
받침소리 [ㅂ]

잡지 [잡찌]
받침소리 [ㅂ]

독서 [독써]
받침소리 [ㄱ]

깎다 [깍따]
받침소리 [ㄱ]

읽다 [익따]
받침소리 [ㄱ]

밟다 [밥따]
받침소리 [ㅂ]

낯설다 [낟썰다]
받침소리 [ㄷ]

목소리 [목쏘리]
받침소리 [ㄱ]

မူလအရင်းအမြစ်သည် ㄴ, ㅁ ဖြင့် ဆုံးပြီး အနောက်၌ ㄱ, ㄷ, ㅂ, ㅈ နှင့် တွေ့လျှင် [ㄲ, ㄸ, ㅃ, ㅉ] အနေဖြင့် အသံထွက်သည်။

신다 [신따]   담다 [담따]   감다 [감따]

닮다 [담따]   앉고 [안꼬]   젊고 [점꼬]

손가락 [손까락]   손바닥 [손빠닥]   논두렁 [논뚜렁]

ကိုရီးယားလူမျိုး၏ အားလပ်ချိန် အလေ့အထ

ကိုရီးယားလူမျိုးများသည် ပိတ်ရက် သို့မဟုတ် အားလပ်ချိန်၌ ဝါသနာလှုပ်ရှားမှုမျိုးစုံအား ပြုလုပ်သည့် လူ အများအပြားရှိသည်။ အထူးသဖြင့် ကိုရီးယားသည် တောင်များသောကြောင့် တောင်တက်သည့် လူလည်း အများအပြားရှိသည်။ တောင်တက်ခြင်းသည် သူငယ်ချင်းများ သို့မဟုတ် မိသားစုများနှင့် သွားပြီး တောင်တက်ခြင်းအား သဘောကျသည့် လူများ အချင်းချင်းတွေ့ဆုံပွဲလုပ်ပြီး အတူတကွ သွားခြင်းလည်း ရှိသည်။ တောင်တက်ခြင်းကို သဘောကျသည့် လူများ၏ တွေ့ဆုံပွဲအား ဆန်ဂတ်ဟွီ 산악회 တောင်တက်အသင်း ဟု ခေါ်ကြသည်။ ခင်မင်သည့်လူအချင်းချင်း ပြုလုပ်ခြင်းလည်းရှိပြီး အင်တာနက်၊ ကော်ဖီဆိုင် စသည်တို့၌ အချင်းချင်း မသိသော လူများအား တွေ့ပြီး ပြုလုပ်သည့် တွေ့ဆုံပွဲလည်း ရှိကြသည်။

ခရီးသွားခြင်း သို့မဟုတ် အားလပ်ချိန်လှုပ်ရှားမှုပြုလုပ်ခြင်းအား နှစ်ခြိုက်သည့် လူလည်း အများအပြားရှိသည်။ ကိုရီးယား၌ ပြည်သူများ၏ ကျန်းမာရေးနှင့် အားလပ်ချိန်အား အကျိုးရှိစွာ ကုန်ဆုံးနိုင်စေရန်အတွက် ထောက်ပံ့ပေးသည့်အနေဖြင့် တစ်နိုင်ငံလုံး နေရာအနှံ့၌ စက်ဘီးလမ်းကို အသေအချာပြုလုပ်ထားသည်။ ဒူဆမ် ယူဝွန်ဂျီ 뚝섬 유원지၊ 여의도၊ 잠실၊ 이촌၊ 한강공원 စသည့်နေရာများ၌ စက်ဘီးငှားရမ်းနိုင်ပြီး စက်ဘီး Course အား အသုံးပြုနိုင်သည်။ စက်ဘီးငှားရမ်းသည့်နေရာ၌ ၁ယောက်စီး စက်ဘီးနှင့် ၂ယောက်စီး စက်ဘီးကို တစ်နာရီနှုန်း ကျသင့်ငွေဖြင့် ငှားရမ်း နိုင်သည်။ စက်ဘီးငှားရမ်းသည့်အခါ မှတ်ပုံတင်ကဒ်အပ်နှံပြီး ငှားရမ်းနိုင်သည့်အတွက်ကြောင့် မှတ်ပုံတင်ကဒ်အား မလွဲမသွေ ယူဆောင်လာရမည်။ ထို့အပြင် ယောဂ၊ Pilates, Gym စသည့် ကိုယ်ခန္ဓာကြံ့ခိုင်အောင် လေ့ကျင့်ခြင်း သို့မဟုတ် ဘောလုံးကစားခြင်း၊ ဘွေ့စ်ဘောကစားခြင်း၊ ဂေါက်ရိုက်ခြင်း စသည့် အပြင်ဘက်အားကစားအား နှစ်ခြိုက်စွာ ကစားသည့် လူများလည်း ရှိကြသည်။

❙ ယောဂ

❙ Pilates

❙ ဟန်မြစ်ဘေး စက်ဘီးလမ်း

အခန်း
09

ခရီး
여행

လေ့လာရခြင်း ရည်ရွယ်ချက်

- တည်းခိုသည့်နေရာအား ဘိုကင်တင်ပြီး ခရီးနှင့်ပတ်သတ်သော စကားများ ပြောနိုင်မည်။

အဓိက သဒ္ဒါ

- -(으)시- ပါ • -고 싶다 ချင်သည်
- -(으)ㄹ래요 မလား/ မလဲ • 같이/처럼 အတူတူ/ လိုမျိုး

ယဉ်ကျေးမှုအကြောင်း တစေ့တစောင်း

- ကိုရီးယား၏ ခရီးသွားနေရာ

⑨ အသံဖိုင်အား နားထောင်ရင်း အသံကျယ်ကျယ်ဖြင့် လိုက်ဖတ်၍ အရေး
လေ့ကျင့်ခြင်းကိုလည်း လုပ်ကြည့်ပါ။

🎧 09-1

호텔 ဟိုတယ်	**예약하다** ဘိုကင်တင်သည်	**인원** လူဦးရေ
어떤 ဘယ်လို	**방** အခန်း	**체크인** Check In
이번 ဒီတစ်ခေါက်	**제일** အ...ဆုံး	**마음에 들다** စိတ်တိုင်းကျသည်
건물 အဆောက်အဦး	**사진 찍다** ဓာတ်ပုံရိုက်သည်	**그림** ပန်းချီ
살다 နေသည်	**전하다** တစ်ဆင့်ပေးသည်	**아프다** နေမကောင်းဖြစ်သည်

[♠] ပုံနှင့် ကိုက်ညီသော ဝေါဟာရကို ရွေးပြီး ရေးပါ။

방	아프다	호텔
그림	사진 찍다	건물

①

_____

②

_____

③

_____

④

_____

⑤

_____

⑥

_____

정답 --- ① 건물 ② 사진 찍다 ③ 아프다 ④ 그림 ⑤ 방 ⑥ 호텔

 09-2

직원	네, 가평 호텔입니다.
모모	이번 주 금요일부터 일요일까지 예약하려고 합니다.
직원	인원이 몇 명이십니까?
모모	2명입니다.
직원	어떤 방으로 해 드릴까요? *
모모	더블룸으로 해 주세요.
직원	네, 예약되었습니다.
모모	체크인은 몇 시입니까?
직원	오후 3시입니다.
모모	네, 알겠습니다. 감사합니다.

* အခန်း 10 ခန့်ရှိသော '-아/어 주다' သဒ္ဒါအား ရည်ညွှန်းသည်။

ဘာသာပြန်

ဝန်ထမ်း	ဟုတ်ကဲ့၊ ဂါဖြောင်နိုးဟိုတယ်ကပါ။
မိုးမိုး	ဒီတစ်ပတ် သောကြာနေ့ကနေ တနင်္ဂနွေနေ့အထိ ဘိုကင်လုပ်ချင်လို့ပါ။
ဝန်ထမ်း	လူအရေအတွက်က ဘယ်နှယောက်လဲ။
မိုးမိုး	၂ ယောက်ပါ။
ဝန်ထမ်း	ဘယ်လိုအခန်း ပေးရမလဲ။
မိုးမိုး	Double ခန်း ပေးပါ။
ဝန်ထမ်း	ဟုတ်ကဲ့၊ ဘိုကင်တင်ပြီးပါပြီ။
မိုးမိုး	Check In က ဘယ်နှနာရီလဲ။
ဝန်ထမ်း	မွန်းလွဲ ၃ နာရီပါ။
မိုးမိုး	ဟုတ်ကဲ့၊ သိပါပြီ။ ကျေးဇူးတင်ပါတယ်။

꼬민 수지 씨, 이번 유럽 여행이 어땠어요?

수지 정말 재미있고 좋았어요.

또 가고 싶어요.

꼬민 유럽의 뭐가 제일 마음에 들었어요?

수지 건물들이 너무 예뻤어요. 그래서 사진도

많이 찍었어요. 한번 보실래요?

꼬민 네 좋아요.

(사진을 보면서)

꼬민 이 건물은 정말 그림처럼 아름답네요.

* 이 건물은 11 과에 있는

'-네요' 을 참고

설명한다.

ဘာသာပြန်

ကိုမင်း ဆူဂျီ ဒီတစ်ခေါက် ဥရောပခရီးက

ဘယ်လိုလဲ။

ဆူဂျီ တကယ်ကို စိတ်ဝင်စားပြီး

ကောင်းမွန်ခဲ့တယ်။ ထပ်ပြီး

သွားချင်ပါတယ်။

ကိုမင်း ဥရောပရဲ့ ဘာကို

စိတ်တိုင်းအကျဆုံးလဲ။

ဆူဂျီ အဆောက်အဦးတွေက

အရမ်းလှတယ်။ အဲဒါကြောင့်

ဓာတ်ပုံလည်း အများကြီး

ရိုက်ခဲ့တယ်။ တစ်ခေါက်လောက်

ကြည့်မလား။

ကိုမင်း ဟုတ်ကဲ့၊ ကောင်းပါပြီ။

(ဓာတ်ပုံကို ကြည့်ရင်းနဲ့)

ကိုမင်း ဒီအဆောက်အဦးက

ပန်းချီကားလိုမျိုး လှလိုက်တာ။

စကားပြော လေ့ကျင့်ခြင်း | 회화 연습

✱ အဓိက ဖော်ပြချက်ကို ကျက်ပြီး ဝေါဟာရကို ပြောင်းလဲ၍ ပုံစံအမျိုးမျိုး လေ့ကျင့်ကြည့်ပါ။

> 어떤 방으로 드릴까요?
> ဘယ်လိုအခန်းကို ပေးရမလဲ။

> 더블 룸으로 주세요.
> Double ခန်း ပေးပါ။

တည်းခိုရန် ဘိုကင်တင်သည့် အသုံးအနှုန်း

더블 룸(더블베드룸) Double ခန်း	싱글 룸(싱글베드룸) တစ်ယောက်ခန်း
트윈 룸(트윈베드룸) Twin ခန်း	패밀리 룸 မိသားစုခန်း
산 전망 တောင်ပေါ်ရှုခင်း	바다 전망 ပင်လယ်ရှုခင်း
입실(체크인) Check In	퇴실(체크아웃) Check Out
조식 မနက်စာ	룸서비스 အခန်းဝန်ဆောင်မှု
무료 와이파이 အခမဲ့ Wifi	미니바 Minibar

여행/숙소/음식이 어땠어요?
ခရီး/ တည်းခိုခြင်း/ အစားအသောက်က
ဘယ်လိုလဲ။

너무 **좋았어요**.
အရမ်း **ကောင်းမွန်ခဲ့တယ်**။

နာမဝိသေသန

좋다 ကောင်းမွန်သည်	즐겁다 ပျော်ရွှင်သည့်
재미있다 စိတ်ဝင်စားစရာကောင်းသည်	설레다 စိတ်လှုပ်ရှားသည်
지루하다 ပျင်းရိငြီးငွေ့သည်	힘들다 ပင်ပန်းသည်
재미없다 စိတ်ဝင်စားစရာ မကောင်းဘူး	아쉽다 နှမြောသည်
신기하다 အံ့ဩထူးဆန်းသည်	깨끗하다 သန့်ရှင်းသည်
깔끔하다 သန့်ရှင်းသပ်ရပ်သည်	맛있다 အရသာရှိသည်
맛없다 အရသာမရှိဘူး	맵다 စပ်သည်

❶ -(으)시- ၊

ကြိယာ၊ နာမဝိသေသန၊ 이다/아니다 ၌ ကပ်၍ ကတ္တားအား လေးစားယဉ်ကျေးစွာဖြင့်သုံးသည့် အဓိပ္ပါယ်ဖြစ်သည်။ မူလအရင်းအမြစ်သည် အသတ်ဖြင့်ဆုံးလျှင် 으시, အသတ်သံ မရှိပါက သို့မဟုတ် ㄹ သတ်ဖြင့် ဆုံးလျှင် 시 အား အသုံးပြုရမည်။

받침 ○	-으시-	읽다 + 으시다 앉다 + 으시다	읽으시다 앉으시다
받침 ×, ㄹ 받침 (ㄹ 탈락)	-시-	가다 + 시다 오다 + 시다 살다 + 시다	가시다 오시다 사시다

	-(으)시다	-(으)세요	-(으)셨어요	-(으)실 거예요
앉다	앉으시다	앉으세요	앉으셨어요	앉으실 거예요
읽다	읽으시다	읽으세요	읽으셨어요	읽으실 거예요
입다	입으시다	입으세요	입으셨어요	입으실 거예요
괜찮다	괜찮으시다	괜찮으세요	괜찮으셨어요	괜찮으실 거예요
쓰다	쓰시다	쓰세요	쓰셨어요	쓰실 거예요
아프다	아프시다	아프세요	아프셨어요	아프실 거예요
보다	보시다	보세요	보셨어요	보실 거예요
가다	가시다	가세요	가셨어요	가실 거예요
만들다	만드시다	만드세요	만드셨어요	만드실 거예요
놀다	노시다	노세요	노셨어요	노실 거예요

● 존대형 격조사 ယဉ်ကျေးမှုပြ ကတ္တားဝိဘတ်များ

အခြေခံ ကတ္တားဝိဘတ်များ	ယဉ်ကျေးမှုပြ ကတ္တားဝိဘတ်များ
이/가 က	께서
은/는 ကတော့	께서는
에게/한테 ဆီကို	께

어머니가 아파요.

→ 어머니께서 아프세요. အမေကတော့ နေမကောင်းဖြစ်နေပါတယ်။

선생님한테 전해 줘요.

→ 선생님께 전해 주세요. ဆရာမဆီကို တစ်ဆင့် ပေးပေးပါဦး။

아버지는 책을 읽어요.

→ 아버지께서는 책을 읽으십니다. အဖေကတော့ စာအုပ်ကို ဖတ်နေပါတယ်။

❷ -고 싶다 ချင်သည်

ကြိယာ၌ကပ်၍အရှေ့စကားအားဖြစ်ပေါ်စေသောလှုပ်ရှားမှုကိုပြုလုပ်ရန်လိုအပ်ကြောင်းဖော်ပြသည့်
အသုံးအနှုန်းဖြစ်သည်။

가다 → 가고 싶다	보다 → 보고 싶다
먹다 → 먹고 싶다	받다 → 받고 싶다

A: 뭐 먹고 싶어요? ဘာ စားချင်လဲ။

B: 김치찌개를 먹고 싶어요. ကင်မ်ချီဟင်းရည်ကို စားချင်တယ်။

❸ -(으)ㄹ래요 မလား၊ မလဲ

ကြိယာ၌ကပ်၍ ရှေ့လျှောက် ပြုလုပ်ရန် ရည်ရွယ်သော အလုပ်ကိစ္စနှင့်ပတ်သက်၍ မိမိ၏စိတ်ကူး
သို့မဟုတ် ထိုအလုပ်ကိစ္စနှင့် ပတ်သက်သော အခြားသူ၏ စိတ်ကူးအား မေးမြန်းသည့်အခါ၌
သုံးသော အဆုံးသတ်စကားလုံး ဖြစ်သည်။ မူလအရင်းအမြစ်၏ နောက်ဆုံးစာလုံးသည် ㄹ မှ လွဲ၍
အခြားအသတ်ဖြင့် ဆုံးလျှင် 을래요, အသတ်မရှိ၍ သော်လည်းကောင်း ㄹ ဖြင့် ဆုံးလျှင် ㄹ래요
အား သုံးရမည်။

받침 ○	-을래요	먹다 + 을래요 읽다 + 을래요	먹을래요 읽을래요
받침 ×, ㄹ 받침 (ㄹ 탈락)	-ㄹ래요	하다 ㅣ ㄹ래요 오다 + ㄹ래요 살다 + ㄹ래요 만들다 + ㄹ래요	할래요 올래요 살래요 만들래요

A: 저랑 같이 커피숍에 갈래요? ကျွန်တော်နဲ့အတူ ကော်ဖီဆိုင်ကို သွားမလား။

B: 아니요, 약속이 있어서 먼저 갈래요. ဟင့်အင်း၊ ချိန်းထားတာရှိလို့ အရင် သွားမယ်။

A: 내일 하루는 쉴래요? မနက်ဖြန် တစ်ရက်ကတော့ နားမလား။

B: 아니요, 저는 일 할래요. ဟင့်အင်း၊ ကျွန်မကတော့ အလုပ်လုပ်မယ်။

❹ 같이/처럼 အတူတူ/ လိုမျိုး

နာမ်၌ ကပ်၍ ထိုနာမ်၏ ပုံစံ သို့မဟုတ် ထူးခြားချက်သည် အချင်းချင်း ဆင်တူခြင်းအား
ဖြစ်ပေါ်စေသည့် ဝိဘတ်ဖြစ်သည်။

제 친구는 인형처럼/같이 예뻐요. ကျွန်မသူငယ်ချင်းကတော့ အရုပ်မလိုမျိုး လှတယ်။

저는 형처럼/같이 공부를 잘해요. ကျွန်တော်ကတော့ အစ်ကိုလိုမျိုး စာတော်တယ်။

အကြား လေ့ကျင့်မှု | 듣기 연습

---

1 စကားပြောကို နားထောင်ပြီး အကြောင်းအရာနှင့် ကိုက်ညီလျှင် ○, မကိုက်ညီလျှင် × ဟု ဖော်ပြပါ။

🎧 09-4

(1) ဂျယ်ဂျူကျွန်းမှာ ဆောလဝ္ဂတောင် ရှိတယ်။ (　　)

(2) ဒီလူနှစ်ယောက်ကတော့ ပင်လယ်ကို သွားမယ်လို့ မှန်းထားတယ်။ (　　)

(3) ဒီလူနှစ်ယောက်ကတော့ ခရီးအစီအစဉ်ကို ဆွဲနေတယ်။ (　　)

---

2 စကားပြောအား နားထောင်ပြီး ယောက်ျားလေးသည် မည်သည့်အချိုရည် သောက်မည်ကို ရွေးပါ။

🎧 09-5

①

②

③

④

1 နမူနာနှင့်အတူ ဝါကျအား ရေးပါ။

နမူနာ

여수로 가다 → <u>여수로 갈래요?</u>

(1) 사진을 찍다 _____

(2) 비행기를 타다 _____

(3) 삼겹살을 먹다 _____

(4) 호텔을 예약하다 _____

(5) 바다를 구경하다 _____

2 အောက်ပါဇယားအား ပြီးပြည့်စုံအောင် ဖြည့်ပါ။

	-(으)시다	-(으)세요	-(으)셨어요	-(으)실 거예요
오다				
보다				
가다				
사다				
살다				
좋다				
웃다				
읽다				
하다				
예쁘다				

＊ အောက်ပါတို့ကို ဖတ်ပြီး အကြောင်းအရာနှင့် ကိုက်ညီလျှင် ○၊ ကွဲပြားလျှင် × ဟု ဖော်ပြပါ။

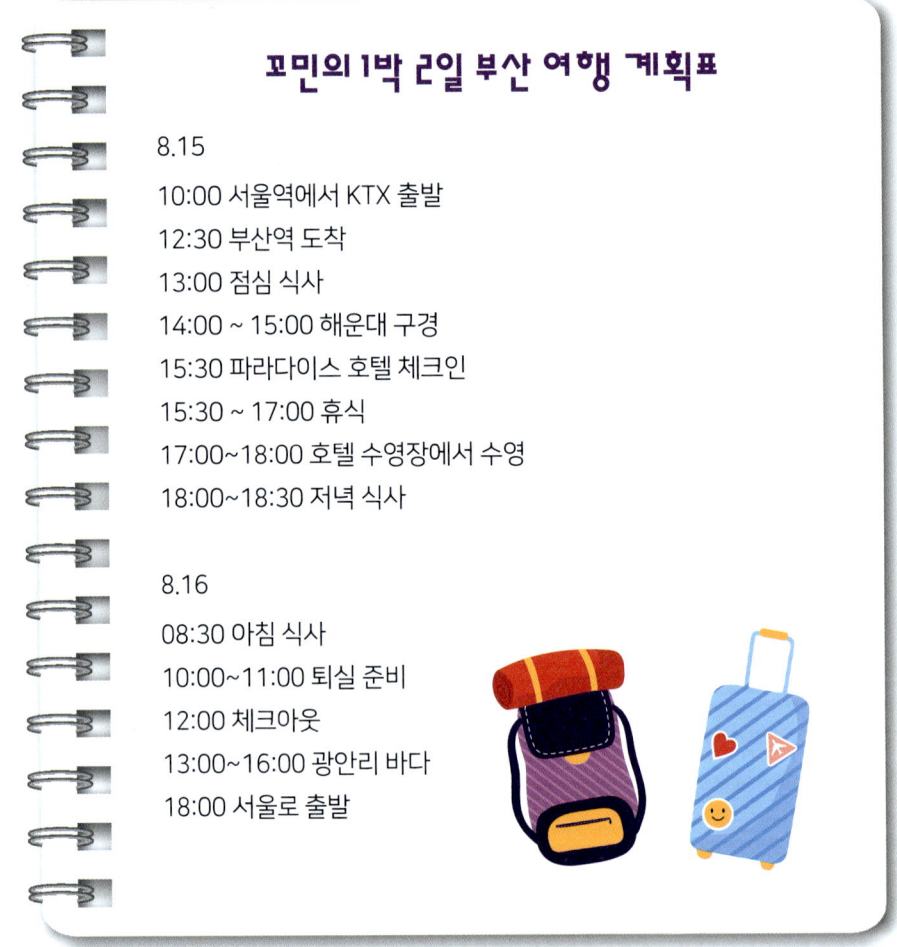

꼬민의 1박 2일 부산 여행 계획표

8.15
10:00 서울역에서 KTX 출발
12:30 부산역 도착
13:00 점심 식사
14:00 ~ 15:00 해운대 구경
15:30 파라다이스 호텔 체크인
15:30 ~ 17:00 휴식
17:00~18:00 호텔 수영장에서 수영
18:00~18:30 저녁 식사

8.16
08:30 아침 식사
10:00~11:00 퇴실 준비
12:00 체크아웃
13:00~16:00 광안리 바다
18:00 서울로 출발

(1) 꼬민은 부산으로 여행을 간다. (　　)

(2) 꼬민은 부산에 비행기를 타고 간다. (　　)

(3) 파라다이스 호텔은 수영장이 없다. (　　)

(4) 꼬민은 광안리에 갈 것이다. (　　)

(5) 꼬민은 8월 16일에 서울에 온다. (　　)

✱ 유음화
🎧 09-6

လျှာနှင့်ထိစပ်သည့်အသံ၌ ㄴ သည် လျှာလိပ်သံ ㄹ ၏ အရှေ့ သို့မဟုတ် အနောက်တွင်ရှိပါက မူလအသံအစား ㄹ ဟု ပြောင်းလဲခြင်းသည် အသံပိုင်းဆိုင်ရာ အခြေအနေတစ်ရပ်ဖြစ်သည်။

● ㄹ + ㄴ → ㄹ + ㄹ

설날 [설랄]
줄넘기 [줄럼끼]
하늘나라 [하늘라라]

칼날 [칼랄]
물놀이 [물로리]

● ㄹㅎ, ㄹㅌ + ㄴ → (받침소리) ㄹ + ㄹ

앓는 [알른]
받침소리 [ㄹ]

핥는 [할른]
받침소리 [ㄹ]

뚫는 [뚤른]
받침소리 [ㄹ]

● ㄴ + ㄹ → ㄹ + ㄹ

난로 [날로]
천리 [철리]
진로 [질로]

신라 [실라]
난리 [날리]
전라도 [절라도]

※ လျှာလိပ်သံအား အသုံးမပြုသည့် အခြေအနေ

ㄴ သည် တရုတ်စာလုံးများထဲရှိ 란, 량, 력, 론, 료, 례 စသည်တို့နှင့် တွေ့လျှင် လျှာလိပ်သံအား အသုံးမပြုသည့် အခြေအနေလည်း ရှိသည်။

생산량 [생산냥]
결단력 [결딴녁]
추진력 [추진녁]
입원료 [이붠뇨]

의견란 [의견난]
공권력 [공꿘녁]
상견례 [상견녜]
이원론 [이원논]

ကိုရီးယား၏ ခရီးသွားနေရာ

ကိုရီးယားလူမျိုးများနှင့် နိုင်ငံခြားသားခရီးသည်များ အများဆုံး ရှာဖွေလည်ပတ်ကြသည့် နေရာသည် ဂျယ်ဂျူကျွန်း (제주도) ဖြစ်သည်။ ဂျယ်ဂျူကျွန်းသည် ကိုရီးယားနိုင်ငံ၏ အကြီးဆုံးကျွန်းဖြစ်ပြီး သာယာလှပသော ပင်လယ်နှင့် အလွန်လှပသော သဘာဝလည်ပတ်စရာများကြောင့် ဂုဏ်ယူဝင့်ကြွားစရာကောင်းပေသည်။ ထို့အပြင် ကိုရီးယားနိုင်ငံ၏ အမြင့်ဆုံးတောင် ဖြစ်သည့် ဟန်းလာတောင်သည် (한라산) လည်း ဂျယ်ဂျူကျွန်း၏ အဓိက ခရီးသွားနေရာတစ်ခု ဖြစ်သည်။

ဟန်းလာတောင်သည် (한라산) ကိုရီးယား၏ အမြင့်ဆုံးတောင်ဖြစ်သည့်အပြင် လေးရာသီပတ်လုံး သာယာလှပသည့် ရှုခင်းသည် ဂုဏ်ယူစရာကောင်းသောကြောင့် ပြည်တွင်းပြည်ပနေသူများနှင့် စည်ကားသည့် နေရာဖြစ်သည်။

ကိုရီးယား၌ ဂျယ်ဂျူကျွန်းအပြင် များစွာသော ကျွန်းများတည်ရှိပြီး 울릉도, 독도, 거제도 စသည့် သွားလည်သင့်သော ကျွန်းလည်း များစွာရှိသည်။ မြို့အနေဖြင့် 부산 해운대, 전주 한옥마을, 여수, 통영, 춘천 စသည်တို့သည်လည်း လူများစွာ လည်ပတ်သည့် ခရီးသွားနေရာအဖြစ် ကိုယ်စားပြုသည်။

ချောန်ဂျူကိုရီးယားရိုးရာအိမ်ကျေးရွာ

ယောဆူ

ဂျယ်ဂျူကျွန်း

ခရီးသွားရာ၌ အလိုအပ်ဆုံး တည်းခိုသည့်နေရာအဖြစ် 호텔, 모텔, 여관, 콘도 စသည်တို့ ရှိပြီး လူနေအိမ်များတွင် တည်းခိုနိုင်ခြင်းလည်း ရှိကာ ၎င်းအား 민박 ဟု သုံးနှုန်းသည်။ မြို့ကြီးများ၌ အပြင်အဆင်များဖြင့် ပြီးပြည့်စုံသော ဟိုတယ်များရှိပြီး ဟိုတယ်အစား မိုတယ်သည် အရွယ်အစား သေးသော်လည်း ဈေးနှုန်း သင့်တင့်သည်။

လမ်းမေးခြင်း
길 묻기

◎ အသံဖိုင်ကို နားထောင်ရင်း အသံကျယ်ကျယ်ဖြင့် လိုက်ဖတ်၍ အရေး လေ့ကျင့်ခြင်းကိုလည်း လုပ်ကြည့်ပါ။

🎧 10-1

실례합니다 အားနာပါတယ်	**여쭈다** မေးမြန်းသည်	**알리다** သိစေသည်
호선 လိုင်း	**그리고** ပြီးတော့	**갈아타다** ပြောင်းစီးသည်
나오다 ထွက်လာသည်	**내리다** ဆင်းသည်	**카페** ကော်ဖီဆိုင်
직진 တည့်တည့်	**사거리** လမ်းလေးဆုံ	**횡단보도** လူကူးမျဉ်းကြား
건너다 ဖြတ်ကူးသည်	**전화하다** ဖုန်းဆက်သည်	**교환하다** လဲလှယ်သည်

[🔔] ပုံနှင့် ကိုက်ညီသော ဝေါဟာရကို ရွေးပြီး ရေးပါ။

카페	내리다	건너다
사거리	횡단보도	전화하다

①
_____

②
_____

③
_____

④
_____

⑤
_____

⑥
_____

정답 --- ① 횡단보도 ② 카페 ③ 사거리 ④ 내리다 ⑤ 건너다 ⑥ 전화하다

꼬민 실례합니다. 길 좀 여쭤 볼게요.

행인 네 말씀하세요.

꼬민 강남역에 어떻게 가는지 좀 알려
주시겠습니까?

행인 여기서 지하철 5호선을 타세요. 그리고
왕십리역에서 2호선으로 갈아타세요.
30분 정도 가시면 강남역이 나올 거예요.

꼬민 고맙습니다.

ဘာသာပြန်

ကိုမင်း အားနာပါတယ်။ လမ်း
နည်းနည်း မေးပွဲမယ်။

လမ်းသွားလမ်းလာ ဟုတ်ကဲ့ ပြောပါ။

ကိုမင်း ဂန်းနာမ်ဘူတာကို
ဘယ်လိုသွားရမလဲဆိုတာ
နည်းနည်း
ပြောပြပေးလို့ရမလား။

လမ်းသွားလမ်းလာ ဒီကနေ
မြေအောက်ရထား
လိုင်းနံပါတ် ၅ ကို
စီးပါ။ ပြီးတော့ ဝါင်ရှီလီ
ဝမ်းင်ရှင်းမိနီဘူတာမှာ
လိုင်းနံပါတ် ၂ ကို
ပြောင်းစီးပါ။ မိနစ်
၃၀ လောက် သွားရင်
ဂန်းနာမ်ဘူတာကို
ရောက်မှာပါ။

ကိုမင်း ကျေးဇူးတင်ပါတယ်။

마이클	수지 씨, 저 버스에서 내렸어요.
수지	그래요? 저 카페에 들어와 있어요. 이 카페로 오세요.
마이클	카페가 어디에 있어요?
수지	버스 정류장에서 왼쪽으로 가면 사거리가 있어요. 사거리에서 횡단보도를 건너 쭉 직진하면 하나은행이 있어요. 하나은행 옆 골목으로 들어오면 카페가 보일 거예요.
마이클	알았어요. 못 찾으면 수지 씨한테 전화할게요.

ဘာသာပြန်

မိုက်ကယ်	ဆူဂျီ ကျွန်တော် ဘတ်စ်ကားကနေ ဆင်းလိုက်ပြီ။
ဆူဂျီ	ဟုတ်လား၊ ကျွန်မ ကော်ဖီဆိုင်ကို ရောက်နေတယ်။ ဒီ ကော်ဖီဆိုင်ကို လာပါ။
မိုက်ကယ်	ကော်ဖီဆိုင်က ဘယ်မှာ ရှိလဲ။
ဆူဂျီ	ဘတ်စ်ကား မှတ်တိုင်ကနေ ဘယ်ဘက်ကို သွားရင် လမ်းလေးဆုံ ရှိတယ်။ လမ်းလေးဆုံကနေ လူကူးမျဉ်းကြားကို ဖြတ်ကူးပြီး တည့်တည့် သွားရင် ဟာနာဘဏ် ရှိတယ်။ ဟာနာဘဏ် ရှေ့ လမ်းကြားကို ဝင်သွားရင် ကော်ဖီဆိုင်ကို မြင်ရမှာပါ။
မိုက်ကယ်	သိပါပြီ။ ရှာမတွေ့ရင် ဆူဂျီဆီကို ဖုန်းဆက်ပါ့မယ်။

✻ အဓိက ဖော်ပြချက်ကို ကျက်ပြီး ဝေါဟာရကို ပြောင်းလဲ၍ ပုံစံအမျိုးမျိုး လေ့ကျင့်ကြည့်ပါ။

강남역에 어떻게 가요?
ဂန်းနာမ်ဘူတာကို ဘယ်လို သွားလဲ။

지하철 2호선을 타세요.
မြေအောက်ရထား လိုင်း ၂ ကို စီးပါ။

လမ်း လမ်းညွှန်ခြင်း

지하철 ○호선을 타다 မြေအောက်ရထား ○ လိုင်းကို စီးသည်	○번 버스를 타다 ကားနံပါတ် ○ ကို စီးသည်
오른쪽으로 가다 ညာဘက်ကို သွားသည်	왼쪽으로 가다 ဘယ်ဘက်ကို သွားသည်
우회전하다 ညာဘက် ကွေ့သည်	좌회전하다 ဘယ်ဘက် ကွေ့သည်
직진하다 တည့်တည့်သွားသည်	○번 출구로 나가다 ○ နံပါတ် ထွက်ပေါက်ကို ထွက်သွားသည်
횡단보도를 건너다 လူကူးမျဉ်းကြားကို ဖြတ်ကူးသည်	지하도를 건너다 မြေအောက်လမ်းကို ဖြတ်ကူးသည်
건너편으로 가다 လမ်းတစ်ဖက်ခြမ်းကို သွားသည်	길을 건너다 လမ်းကို ဖြတ်ကူးသည်
계단을 내려가다 လှေကားကို ဆင်းသွားသည်	계단을 올라가다 လှေကားကို တက်သွားသည်

카페가 어디에 있어요?
ကော်ဖီဆိုင်က ဘယ်မှာရှိလဲ။

은행 옆에 있어요.
ဘဏ် ဘေးမှာ ရှိတယ်။

နေရာ

학교 ကျောင်း	지하철역 မြေအောက်ရထားဘူတာ
영화관 ရုပ်ရှင်ရုံ	공원 ပန်းခြံ
카페 ကော်ဖီဆိုင်	은행 ဘဏ်
식당 စားသောက်ဆိုင်	편의점 Convenience Store
병원 ဆေးရုံ	도서관 စာကြည့်တိုက်

❶ -(으)ㄹ게요 မယ်/ပါမယ်

ကြိယာဒ္ဒ ကပ်၍ ပြောသူ၏ ပြုလုပ်သော အပြုအမူတစ်ခုခုသည် နားထောင်သော လူ့ဆီသို့ ကတိပေးခြင်း သို့မဟုတ် ဆန္ဒကို ဖော်ပြသည့် အသုံးအနှုန်းဖြစ်သည်။ အသတ်သံ ရှိလျှင် 을게요, အသတ်သံ မရှိလျှင် ㄹ게요 ကို သုံးသည်။

받침 ○	-을게요	먹다 + 을게요 앉다 + 을게요 읽다 + 을게요	먹을게요 앉을게요 읽을게요
받침 ×, ㄹ 받침 (ㄹ 탈락)	-ㄹ게요	가다 + ㄹ게요 오다 + ㄹ게요 하다 + ㄹ게요 살다 + ㄹ게요	갈게요 올게요 할게요 살게요

여기 앉을게요. ဒီမှာ ထိုင်မယ်။   제가 읽을게요. ကျွန်တော်က ဖတ်မယ်။

먼저 갈게요. အရင် သွားမယ်။

❷ -아/어 주다 ပေးသည်

ကြိယာဒ္ဒ ကပ်၍ အရှေ့စကားသည် အခြားလူအတွက် ပြုမူပေးခြင်းအား ဖော်ပြသည့် အသုံးအနှုန်းဖြစ်သည်။ ကြိယာ မူလအရင်းအမြစ်၏ သရသည် ㅏ, ㅗ ဖြစ်လျှင် 아 주다, ကျန်သည့် သရဖြစ်လျှင် 어 주다 အား သုံးသည်။ 하다 သည် 해 주다 ကို သုံးသည်။ အမြင့်သုံးစကားအနေဖြင့် 주다 အစား 드리다 ကို သုံးသည်။

ㅏ, ㅗ	-아 주다	받다 + 아 주다 가다 + 아 주다	받아 주다 가 주다
ㅏ, ㅗ 이외	-어 주다	읽다 + 어 주다 찍다 + 어 주다	읽어 주다 찍어 주다
-하다	-해 주다	교환하다 전화하다	교환해 주다 전화해 주다

동생에게 책을 읽어 준다. ညီမလေးကို စာအုပ် ဖတ်ပြပေးသည်။

할머니께 책을 읽어 드린다. အဖွားကို စာအုပ် ဖတ်ပြပေးသည်။

အကူအညီတောင်းသည့် အဓိပ္ပာယ်ဖြင့် 아/어/해 주세요 ထို့အပြင် 아/어/해 주시겠어요/주시겠습니까? အနေဖြင့် အသုံးပြုနိုင်သည်။

교환해 주세요. လဲပေးပါ။   전화해 주시겠어요? ဖုန်းဆက်ပေးလို့ရမလား။

사진 좀 찍어 주시겠습니까? ဓာတ်ပုံ တစ်ဆိတ်လောက် ရိုက်ပေးလို့ရမလား။

❸ -(으)면 ရင်/ လျှင်

ကြိယာနှင့် နာမဝိသေသနဌ္ဌ ကပ်၍ အနောက်တွင် လာသည့်စကားနှင့် ပတ်သက်သော အရင်းအမြစ် သို့မဟုတ် သတ်မှတ်ချက် ဖြစ်ခြင်းကို ဖော်ပြသည့် စကားဆက်ဖြစ်သည်။

받침 ○	-으면	많다 + 으면 먹다 + 으면 좋다 + 으면	많으면 먹으면 좋으면
받침 ×, ㄹ 받침	-면	가다 + 면 하다 + 면 알다 + 면	가면 하면 알면

밥을 먹으면 졸려요. ထမင်းစားရင် အိပ်ငိုက်တယ်။

여기 앉으면 안 돼요. ဒီမှာ ထိုင်ရင် မရဘူး။

피곤하면 쉬세요. ပင်ပန်းရင် နားပါ။

❹ 좀 တဆိတ်လောက်

အများအားဖြင့် အကူအညီ သို့မဟုတ် သဘောတူညီချက်ကို တောင်းဆိုသည့်အခါ နူးညံ့ချို့သာသော ခံစားချက်အား ပေးရန်အတွက် အသုံးပြုသည့် စကားဖြစ်သည်။

이것 좀 바꿔 주세요. ဒီဟာ တဆိတ်လောက် လဲပေးပါ။

길 좀 물어 볼게요. လမ်း တဆိတ်လောက် မေးကြည့်မယ်။

전화 좀 하고 올게요. ဖုန်း တဆိတ်လောက် ပြောပြီး လာမယ်။

빨리 좀 가 주세요. တဆိတ်လောက် မြန်မြန် သွားပေးပါ။

❺ 에게/한테 ဆီကို/ ဆီမှာ

လူ သို့မဟုတ် တိရိစ္ဆာန်အား ဖော်ပြသည့် နာမ်ဌ္ဌကပ်၍ လုပ်ဆောင်မှု တစ်ခုခု၏ အကျိုးသက်ရောက်ခြင်းအား လက်ခံသည့် အကြောင်းအရာကို ဖော်ပြရာ၌ အသုံးပြုသည့် ဝိဘတ်ဖြစ်သည်။ စကားပြော၌ 에게 ထက် 한테 အား အသုံးများသည်။

친구에게/한테 전화했어요. သူငယ်ချင်းဆီကို ဖုန်းဆက်ခဲ့တယ်။

우리에게/한테 기회가 있어요. ငါတို့ဆီမှာ အခွင့်အရေးက ရှိတယ်။

그들에게/한테 정보를 줬어요. သူတို့ဆီကို အချက်အလက် ပေးခဲ့တယ်။

1 စကားပြောအား နားထောင်ပြီး မေးခွန်းကို ဖြေဆိုပါ။

 10-4

(1) ယောကျ်ားလေးသည် မည်သည့်နေရာကို သွားရန် လုပ်နေသည်ကို ရေးပါ။

_____

(2) ယောကျ်ားလေးကတော့ ဂွိုင်းဟွာမွန်းကို မည်သည့်အရာအား စီး၍ သွားမည်ကို ရွေးချယ်ပါ။

③

2 စကားပြောကို နားထောင်ပြီး အကြောင်းအရာနှင့် ကိုက်ညီလျှင် ○၊ မကိုက်ညီလျှင် × ဟု ဖော်ပြပါ။]

 10-5

(1) မိန်းကလေးကတော့ ဆေးရုံကို ရှာနေသည်။ (   )

(2) ဘဏ်ကတော့ လမ်းလေးဆုံ အနီးအနားမှာ ရှိသည်။ (   )

(3) ဘဏ် လမ်းတစ်ဖက်ခြမ်းမှာ ဆေးရုံက ရှိသည်။ (   )

1 မှန်ကန်သည့် အရာကို ရွေးချယ်ပြီး ရေးပါ။

에게	이/가	을/를	에

(1) 누구_____ 말할까요?

(2) 친구_____ 선물을 줘요.

(3) 오늘도 학교_____ 가요.

(4) 제 동생_____ 너무 귀여워요.

(5) 저는 내일 친구와 같이 등산_____ 해요.

2 အောက်ပါ ဗျေားကို ဖြည့်စွက်ပါ။

	-(으)ㄹ게요	-아/어 주다	-(으)면
가다	갈게요	가 주다	가면
찾다			
보다			
쉬다			
하다			
웃다			
읽다			
입다			
찍다			
기다리다			

✱ အောက်ပါတို့ကို ဖတ်ပြီး အကြောင်းအရာနှင့် ကိုက်ညီလျှင် ○၊ ကွဲပြားလျှင် × ဟု ဖော်ပြပါ။

수지

> 꼬민 씨
> 이번 주 금요일에 집들이를 하는데,
> 올 수 있어요?

꼬민

> 네, 수지 씨. 꼭 갈게요.
> 근데 집이 어디예요?

수지

> 회사랑 가까워요.
> 회사 앞 공원 정문에서 오른쪽으로 쭉 가면 편의점이 나올 거예요.
> 그 편의점에서 왼쪽으로 돌아가면 삼거리가 있어요.
> 거기서 횡단보도를 건너서 쭉 직진하면 행복 마트가 있어요.
> 그 마트 앞에 우리집이 있어요.

꼬민

> 알겠어요.
> 만약에 못 찾으면 전화할게요.

수지

> 네.
> 그럼 금요일에 만나요.

(1) 수지는 생일 파티를 할 것이다. (   )

(2) 꼬민은 수지의 집에 처음 간다. (   )

(3) 수지의 집 앞에는 공원이 있다. (   )

(4) 수지의 집은 회사 근처에 있다. (   )

★ 비음화 (1)

🎧 10-6

비음화 ဆိုသည်မှာ နာသံ ဟု ခေါ်သည်။ နာသံမဟုတ်သည့် အသံသည် နာသံနှင့် တွေ့ဆုံပြီး ပြောင်းလဲသွားသည့် အသံပုံစံကို ပြောခြင်းဖြစ်သည်။ နာသံ၌ ㄴ, ㅁ, ㅇ တို့ ရှိကြသည်။

[ㄱ], [ㄷ], [ㅂ] အနေဖြင့် အသံထွက်သည့် ဗျည်းသည် ㄴ, ㅁ နှင့် တွေ့လျှင် အသတ်သံ [ㄱ], [ㄷ], [ㅂ] သည် နာသံ [ㅇ], [ㄴ], [ㅁ] သို့ ပြောင်း၍ အသံထွက်သည်။

앞마당 [암마당]

받침소리 [ㅂ]

● 받침소리 [ㄱ] (ㄱ, ㄲ, ㅋ, ㄺ, ㄳ) + ㄴ, ㅁ : 받침소리 [ㄱ] → [ㅇ]

국민 [궁민]   깎는 [깡는]
읽는 [잉는]   부엌문 [부엉문]

● 받침소리 [ㄷ] (ㄷ, ㅅ, ㅆ, ㅈ, ㅊ, ㅌ, ㅎ) + ㄴ, ㅁ : 받침소리 [ㄷ] → [ㄴ]

듣는 [든는]   벚나무 [번나무]
꽃망울 [꼰망울]   밭농사 [반농사]

● 받침소리 [ㅂ] (ㅂ, ㅍ, ㄼ, ㅄ) + ㄴ, ㅁ : 받침소리 [ㅂ] → [ㅁ]

밥물 [밤물]   앞날 [암날]
밟는 [밤는]   없는 [엄는]

ကိုရီးယား၏ မြေပုံ အက်ပလီကေးရှင်း

ကိုရီးယားလူမျိုးများသည် လမ်းရှာခြင်း သို့မဟုတ် တည်နေရာအား သေသေချာချာ မသိသည့် နေရာကို သွားသည့်အခါ မြေပုံအက်ပလီကေးရှင်းကို ပုံမှန်အားဖြင့် သုံးကြသည်။ ကိုရီးယား၏ မြို့ကြီးများသည် ရှုပ်ယှက်ခတ်၍ လမ်းရှာဖွေခြင်းသည် ခက်ခဲသည့်အတွက် မြေပုံက အထူးလိုအပ်သည်။ ထို့အပြင် လမ်းခွဲနှင့် လမ်းမကြီးက များသောကြောင့် လမ်းညွှန်ဆိုင်းဘုတ် မရှိဘဲ အမြန်သွားလိုသည့် နေရာသို့ သွားရန် ခက်ခဲသည်။ ထို အခြေအနေ၌ လမ်းညွှန် အပ်ပလီကေးရှင်းသည် ရှုပ်ထွေးမှု နည်းပါးသည့် လမ်းဖြင့် အချိန်တိုအတွင်း လိုချင်သည့် ပန်းတိုင်အထိ သွားနိုင်သော လမ်းကို ပေးသည့် အားသာချက် ရှိသည်။

ကိုရီးယား၏ ကိုယ်စားပြုသည့် မြေပုံ အက်ပလီကေးရှင်းအနေဖြင့် ကာကာဝမ္ပ က ရှိသည်။ ထို အက်ပလီကေးရှင်းသည် လမ်းလျှောက်သွားရသည့် လမ်းညွှန်ခြင်းမှစ၍ ယာဉ်မောင်း လမ်းညွှန်မှုအထိ သွားမည့် လမ်းအားလုံးကို လမ်းပြနိုင်ပြီး ဘတ်စ်ကား၊ မြေအောက်ရထားများကွဲသို့သော အများပြည်သူသုံးယာဉ်လမ်းကြောင်း အချိန်ဇယား အသိပေးခြင်း၊ အဆင်ပြေချောမွေ့စွာ အများပြည်သူသုံး ယာဉ်လမ်းကြောင်းအား အသုံးပြုနိုင်ရန် ကူညီပေးသည်။ ရည်ညွှန်းချက်အနေဖြင့် တက္ကစီကို အသုံးပြုသည့်အခါ တက္ကစီခေါ်သော အက်ပလီကေးရှင်းဖြစ်သည့် ကာကာဝ တက္ကစီ(카카오T) ကို အသုံးပြု၍ လွယ်ကူစွာ တက္ကစီကို ခေါ်နိုင်သည်။ T map သည်လည်း လမ်းညွှန်ရန်အတွက် ယာဉ်မောင်းသည့် လူများ အများဆုံး အသုံးပြုသည့် အက်ပလီကေးရှင်းဖြစ်သည်။

| Kakao map

ထိုကဲ့သို့သော အက်ပလီကေးရှင်းပရိုဂရမ်သည် ဦးတည်ရာကိုသာ ဝင်ရောက်၍ လွယ်ကူစွာ ရှာဖွေသွားလာနိုင်ရန် လမ်းညွှန်ပေးသည်။

စားသောက်ဆိုင်

식당

လေ့လာရခြင်း ရည်ရွယ်ချက်
- -

- စားသောက်ဆိုင်အား ဘိုကင်တင်ပြီး အစားအသောက်အား မှာယူနိုင်မည်။

အဓိက သဒ္ဒါ
- -

- -기 때문에 တဲ့ အတွက်ကြောင့်၊ ကြောင့် • 이나 ဒါမှမဟုတ်၊ သို့မဟုတ်
- -네요 လိုက်တာ၊ တယ်နော် • ㄹ 탈락 ㄹ ဖြုတ်ခြင်း

ယဉ်ကျေးမှုအကြောင်း တစေ့တစောင်း
- -

- ကိုရီးယား၏ အစားအသောက် ဓလေ့

⑨ အသံဖိုင်ကို နားထောင်ရင်း အသံကျယ်ကျယ်ဖြင့် လိုက်ဖတ်၍ အရေး လေ့ကျင့်ခြင်းကိုလည်း လုပ်ကြည့်ပါ။

🎧 11-1

식당 စားသောက်ဆိုင်	**음식** အစားအသောက်	**미리** ကြိုတင်
주문하다 မှာယူသည်	**손님** ဧည့်သည်	**지키다** ထိန်းသိမ်းစောင့်ရှောက်သည်
맛있다 အရသာရှိသည်	**가격** စျေးနှုန်း	**우산** ထီး
감기 အအေးမိခြင်း	**미끄럽다** ချော်သည်	**만들다** ပြုလုပ်သည်
벌다 ရှာဖွေသည်	**팔다** ရောင်းသည်	**알다** သိသည်

[🌳] ပုံနှင့် ကိုက်ညီသော ဝေါဟာရကို ရွေးပြီး ရေးပါ။

식당	음식	주문하다
우산	감기	미끄럽다

①

_____

②

_____

③

_____

④

_____

⑤

_____

⑥

_____

정답 --- ① 주문하다 ② 미끄럽다 ③ 음식 ④ 식당 ⑤ 우산 ⑥ 감기

 11-2

직원 네, '고향 식당'입니다.

꼬민 여보세요. 예약 좀 하려고 하는데요.

직원 네 언제, 몇 명이세요?

꼬민 다음 주 14일 저녁 7시고요, 5명이나 6명
     갈 거예요.

직원 음식은 미리 주문하시겠습니까?

꼬민 아니요, 그때 가서 주문하겠습니다.

직원 알겠습니다. 저녁 시간에는 손님이 많기
     때문에 시간을 잘 지켜주십시오.

꼬민 알겠습니다. 고맙습니다.

ဘာသာပြန်

ဝန်ထမ်း ဟုတ်ကဲ့၊
         ဇာတိမြေစားသောက်ဆိုင်ကပါ။

ကိုမင်း ဟဲလို။ ဘိုကင်တင်မလို့
         ဆက်တာပါ။

ဝန်ထမ်း ဟုတ်ကဲ့၊ ဘယ်အချိန်၊
         ဘယ်နှယောက်ပါလဲ။

ကိုမင်း နောက်အပတ် ၁၄ ရက်နေ့၊ ညနေ
         ၇ နာရီ၊ ၅ ယောက် ဒါမှမဟုတ် ၆
         ယောက် လာမှာပါ။

ဝန်ထမ်း အစားအသောက်ကို
         ကြိုတင်မှာယူမလား။

ကိုမင်း ဟင့်အင်း၊ အဲဒီကို လာပြီးမှ
         မှာပါ့မယ်။

ဝန်ထမ်း သိပါပြီ။ ညနေအချိန်က
         ညှဲ့သည်များတဲ့အတွက်ကြောင့်
         အချိန်မှန် သေချာ လာခဲ့ပေးပါ။

ကိုမင်း သိပါပြီ။ ကျေးဇူးတင်ပါတယ်။

11-3

수지　꼬민 씨 뭐 먹을 거예요?
어떤 식당으로 갈까요?

꼬민　저기 한식당이 있네요. 김치찌개 먹을래요?

수지　좋아요.

(식당에서)

수지　여기요!

주인　네, 주문하시겠습니까?

수지　김치찌개 2인분 주세요. 계란말이도 주세요.

주인　알겠습니다.

(다 먹은 후에)

수지　여기 음식이 정말 맛있네요. 가격도 저렴하고 좋아요.

꼬민　그러네요. 우리 다음에 또 와요.

ဘာသာပြန်

ဆူဂျီ　ကိုမင်း ဘာစားမလဲ။ ဘယ်လို စားသောက်ဆိုင်ကို သွားမလဲ။

ကိုမင်း　ဟိုမှာ ကိုရီးယားစားသောက်ဆိုင် ရှိတယ်နော်။ ကင်မ်ချီဟင်းရည် စားမလား။

ဆူဂျီ　ကောင်းပါတယ်။

(စားသောက်ဆိုင်တွင်)

ဆူဂျီ　ဒီမှာ!

ပိုင်ရှင်　ဟုတ်ကဲ့၊ မှာတော့မလား။

ဆူဂျီ　ကင်မ်ချီဟင်းရည် ၂ ယောက်စာ ပေးပါ။ ကြက်ဥလိပ်လည်း ပေးပါ။

ပိုင်ရှင်　သိပါပြီ။

(အားလုံး စားပြီးသည့်နောက်တွင်)

ဆူဂျီ　ဒီက အစားအသောက်က တကယ်ကို အရသာရှိတယ်နော်။ ဈေးလည်း သက်သာပြီး ကောင်းတယ်။

ကိုမင်း　ဟုတ်တယ်နော်။ ငါတို့ နောက်မှ ထပ်လာမယ်။

✱ အဓိက ဖော်ပြချက်ကို ကျက်ပြီး ဝေါဟာရကို ပြောင်းလဲ၍ ပုံစံအမျိုးမျိုး လေ့ကျင့်ကြည့်ပါ။

무슨 음식을 주문하시겠습니까?
ဘာ အစားအသောက်ကို မှာယူမလဲ။

김치찌개를 주세요.
ကင်မ်ချီဟင်းရည်ကို ပေးပါ။

အစားအသောက်

김치찌개 ကင်မ်ချီဟင်းရည်	된장찌개 ပဲငပိဟင်းရည်
순두부찌개 တို့ဟူးပျော့ဟင်းရည်	부대찌개 ဘူဒယ်ကျိုဂဲ
삼계탕 ဂျင်ဆင်းကြက်ပေါင်း	갈비탕 နံရိုးပေါင်း
설렁탕 အမဲစွပ်ပြုတ်	비빔밥 ထမင်းသုပ်
김밥 ရေညှိထမင်းလိပ်	칼국수 ဓားလှီးခေါက်ဆွဲ
냉면 ခေါက်ဆွဲအေး	짬뽕 ပင်လယ်စာခေါက်ဆွဲ
자장면 ပဲခေါက်ဆွဲ	불고기 ဘူးလ်ဂိုဂီ

어떤 식당으로 갈까요?
ဘယ်လို စားသောက်ဆိုင်ကို သွားမလဲ။

한식당으로 가요.
ကိုရီးယားစားသောက်ဆိုင်ကို သွားမယ်။

စားသောက်ဆိုင်

한식당(한식집) ကိုရီးယားစားသောက်ဆိုင်	중국집 တရုတ်စားသောက်ဆိုင်
양식집 အနောက်တိုင်းစားသောက်ဆိုင်	일식집 ဂျပန်စားသောက်ဆိုင်
미얀마 식당 မြန်မာစားသောက်ဆိုင်	고깃집 အသားဆိုင်
냉면집 ခေါက်ဆွဲအေးဆိုင်	칼국수집 ဓားလှီးခေါက်ဆွဲဆိုင်
치킨집 ကြက်သားဆိုင်	분식집 အဆာပြေမုန့်ဆိုင်
피자집 ပီဇာဆိုင်	뷔페식당 ဘူဖေးစားသောက်ဆိုင်

💠 문법

❶ -기 때문에 တဲ့ အတွက်ကြောင့်၊ ကြောင့်

အရှေ့၌ ရှိသော အကြောင်းအရာသည် အနောက်မှလာသည့် ကိစ္စ၏ အခိကအချက် သို့မဟုတ် အကြောင်းအရင်းအား ဖြစ်ပေါ်စေသည့် အသုံးအနှုန်းဖြစ်သည်။ ကြိယာ၊ နာမဝိသေသန၊ 이다/아니다 ၌ ကပ်၍ သုံးသည်။ အတိတ်ကာလဖော်ပြချက်၌ 았/었기 때문에, 했기 때문에 ဟု သုံးသည်။

현재형	오다 + 기 때문에 없다 + 기 때문에 일하다 + 기 때문에 학생이다 + 기 때문에	오기 때문에 없기 때문에 일하기 때문에 학생이기 때문에
과거형	오다 + 았기 때문에 없다 + 었기 때문에 일하다 + 했기 때문에 학생이다 + 었기 때문에	왔기 때문에 없었기 때문에 일했기 때문에 학생이었기 때문에

비가 오기 때문에 우산을 샀어요. မိုးရွာတဲ့ အတွက်ကြောင့် ထီးကို ဝယ်ခဲ့တယ်။

시험이었기 때문에 공부했어요. စာမေးပွဲ ရှိတဲ့အတွက်ကြောင့် စာလေ့လာခဲ့တယ်။

နာမ်၏ နောက်တွင်မူ 때문에 ဟု တိုက်ရိုက်ကပ်၍ အသုံးပြုသည်။

감기 때문에 학교에 안 갔어요. အအေးမိတဲ့ အတွက်ကြောင့် ကျောင်းကို မသွားခဲ့ဘူး။

눈 때문에 길이 많이 미끄러워요. နှင်းတွေကြောင့် လမ်းအများကြီး ချော်တယ်။

❷ 이나 ဒါမှမဟုတ်၊ သို့မဟုတ်

နာမ်၌ကပ်၍ နှစ်ခုအထက်သော ပစ္စည်းအား တူညီသည့် အရည်အချင်းအနေဖြင့် ဆက်စပ်သည့်အခါ သို့မဟုတ် ထိုအထဲ၌ တစ်ခုတည်းကိုသာ ရွေးချယ်ခြင်းကို ဖော်ပြရာတွင် သုံးသည့် ဝိဘတ်ဖြစ်သည်။ အသတ်ရှိလျှင် 이나 အသတ်မရှိလျှင် 나 အား ကပ်ရသည်။

아침에 빵이나 오트밀을 먹어요. မနက်မှာ ပေါင်မုန့် ဒါမှမဟုတ် Oatmeal ကို စားတယ်။

아침에 책이나 신문을 읽어요. မနက်မှာ စာအုပ် ဒါမှမဟုတ် သတင်းစာကို ဖတ်တယ်။

우유나 주스를 마셔요. နွားနို့ဒါမှမဟုတ် ဖျော်ရည်ကို သောက်တယ်။

버스나 지하철을 타요. ဘတ်စ်ကား ဒါမှမဟုတ် မြေအောက်ရထားကို စီးတယ်။

❸ -네요 လိုက်တာ၊ တယ်နော်

ကြိယာ၊ နာမဝိသေသန၊ 이다/아니다 ၌ ကပ်၍ ပြောသော လူသည် တိုက်ရိုက် တွေ့ကြုံ၍သော်၎င်း အသစ်သိရှိသော ဖြစ်ရပ်မှန်နှင့်ပတ်သက်၍ အာမေဋိတ်ဖြစ်ပေါ်သည့်အခါ သုံးသည့် အသုံးအနှုန်းဖြစ်သည်။ အတိတ်ကာလဖော်ပြချက်၌ 았/었네요, 했네요 ဟု သုံးသည်။

현재형	오다 + 네요 읽다 + 네요 공부하다 + 네요 학생이다 + 네요	오네요 읽네요 공부하네요 학생이네요
과거형	오다 + 았네요 읽다 + 었네요 공부하다 + 했네요 학생이다 + 었네요	왔네요 읽었네요 공부했네요 학생이었네요

밖에 눈이 오네요. အပြင်မှာ နှင်းတွေ ကျတယ်နော်။

택배가 왔네요. ပါဆယ်က ရောက်လာခဲ့တယ်နော်။

❹ ㄹ 탈락 ㄹ ဖြုတ်ခြင်း

ကြိယာအရင်းအမြစ်၏ နောက်ဆုံးစာလုံးသည် ㄹ ဖြင့် ဆုံးပြီး နောက်စကားလုံးသည် ㅅ, ㄴ, ㅂ ဖြင့်စသော အဆုံးသတ်စကားလုံးဖြစ်လျှင် ㄹ အား ဖြုတ်ရသည်။

	-ㅂ니다	-세요	-네요
살다	삽니다	사세요	사네요
울다	웁니다	우세요	우네요
벌다	법니다	버세요	버네요
알다	압니다	아세요	아네요
팔다	팝니다	파세요	파네요
만들다	만듭니다	만드세요	만드네요

서울에서 삽니다. ဆိုးလ်မှာ နေပါတယ်။

무슨 음식을 만드세요? �‌ဘာ အစားအသောက်ကို ပြုလုပ်လဲ။

돈 많이 버세요. ပိုက်ဆံ အများကြီး ရှာပါ။

중고 가구를 팝니다. ပရိဘောဂအဟောင်း ရောင်းပါတယ်။

1 စကားပြောအား နားထောင်ပြီး လူနှစ်ဦးသည် မည်သည့်အရာအား လုပ်နေသည်ကို
ရွေးချယ်ပါ။

🎧 11-4

①    ②    ③

2 စကားပြောအား နားထောင်ပြီး လူနှစ်ဦး၏ မှာယူသည့် အစားအသောက်အား ရွေးချယ်ပါ။

🎧 11-5

①    ②

③    ④

1 နမူနာနှင့်အတူ ဝါကျအား ပြီးပြည့်စုံအောင် လုပ်ပါ။

နမူနာ

김치는 <u>맵기 때문에</u> 잘 못 먹어요. (맵다)

(1) 집이 _____ 일찍 출발해요. (멀다)

(2) 날씨가 _____ 옷을 두껍게 입어요. (춥다)

(3) 꼬민은 노래를 _____ 인기가 많아요. (잘하다)

(4) 그 식당은 음식이 _____ 손님이 많아요. (맛있다)

2 အောက်ပါဇယားအား ပြီးပြည့်စုံအောင်ဖြည့်ပါ။

	-기 때문에	-네요	-세요	-ㅂ니다
놀다				
들다				
벌다				
살다				
알다				
열다				
울다				
팔다				
길다				
만들다				

✱ အောက်ပါတို့ကို ဖတ်ပြီး အကြောင်းအရာနှင့် ကိုက်ညီလျှင် ○၊ ကွဲပြားလျှင် × ဟု ဖော်ပြပါ။

 맛집 후기

지난주에 '한국 밥상' 식당을 방문했습니다.
주말이어서 사람이 많아서 복잡했지만 음식이
맛있고 직원 분도 친절했기 때문에 좋았습니다.
한국 밥상에서 고등어조림이나 김치찌개를
드셔 보세요.

#한식 #김치찌개 #고등어조림

(1) 지수는 지난 주말에 여행을 갔다. (   )

(2) 한국 밥상 직원은 친절하지 않았다. (   )

(3) 한국 밥상은 고등어조림과 김치찌개가 맛있다. (   )

∗ 비음화 (2) 🎧 11-6

နာသံဖြစ်သည့် အသတ်သံ ㅁ, ㅇ အနောက်၌ ㄹ ကပ်လျှင် [ㄴ] ဟု အသံထွက်ရသည်။

침략 [침냑]

담력 [담녁]　　　　　　　　　염려 [염녀]
명령 [명녕]　　　　　　　　　공룡 [공뇽]

အသံအားပြင်းသည့် အသတ်သံ ㄱ, ㅂ အနောက်၌ ㄹ ကပ်လျှင် [ㄴ] ဟု အသံထွက်ရသည်။

석류 [성뉴]

국립 [궁닙]　　　　　　　　　협력 [혐녁]
착륙 [창뉵]　　　　　　　　　십리 [심니]
독립 [동닙]　　　　　　　　　합리 [함니]
대학로 [대항노]　　　　　　　수업료 [수엄뇨]

ကိုရီးယား၏ အစားအသောက် ဓလေ့

ကိုရီးယားသည် ဆန်စပါးစိုက်ပျိုးမှုနှင့် ကိုက်ညီသင့်လျော်သော ရာသီဥတုရှိသည့်အတွက် ရှေးယခင်ကတည်းကပင် စပါးစိုက်ပျိုးကာ ထမင်းအား အဓိက အစားအစာအဖြစ် စားသောက်ကြသည်။ လယ်ယာ၌ ထွက်သည့် အမျိုးမျိုးသော အသီးအနှံနှင့် ဟင်းသီးဟင်းရွက်များ၊ ပင်လယ်မှ ဖမ်းယူသော ငါးနှင့် ခရု စသည်တို့ဖြင့် ဟင်းလျာအား ပြုလုပ်ကြသည်။ အဓိက အစားအစာနှင့် ဟင်းလျာအား ခွဲခြားမှု မရှိသည့် အခြားနိုင်ငံများနှင့် ကွဲလွဲကာ ကိုရီးယား၌ အဓိကအစားစာနှင့် ဟင်းလျာသည် ကွဲပြားပေါ်လွင်ပေသည်။

ကောက်ပဲသီးနှံသည် အဓိကအစားအစာဖြစ်ပြီး ကောက်ပဲသီးနှံ ထုတ်လုပ်သည့် ပမာဏများသည်ကို ကြည့်ခြင်းဖြင့် ၎င်းအား အသုံးပြုရာ၌ မျိုးစုံသော ချက်ပြုတ်နည်း၏ တိုးတက်မှုများအား မြင်တွေ့နိုင်သည်။ ခေါက်ဆွဲ(국수)၊ ဆန်မုန့်(떡)၊ ပဲပြား(두부)၊ ပဲငြံပြာရည်(간장)၊ အရက်(술) စသည်တို့သည် ဥပမာပင်ဖြစ်သည်။

ထို့အပြင် ကိုရီးယား၏ လေးရာသီ၌ ထူးခြားသည့် ရာသီစာအသီးသီးအား အချိန်ကြာရှည်စွာထားပြီး စားသောက်ကာ သိမ်းစည်းခြင်း အပါအဝင် တရှည်ခံနည်းလမ်းများလည်း တိုးတက်လျှက်ရှိရာ ကင်ချီ(김치)၊ ချေ့ဒံဂါးလဲ(ငါးဆားနယ်)(젓갈)၊ ငံပြာရည်စိမ်(짱아찌) စသည့်တို့သည် အဓိကအစားအစာပင်ဖြစ်သည်။

| ဆန်မုန့်

| ကင်မ်ချီ

| ချေ့ဒံဂါးလဲ(ငါးဆားနယ်)

ကိုရီးယားလူမျိုးများသည် အရည်သောက်အဖြစ် ပူနွေးသည့် အစားအစာအား နှစ်ခြိုက်ပြီး ဟင်းအနှစ်များစွာပါဝင်သည့် အစားအစာများကိုလည်း နှစ်ခြိုက်ကြသည်။ ကိုရီးယားအား ကိုယ်စားပြုသည့် ဟင်းအနှစ်သည် ငရုတ်သီးအနှစ်(고춧가루)၊ ကြက်သွန်မြိတ်(파)၊ ကြက်သွန်ဖြူ(마늘)၊ ဂျင်း(생강) စသည်တို့ ရှိပြီး ကိုရီးယား၏ ဟင်းလျာတိုင်း နီးပါး ၎င်းအရာတို့ဖြင့် ပေါင်းစပ်သည့် ဟင်းအနှစ်များ ပါဝင်ကြသည်။

ကိုရီးယား၏ အစားအသောက် အလေ့အထ၌ တစ်နေ့ ထမင်း ၃ နပ် စားခြင်းသည် အခြေခံသဘောတရား တစ်ခုပင် ဖြစ်သည်။ ဥပမာအနေဖြင့် မနက်စာအား ဝဝလင်လင်စားသောက်ရမည်ဟု တွေးတောခဲ့ကြပြီး နေ့လယ်စာထက် ညစာအား ပိုရှ၍ ပြင်ဆင်စားသောက်ခဲ့ကြသည်။ သို့သော် လက်ရှိခေတ်လူအဖွဲ့အစည်း၌ မနက်စာအား မသုံးဆောင်ခြင်း သို့မဟုတ် ပေါ့ပေါ့ပါးပါးစားသည့် ဓလေ့အသွင်သို့ ပြောင်းလဲလာသည်။

ကြိုက်နှစ်သက်မှု

취향

လေ့လာရခြင်း ရည်ရွယ်ချက်
- -

• ကြိုက်နှစ်သက်သည့် အရာနှင့် ပတ်သက်၍ ပြောနိုင်မည်

အဓိက သဒ္ဒါ
- -

• -기로 하다 ဖို့ လုပ်သည်/ မလို့ပါ   • 르 르 ကြိယာ
• -(으)ㄹ 줄 알다/모르다 တတ်သည်/ မ...တတ်ဘူး   • 밖에 အပြင်   • 마다 တိုင်း

ယဉ်ကျေးမှုအကြောင်း တစေ့တစောင်း
- -

• ကိုရီးယားရိုးရာ အခြေခံအရောင်ငါးရောင် အိုဘားင်ဆဲဂ် (오방색)

◎ အသံဖိုင်ကို နားထောင်ရင်း အသံကျယ်ကျယ်ဖြင့် လိုက်ဖတ်၍ အရေး လေ့ကျင့်ခြင်းကိုလည်း လုပ်ကြည့်ပါ။

🎧 12-1

빨간색 အနီရောင်	**어울리다** လိုက်ဖက်သည်	**색깔** အရောင်
검은색 အနက်ရောင်	**그래서** ဒါကြောင့်	**환하다** တောက်ပသည်
다음에 နောက်မှ	**시도하다** စမ်းသပ်သည်	**지금** အခု
음악 တေးဂီတ	**듣다** နားထောင်သည်	**익히다** ရင်းနှီးကျွမ်းဝင်အောင်လုပ်သည်
장르 အနုပညာ အမျိုးအစား	**고르다** ရွေးချယ်သည်	**바르다** သုတ်သည်/ လိမ်းသည်

[♠] ပုံနှင့် ကိုက်ညီသော ဝေါဟာရကို ရွေးပြီး ရေးပါ။

빨간색	듣다	색깔
환하다	검은색	바르다

①

②

③

④

⑤

⑥

정답 --- ① 색깔 ② 환하다 ③ 빨간색 ④ 검은색 ⑤ 바르다 ⑥ 듣다

12-2

꼬민   수지 씨, 빨간색 옷이 잘 어울리네요.

수지   고마워요. 저는 빨간색을 좋아해요.
      꼬민 씨는 무슨 색깔을 좋아해요?

꼬민   저는 검은색을 좋아해요. 그래서 옷도
      검은색밖에 없어요.

수지   꼬민 씨는 환한 색도 잘 어울릴 것 같아요.

꼬민   그래요. 그럼 다음에 한번 시도해 볼게요.

ဘာသာပြန်

ကိုမင်း   ဆူဂျီ အနီရောင် အကျီနဲ့
        လိုက်တာပဲ။

ဆူဂျီ   ကျေးဇူးတင်ပါတယ်။
        ကျွန်မကတော့ အနီရောင်ကို
        ကြိုက်တယ်။ ကိုမင်းရော ဘာ
        အရောင်ကို ကြိုက်လဲ။

ကိုမင်း   ကျွန်တော်ကတော့ အနက်ရောင်ကို
        ကြိုက်တယ်။ ဒါကြောင့်
        အကျီလည်းအနက်ရောင်
        အပြင်မရှိဘူး။

ဆူဂျီ   ကိုမင်းက အရောင်တောက်နဲ့
        လိုက်မယ်ထင်တယ်။

ကိုမင်း   ဟုတ်လား။ ဒါဆို
        နောက်မှ တစ်ခါလောက်
        စမ်းဝတ်ကြည့်ပါ့မယ်။

12-3

모모 마이클 씨, 지금 뭐 해요?

마이클 음악을 들어요. 저는 점심시간마다 음악을 들어요.

모모 무슨 음악을 들어요?

마이클 K-POP을 듣고 있어요. 다음 주에 콘서트에 가기로 해서 미리 음악을 익혀 놓으려고요.
한국 노래 부를 줄 알아요?

모모 네, 조금씩 따라 불러요.

마이클 모모 씨는 어떤 장르의 음악을 좋아해요?

모모 저는 클래식을 좋아해요. 빠른 음악은 잘 안 들어요.

ဘာသာပြန်

မိုးမိုး မိုက်ကယ် အခု ဘာလုပ်နေလဲ။

မိုက်ကယ် တေးဂီတကို နားထောင်တယ်။ ကျွန်တော်ကတော့ နေ့လည်စာစားချိန်တိုင်း တေးဂီတကို နားထောင်တယ်။

မိုးမိုး ဘာ တေးဂီတကို နားထောင်လဲ။

မိုက်ကယ် K-POP ကို နားထောင်နေတယ်။ နောက်တစ်ပတ်မှာ Concert သွားမလို့ ကြိုပြီး တေးဂီတကို ရင်းနှီးကျွမ်းဝင်အောင် လုပ်ထားမလို့ပါ။ ကိုရီးယားသီချင်း ဆိုတတ်လား။

မိုးမိုး ဟုတ်ကဲ့၊ နည်းနည်းစီ လိုက်ဆိုတယ်။

မိုက်ကယ် မိုးမိုးက ဘယ်လို တေးဂီတ အမျိုးအစားကို ကြိုက်လဲ။

မိုးမိုး ကျွန်မကတော့ Classic ကို ကြိုက်တယ်။ မြန်တဲ့ တေးဂီတကိုတော့ သိပ်နားမထောင်ဘူး။

✱ အဓိက ဖော်ပြချက်ကို ကျက်ပြီး ဝေါဟာရကို ပြောင်းလဲ၍ ပုံစံအမျိုးမျိုး လေ့ကျင့်ကြည့်ပါ။

무슨 색깔을 좋아해요?
ဘာ အရောင်ကို ကြိုက်လဲ။

빨간색을 좋아해요.
အနီရောင်ကို ကြိုက်တယ်။

အရောင်

흰색/백색 အဖြူရောင်	검은색/흑색 အနက်ရောင်/ အမည်းရောင်
빨간색/붉은색 အနီရောင်	분홍색 ပန်းရောင်
노란색/황색 အဝါရောင်	주황색 လိမ္မော်ရောင်
파란색 အပြာရောင်	초록색 အစိမ်းရောင်
남색 နက်ပြာရောင်	보라색 ခရမ်းရောင်
갈색 အညိုရောင်	회색 မီးခိုးရောင်

어떤 장르의 음악을 좋아해요?
ဘယ်လို တေးဂီတအမျိုးအစားကို
ကြိုက်လဲ။

클래식을 좋아해요.
Classic ကို ကြိုက်တယ်။

တေးဂီတ အမျိုးအစား

힙합 ဟစ်ဟော့ပ်	재즈 Jazz
트로트 ရှေးဟောင်းတေးဂီတ	발라드 အလွမ်းအဆွေးပေးးဂီတ
오페라 အော်ပရာ	락 ရော့ခ်
클래식 Classic	팝 ပေါ့ပ်
댄스 အက	K-POP ကေပေါ့ပ်

 သဒ္ဒါ | 문법

❶ -기로 하다 ဖို့ လုပ်သည်/ မလို့ပါ

အရှေ့စကား၌ ဖော်ပြသော အပြုအမူ၏ လုပ်ဆောင်မှုအား ဆုံးဖြတ်ချက်ချခြင်း သို့မဟုတ် ကတိပေးခြင်းကို ဖော်ပြသည့် အသုံးအနှုန်းဖြစ်သည်။

우리는 내일 만나기로 했어요. ငါတို့မနက်ဖြန် တွေ့ဖို့လုပ်ခဲ့တယ်။

가족들과 함께 다음 달에 여행을 가기로 했어요.
မိသားစုတွေနဲ့အတူတူ နောက်လမှာ ခရီးသွားဖို့ လုပ်ခဲ့တယ်။

우리 주말에 영화를 보기로 해요. ငါတို့ ပိတ်ရက်မှာ ရုပ်ရှင်ကြည့်ဖို့ လုပ်ခဲ့တယ်။

그 사람이 내일 오기로 했어요. အဲဒီ လူက မနက်ဖြန် လာဖို့ လုပ်ခဲ့တယ်။

같이 도서관에서 책을 읽기로 해요. အတူတူ စာကြည့်တိုက်မှာ စာအုပ်ကို ဖတ်ဖို့လုပ်ခဲ့တယ်။

우리 집에서 저녁을 먹기로 했어요. ငါတို့ အိမ်မှာ ညနေစာကို စားဖို့ လုပ်ခဲ့တယ်။

❷ 르 르 ကြိယာ

르 ဖြင့်ဆုံးသော မူလအရင်းအမြစ်၏ အနောက်ရှိ အဆုံးသတ်သည် 아/어 နှင့်ပေါင်းစပ်ကာ — အား ဖြုတ်ပြီး ㄹ အား ထပ် ထည့်၍ ကပ်ရသော အခြေအနေအား ဆိုလိုသည်။ ထိုအခါ အရှေ့၌ရှိသော ㄹ သည် မူလအရင်းအမြစ်၏ အသတ်ဖြစ်သည်။

빠르다 + 아요 → 빠ㄹㄹ + 아요 → 빨라요
탈락   받침으로 이동 추가

	-아/어요	-았/었어요
빠르다	빨라요	빨랐어요
바르다	발라요	발랐어요
부르다	불러요	불렀어요
고르다	골라요	골랐어요
오르다	올라요	올랐어요
자르다	잘라요	잘랐어요
모르다	몰라요	몰랐어요
다르다	달라요	달랐어요

연고를 발라요. လိမ်းဆေး လိမ်းတယ်။

노래를 불러요. သီချင်း ဆိုတယ်။

야채 값이 곧 올라요. ဟင်းသီးဟင်းရွက်ဈေးက မကြာခင် တက်မယ်။

머리를 잘라요. ဆံပင် ညှပ်တယ်။

한국말을 잘 몰라요. ကိုရီးယားစကားကို ကောင်းကောင်း မသိဘူး။

❸ -(으)ㄹ 줄 알다/모르다 တတ်သည်/ မ...တတ်ဘူး

ကြိယာ၌ ကပ်ပြီး အရည်အချင်းကို ပြောသည့်အခါ အသုံးပြုသည်။ (으)ㄹ 수 있다/없다 နှင့် ဆင်တူသည်။ ကြိယာ၏ မူလအရင်းအမြစ်သည် ဗျည်းဖြင့် ဆုံးလျှင် 을 줄 알다/모르다, သရဖြင့် ဆုံးလျှင် ㄹ 줄 알다/모르다 ကို ကပ်သည်။

받침 ○	-을 줄 알다/모르다	먹다 + 을 줄 알다/모르다 읽다 + 을 줄 알다/모르다	먹을 줄 알다/모르다 읽을 줄 알다/모르다
받침 ×, ㄹ 받침 (ㄹ 탈락)	-ㄹ 줄 알다/모르다	하다 + ㄹ 줄 알다/모르다 가다 + ㄹ 줄 알다/모르다 만들다 + ㄹ 줄 알다/모르다 놀다 + ㄹ 줄 알다/모르다	할 줄 알다/모르다 갈 줄 알다/모르다 만들 줄 알다/모르다 놀 줄 알다/모르다

가: 한국 음식을 먹을 줄 알아요? ကိုရီးယား အစားအစာကို စားတတ်လား။

나: 네, 먹을 줄 알아요. ဟုတ်ကဲ့၊ စားတတ်တယ်။

가: 이 일 할 줄 알아요? ဒီအလုပ်လုပ်တတ်လား။

나: 네, 할 줄 알아요. ဟုတ်ကဲ့၊ လုပ်တတ်တယ်။

❹ 밖에 အပြင်

နာမ်၌ ကပ်၍ 'ဤအရာအား ခြွင်းချက်ထားပြီး'၊ 'ဤအရာမှ လွဲပြီး' ၏ အဓိပ္ပာယ်ကို ဖော်ပြသည့် ဝိဘတ်ဖြစ်သည်။ အနောက်၌ ငြင်းဆိုခြင်းကို ဖော်ပြသည့် စကားက လာသည်။

저에게 만 원밖에 없어요. ကျွန်တော့်မှာ ဝမ် တစ်သောင်းအပြင် မရှိဘူး။

이 책밖에 없어요. ဒီ စာအုပ်အပြင် မရှိဘူး။

이것밖에 없어요. ဒီဟာ အပြင် မရှိဘူး။

이 신발이 지금 검은색밖에 없네요. ဒီ ဖိနပ်က အခု အနက်ရောင်အပြင် မရှိဘူးနော်။

❺ 마다 တိုင်း

နာမ်၌ ကပ်၍ တစ်ခုချင်း တစ်ခုချင်း ချန်ထားခြင်းမရှိ အားလုံး၏ အဓိပ္ပာယ်ကို ဖော်ပြသည့် ဝိဘတ်ဖြစ်သည်။

저는 아침마다 운동해요. ကျွန်တော်ကတော့ မနက်တိုင်း အားကစားလုပ်တယ်။

사람마다 취향이 달라요. လူတိုင်း ကြိုက်နှစ်သက်မှုက ကွဲပြားတယ်။

나라마다 문화가 달라요. နိုင်ငံတိုင်း ယဉ်ကျေးမှုက ကွဲပြားတယ်။

우리 언니는 주말마다 한국 드라마를 봐요.
ငါတို့ အစ်မကတော့ ပိတ်ရက်တိုင်း ကိုရီးယားဒရမ်မာကို ကြည့်တယ်။

1 အောက်ပါ စကားပြောကို နားထောင်ပြီး ယောက်ျားလေး ကြိုက်သည့် အရောင်ကို ရွေးချယ်ပါ။

 12-4

①

② ⬛

③

④

2 စကားပြောကို နားထောင်ပြီး အကြောင်းအရာနှင့် ကိုက်ညီလျှင် ○, မကိုက်ညီလျှင် × ဟု ဖော်ပြပါ။

 12-5

(1) ဂျီဆူကတော့ ဝတ်စုံအပြည့်ကို အမြဲလိုလို ဝတ်တယ်။ (   )

(2) ဂျီဆူကတော့ အဖြူရောင် အကျီ́ကို အများအားဖြင့် ဝတ်တယ်။ (   )

(3) ဂျီဆူကတော့ အွန်လိုင်းဈေးဝယ်ခြင်းကို အများကြီး လုပ်တယ်။ (   )

(4) ဂျီဆူကတော့ အရောင်းဆိုင်ကနေ အကျီ́ကို ဝယ်တယ်။ (   )

 아쓰: 쓰기 연습

1 나모나씌슈썽뚜 아씌까 웨하라아네쁘 싸초웅꼬 쁘르럽꺤뜨빠॥

누무나-1

저녁, 친구를 만나다 → <u>저녁에 친구를 만나기로 했어요</u>.

(1) 주말, 쇼핑하다 _____

(2) 아침, 조깅하다 _____

(3) 공원, 산책하다 _____

(4) 다음 달, 여행을 가다 _____

(5) 커피숍, 커피를 마시다 _____

2 아웃빠웨야아아 쁘러쁘쁘쏘웅아웅 쁘뜨빠॥

	-고	-아/어요
기르다	기르고	길러요
빠르다		
바르다		
부르다		
고르다		
오르다		
자르다		
모르다		
다르다		
누르다		

* ᴇᴇᴋᴋᴇᴇᴋᴋᴇ ᴇᴇ ᴇᴇᴋᴋ ᴇᴇᴋᴋᴇᴇ ᴋᴋᴇᴇᴇᴇᴇᴋ ○၊ ᴋᴋᴇᴇᴋᴋᴇᴇ × ᴇᴇ ᴇᴇᴋᴇᴇᴇᴋᴇ॥

댄스 학원 수강생을 모집합니다

취향에 따라서 수업을 선택할 수 있습니다.
재즈댄스, 삼바, 발리댄스 등이 있습니다.
누구든지 환영합니다. 초보자도 가능합니다.

월	화	수	목	금
09:00 재즈				09:00 재즈
10:00 발리		10:00 발리		10:00 발리
	11:00 삼바		11:00 삼바	

(1) 댄스 학원에서 4가지 댄스를 배울 수 있다. (　　)

(2) 재즈 댄스 수업은 월요일과 금요일에 있다. (　　)

(3) 삼바 수업은 화요일과 목요일에 있다. (　　)

(4) 실력에 따라 수업을 선택할 수 있다. (　　)

✱ 구개음화

ဗျည်း ㄷ, ㅌ သည် သရ ㅣ ဖြင့် စသော သရနှင့် တွေ့လျှင် အာခေါင်၏ အရှေ့ပိုင်းအသံ ㅈ, ㅊ အနေဖြင့် ပြောင်းသည့် အခြေအနေကို အာခေါင်အရှေ့သံ၊ အာခေါင်မာသံ ဟု ခေါ်သည်။

굳이 [구지]

곧이 [고지]
미닫이 [미다지]
해돋이 [해도지]

밭이 [바치]

같이 [가치]
끝이 [끄치]
솥이 [소치]

ㄷ သည် 히 နှင့် တွေ့လျှင် [치] ဟု အသံထြက်သည်။

굳히다 [구치다]

묻히다 [무치다]
닫히다 [다치다]
받히다 [바치다]

ကိုရီးယားရိုးရာ အခြေခံအိုဘားင်ဆဲ့ဂ် (오방색)

ဘုရင့် ဝတ်စုံ

နိုင်ငံတိုင်း၌ သမိုင်းနှင့် ယဉ်ကျေးမှုအလိုက် မူလရိုးရာဓလေ့အရောင်များ ရှိကြသည်။ ကိုရီးယားရိုးရာ အခြေခံအရောင်ငါးရောင် သည် ကိုရီးယား၏ ရိုးရာအရောင်အနေဖြင့် 청(အပြာရောင်), 백(အဖြူရောင်), 적(အနီရောင်), 황(အဝါရောင်), 흑(အမည်းရောင်)ဟူ၍ အရောင် ၅ ရောင်အား ဆိုလိုသည်။ ထို အမျိုးအစား ၅ ရောင်သည် ကိုရီးယားနိုင်ငံတော်အလံ၊ ရိုးရာအဝတ်အစား၊ အဆောက်အဦးတို့၌ မြင်တွေ့နိုင်ပါသည်။

အပြာရောင် (청) သည် သရဲဝိဉာဉ်အား နှင်ထုတ်ရန်နှင့် ကံကောင်းစေသည့် အရောင်အဖြစ် အသုံးပြုခဲ့ပြီး အဖြူရောင်(백) သည် မှန်ကန်ခြင်း၊ သန့်ရှင်းစင်ကြယ်ခြင်း အဓိပ္ပါယ်ရကာ ရှေးယခင်ကတည်းက ကိုရီးယားလူမျိုးများသည် အင်္ကျီအဖြူအား နှစ်ခြိုက်စွာ ဝတ်ဆင်ကြသည်။ အနီရောင်(적) သည် ထုတ်လုပ်ခြင်းနှင့် တီထွင်ဖန်တီးခြင်း၊ စိတ်အားထက်သန်မှုနှင့် ချစ်ခင်မှုအား ကိုယ်စားပြုသည့် အရောင်အဖြစ် ၂၀၀၂ ခုနှစ် ကမ္ဘာ့ဖလား၌ ကိုရီးယားလူမျိုးများ၏ စည်းလုံးညီညွတ်မှုအား အနီရောင်တစ္ဆေ(붉은악마) ၏ အရောင်အနေဖြင့် ထင်ရှားခဲ့သည်။ ထို့အပြင် ရှေးခေတ်ကတည်းက ကိုရီးယားဘုရင်များနှင့် တော်ဝင်မင်းသားများ၏ အဝတ်အစားအရောင်၌ ကျယ်ပြန့်စွာ အသုံးပြုခဲ့ကြပြီး ထိုကဲ့သို့ နီမြန်းသော အရောင်သည် ခွန်အားကို ကိုယ်စားပြုခဲ့သည်။ ရွှေဝါရောင်(황) သည် ကောင်းကင်ဘုံ၏ တည်ရှိမှုကို ကိုယ်စားပြုသော မြင့်မြတ်အဖိုးထိုက်တန်သည့် အရောင်ဟု သတ်မှတ်ကြပြီး ရှင်ဘုရင်၏ အဝတ်အစားများကို ပြုလုပ်ရန် အသုံးပြုခဲ့ကြသည်။ အနက်ရောင်(흑) သည် လူသားများ၏ ဉာဏ်ပညာအား စီမံသည်ဟု ထင်မြင်ကြသည်။ အဖြူအမည်း ပေါင်းစည်းခြင်းသည် ရှေးခေတ်ပညာရှိများ၏ ဝတ်စားဆင်ယင်မှု၌လည်း တွေ့မြင်နိုင်ပါသည်။

ဤကဲ့သို့သော ကိုရီးယားရိုးရာ အခြေခံအရောင်ငါးရောင် အိုဘားင်ဆဲ့ဂ် (오방색) သည် ကိုရီးယားလူမျိုးများ၏ နေထိုင်မှုဘဝနှင့် အနီးကပ် ဆက်စပ်နေပါသည်။ မကောင်းဆိုးဝါးအား နှင်ထုတ်ရန်အတွက် လက်ထပ်မင်္ဂလာ ပြုလုပ်သည့်အခါ သတို့သမီးအား 연지 곤지 (မျက်နှာတွင် အနီရောင်အဝိုင်းအား ချယ်သခြင်း)၊ မကောင်းသော အင်အားကို ကာကွယ်ပြီး ကျန်းမာအသက်ရှည်စေရန် ဆုတောင်းသည့် အဓိပ္ပာယ်အနေဖြင့် ကလေးများအား 색동저고리(ရောင်စုံလက်ရှည်အင်္ကျီ) ဝတ်ပေးခြင်း၊ ပဲငံပြာရည်အိုးကြီးတွင် ငရုတ်သီးအနီရောင်အား ထင်ပေါ်အောင်ထားခြင်း စသည်တို့၌ ကိုရီးယားရိုးရာ အခြေခံအရောင်ငါးရောင်အား တွေ့မြင်နိုင်ပါသည်။

ဆေးရုံ

병원

လေ့လာရခြင်း ရည်ရွယ်ချက်

• ဆေးရုံ၌ ဆေးကုသသည့်အခါ မိမိ၏ ရောဂါလက္ခဏာအား တိကျစွာ ပြောဆိုနိုင်မည်။

အဓိက သဒ္ဒါ

• -아/어도 되다 လို့ ရသည်၊ လို့ ရလား   • -(으)면 안 되다 လို့ မရဘူး၊ ရင် မရဘူး
• -지 마세요 မ..ပါနဲ့   • ㅅ 불규칙 ㅅ မူမမှန်ကြိယာ   • -게 အောင်

ယဉ်ကျေးမှုအကြောင်း တစေ့တစောင်း

• ကိုရီးယား၏ ဆေးကုသမှုဆိုင်ရာ အဖွဲ့အစည်းများ

ဝေါဟာရ ကြိုတင်လေ့လာခြင်း | 단어 미리보기

② အသံဖိုင်ကို နားထောင်ရင်း အသံကျယ်ကျယ်ဖြင့် လိုက်ဖတ်၍ အရေး လေ့ကျင့်ခြင်းကိုလည်း လုပ်ကြည့်ပါ။

🎧 13-1

진료 စမ်းသပ်ကုသခြင်း	**원하다** လိုချင်သည်	**정형외과** အရိုးအကြောအထူးကုဋ္ဌာန
불편하다 မသက်မသာဖြစ်သည်	**올라가다** တက်သွားသည်	**인대** အရွတ်
들다 သယ်သည်	**무리하다** မနိုင်ဝန်ထမ်းသည်၊ အလွန်အကျွံလုပ်သည်	**물리치료** လေ့ကျင့်ခန်းလုပ်၍ကုသခြင်း
낫다 သက်သာသည်	**붓다** ရောင်ရမ်းသည်	**처방하다** ဆေးညွှန်းပေးသည်
열다 ဖွင့်သည်	**뛰다** ခုန်သည်	**버리다** လွှင့်ပစ်သည်

［🔊］ ပုံနှင့် ကိုက်ညီသော ဝေါဟာရကို ရွေးပြီး ရေးပါ။

진료	들다	붓다
열다	뛰다	버리다

①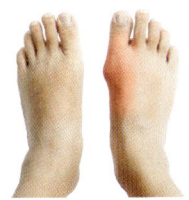

_____

②

_____

③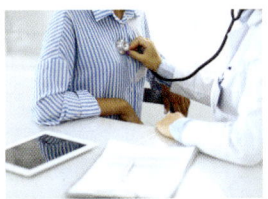

_____

④

_____

⑤

_____

⑥

_____

정답 --- ① 붓다　② 뛰다　③ 진료　④ 열다　⑤ 버리다　⑥ 들다

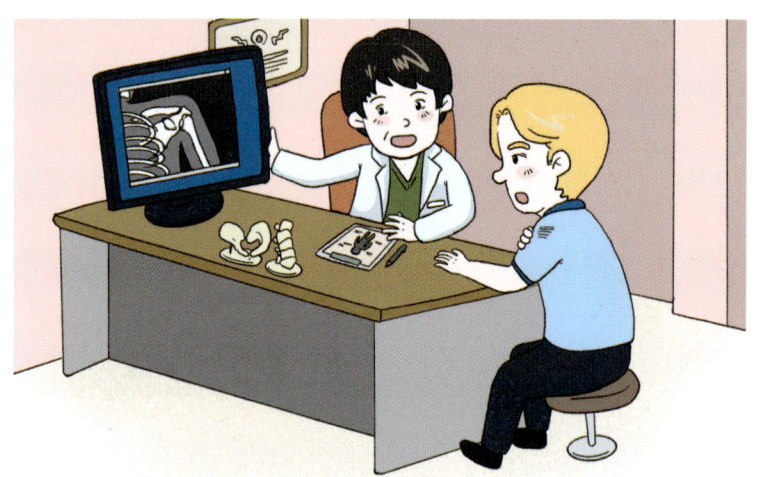

간호사   어느 과에 진료를 원하세요?

마이클   정형외과요.

간호사   잠시만 기다리세요.

- -

의사   어디가 불편하세요?

마이클   어깨가 아프고 팔이 잘 올라가지 않아요.

의사   먼저 엑스레이를 찍고 기다려 주세요.

(잠시 후)

의사   어깨 인대가 늘어났네요. 무거운 짐을
       들거나 무리해서 팔을 쓰면 안 됩니다.
       물리치료를 받으시고 낫지 않으면 다시
       오세요.

마이클   네, 고맙습니다.

ဘာသာပြန်

သူနာပြု   ဘယ်ဌာနမှာ စမ်းသပ်မှု
            ခံယူချင်လဲ။

မိုက်ကယ်   အရိုးအကြောအထူးကုဌာနပါ။

သူနာပြု   ခဏလောက် စောင့်ပေးပါ။

- -

ဆရာဝန်   ဘယ်နေရာက
            အဆင်မပြေတာလဲ။

မိုက်ကယ်   ပုခုံးက နာပြီး
            လက်မောင်းကလည်း သိပ်
            မြှောက်လို့မရဘူး။

ဆရာဝန်   အရင်ဆုံး ဓာတ်မှန်ရိုက်ပြီး
            ခဏစောင့်ပေးပါ။

(ခဏကြာပြီးနောက်)

ဆရာဝန်   ပုခုံးအရွတ်က ရောင်လာတာပဲ။
            လေးတဲ့အထုပ်တွေ
            သယ်တာဖြစ်ဖြစ် လက်မောင်းကို
            အလွန်အကျွံ သုံးရင် မရပါဘူး။
            လေ့ကျင့်ခန်းလုပ်ကာ ကုသမှုကို
            ခံယူပြီး မသက်သာရင်
            ထပ်လာခဲ့ပါ။

မိုက်ကယ်   ဟုတ်ကွဲ၊ ကျေးဇူးတင်ပါတယ်။

의사 어디가 아프세요?

모모 목이 아프고 콧물이 나요.

의사 '아' 해 보세요.
편도선이 부었네요. 약을 3일치 처방해
드리겠습니다. 말을 많이 하지 말고 목을
따뜻하게 해 주세요.

모모 커피를 마셔도 될까요?

의사 커피보다는 따뜻한 물을 많이 드세요.

모모 알겠습니다. 감사합니다.

ဘာသာပြန်	
ဆရာဝန်	ဘယ်နေရာက နေမကောင်းလို့လဲ။
မိုးမိုး	လည်ချောင်းနာပြီး နှာရည်ကျတယ်။
ဆရာဝန်	'အာ' ဆိုပြီး ပါးစပ်ဟပါ။ လည်ချောင်းသိုင်းရှူက်က ရောင်နေတာပဲ။ ဆေးညွှန်း ၃ ရက်စာ ပေးလိုက်ပါ့မယ်။ စကားအများကြီး မပြောဘဲနဲ့ လည်ချောင်းကို နွေးထွေးအောင် ထားပေးပါ။
မိုးမိုး	ကော်ဖီ သောက်လို့ရမလား။
ဆရာဝန်	ကော်ဖီထက် ရေနွေးကို များများ သောက်ပါ။
မိုးမိုး	သိပါပြီ။ ကျေးဇူးတင်ပါတယ်။

✳ အခိက ဖော်ပြချက်ကို ကျက်ပြီး ဝေါဟာရကို ပြောင်းလဲ၍ ပုံစံအမျိုးမျိုး လေ့ကျင့်ကြည့်ပါ။

어느 과에 진료를 원하세요?
ဘယ်ဌာနမှာ စမ်းသပ်မှု ခံယူချင်ပါသလဲ။

정형외과요.
အရိုးအကြောအထူးကုဌာနပါ။

စမ်းသပ်ကုသမှု ဌာန

내과 ကိုယ်တွင်းအင်္ဂါအထူးကုဌာန	정형외과/외과 အရိုးအကြောအထူးကုဌာန
이비인후과 နား၊ နာခေါင်း၊ လည်ချောင်းအထူးကုဌာန	산부인과 သားဖွားနှင့်မီးယပ်အထူးကုဌာန
신경정신과 ဦးနှောက်နှင့် အာရုံကြောအထူးကုဌာန	안과 မျက်စိအထူးကုဌာန
피부과 အရေပြားအထူးကုဌာန	치과 သွားနှင့်ခံတွင်းအထူးကုဌာန
비뇨기과 ဆီးနှင့် ကျောက်ကပ်အထူးကုဌာန	소아과 ကလေးအထူးကုဌာန

어디가 아프세요?
ဘယ်နေရာက နေမကောင်းတာလဲ။

목이 아프고 콧물이 나요.
လည်ချောင်းက နာပြီး နှာရည်ကျတယ်။

ရောဂါလက္ခဏာ

머리가 아프다 ခေါင်းကိုက်သည်	기침을 하다 ချောင်းဆိုးသည်
목이 아프다 လည်ချောင်းနာသည်	콧물이 나다 နှာရည်ကျသည်
열이 나다 ကိုယ်ပူသည်၊ ဖျားသည်	배가 아프다 ဗိုက်နာသည်
설사하다 ဝမ်းသွားသည်	토하다 အော့အန်သည်
피부가 가렵다 အရေပြား ယားယံသည်	코피가 나다 နှာခေါင်းသွေးလျှံသည်
어지럽다 မူးဝေသည်	두드러기가 나다 အဖုအပိန့်ထွက်သည်

❶ -아/어도 되다 လို့ ရသည်၊ လို့ ရလား

ကြိယာနှင့် နာမဝိသေသနနှင့် ကပ်၍ ခွင့်ပြုချက်တောင်းခြင်း သို့မဟုတ် ခွင့်ပြုခြင်းအား ဖော်ပြသည့် ပုံစံဖြစ်သည်။ ကြိယာ သို့မဟုတ် နာမဝိသေသန၏ မူလအရင်းအမြစ်သည် အဆုံးသတ်သရ ㅏ, ㅗ ဖြစ်ပါက 아도 되다, ကျန်သည့် သရဖြစ်ပါက 어도 되다, 하다 သည် 해도 되다 ဟု သုံးသည်။

ㅏ, ㅗ	-아도 되다	가다 + 아도 되다 만나다 + 아도 되다	가도 되다 만나도 되다
ㅏ, ㅗ 이외	-어도 되다	먹다 + 어도 되다 쉬다 + 어도 된다 열다 + 어도 된다	먹어도 되다 쉬어도 되다 열어도 되다
-하다	-해도 되다	운동하다 운전하다	운동해도 되다 운전해도 되다

창문을 열어도 될까요? ပြတင်းပေါက်ကို ဖွင့်လို့ရလား။

지금 가도 돼요.* အခု သွားလို့ ရတယ်။

이 딸기를 하나 먹어도 돼요? ဒီ စတော်ဘယ်ရီသီး တစ်လုံး စားလို့ ရလား။

* 되다 + 어요 → 되어요 → 돼요

❷ -(으)면 안 되다 လို့ မရဘူး၊ ရင် မရဘူး

ကြိယာနှင့် နာမဝိသေသနနှင့် ကပ်၍ တားမြစ်ခြင်း၏ အဓိပ္ပါယ်အား ဖော်ပြသည့် ပုံစံဖြစ်သည်။ အဆုံးသတ်စကားလုံး 으면 နှင့် အငြင်းစကားလုံး 안, ကြိယာ 되다 အား အတူတကွ သုံးသည့် ပုံစံဖြစ်သည်။

받침 ○	-으면 안 되다	앉다 + 으면 안 되다 읽다 + 으면 안 되다 먹다 + 으면 안 되다	앉으면 안 되다 읽으면 안 되다 먹으면 안 되다
받침 ×, ㄹ 받침	-면 안 되다	가다 + 면 안 되다 만나다 + 면 안 되다 길다 + 면 안 되다	가면 안 되다 만나면 안 되다 길면 안 되다

여기 앉으면 안 됩니다. ဒီမှာ ထိုင်လို့ မရဘူး။

지금 가면 안 돼요. အခု သွားလို့ မရဘူး။

그 사람을 만나면 안 돼요. ဒီလူကို တွေ့လို့ မရဘူး။

❸ -지 마세요 မ...ပါနဲ့

ကြိယာ၌ ကပ်၍ လှုပ်ရှားမှု တစ်ခုခုအား တားမြစ်သည့်အခါ ဖော်ပြသော ပုံစံဖြစ်သည်။
အဆုံးသတ်စကားလုံး 지 နှင့် ကြိယာ 말다 အား အတူအကွသုံးသည့် ပုံစံဖြစ်သည်။

뛰지 마세요. မခုန်ပါနဲ့။   전화하지 마세요. ဖုန်းမဆက်ပါနဲ့။

떠들지 마세요. မဆူညံပါနဲ့။   쓰레기를 버리지 마세요. အမှိုက် မပစ်ပါနဲ့။

❹ ㅅ 불규칙 ㅅ မူမမှန်ကြိယာ

ကြိယာ မူလအရင်းအမြစ်၏ နောက်ဆုံးစကားလုံးသည် ㅅ ဖြင့် အဆုံးသတ်သည့် ဝေါဟာရ၌ သရနှင့်
စတင်သည့် စကားဆက်စကားလုံးများရှိလျှင် ㅅ အား ဖြုတ်ရသည့် အခြေအနေလည်း ရှိသည်။

낫다 + 아요 → 나아요
탈락

		-아/어요	-았/었어요	-(으)면
불규칙	짓다	지어요	지었어요	지으면
	젓다	저어요	저었어요	저으면
	낫다	나아요	나았어요	나으면
	붓다	부어요	부었어요	부으면
	긋다	그어요	그었어요	그으면
규칙	벗다	벗어요	벗었어요	벗으면
	씻다	씻어요	씻었어요	씻으면
	빗다	빗어요	빗었어요	빗으면

감기가 나으면 같이 놀이공원에 가요. အအေးမိတာ သက်သာရင် အတူတူ ပန်းခြံကို သွားမယ်။

어제 라면을 먹고 자서 얼굴이 부었어요. မနေ့က ခေါက်ဆွဲစားပြီး အိပ်လို့ မျက်နှာက ဖောင်းခဲ့တယ်။

❺ -게 အောင်

နာမဝိသေသနနှင့် ကြိယာအချို့၌ ကပ်၍ နောက်တွင် လာမည့် လှုပ်ရှားမှုနှင့် အခြေအနေ၏
သတ်မှတ်ပုံစံ၊ ပမာဏ စသည်တို့ကို ဖော်ပြသည်။

맛있게 드세요. အရသာရှိရှိ သုံးဆောင်ပါ။

머리를 짧게 잘랐어요. ဆံပင်ကို တိုအောင် ညှပ်ပေးပါ။

청소를 깨끗하게 했어요. သန့်ရှင်းရေးကို သေသေသပ်သပ်ဖြစ်အောင် လုပ်ခဲ့တယ်။

အကြား လေ့ကျင့်မှု | 듣기 연습

1 စကားပြောအား နားထောင်ပြီး လူနာသွားရမည့် စမ်းသပ်ကုသမှုဌာနအား ရွေးချယ်ပါ။ 🎧 13-4

① ကိုယ်တွင်းအင်္ဂါအထူးကုဌာန   ② အရေပြားအထူးကုဌာန
③ သွားနှင့်ခံတွင်းအထူးကုဌာန   ④ နား၊ နှာခေါင်း၊ လည်ချောင်းအထူးကုဌာန

(1) _____   (2) _____

(3) _____   (4) _____

2 စကားပြောအား နားထောင်ပြီး အကြောင်းအရာနှင့် ကိုက်ညီလျှင် ○, မကိုက်ညီလျှင် × ဟု ဖော်ပြပါ။

🎧 13-5

(1) လည်ချောင်းနာပြီး ချောင်းဆိုးသည်။ (   )

(2) ဖျားသည်။ (   )

(3) နှစ်ပတ်မတိုင်ခင်က နေမကောင်းဖြစ်ခဲ့သည်။ (   )

(4) ၃ ရက်စာ ဆေးညွှန်း ရခဲ့သည်။ (   )

1 အောက်ပါ ဝေါဟာရအား သဒ္ဒါမှန်ကန်အောင် ပြောင်းလဲ၍ ပြီးပြည့်စုံအောင် တည်ဆောက်ပါ။

နမူနာ

오늘 아침에 <u>늦게</u> 일어났어요. (늦다)

(1) _____ 입으세요. (예쁘다)

(2) 방을 _____ 청소했어요. (깨끗하다)

(3) 제 동생은 치마를 _____ 입어요. (짧다)

(4) 옷을 _____ 입으세요. (따뜻하다)

(5) 김밥을 _____ 만들었어요. (맛있다)

2 အောက်ပါဇယားအား ပြီးပြည့်စုံအောင် ဖြည့်ပါ။

	-네요	-아/어요	-(으)면	-았/었어요
긋다	긋네요	그어요	그으면	그었어요
낫다				
젓다				
붓다				
짓다				
벗다				
웃다				
씻다				
빗다				
빼앗다				

✻ အောက်ပါတို့ကို ဖတ်ပြီး အကြောင်းအရာနှင့် ကိုက်ညီလျှင် O၊ ကွဲပြားလျှင် × ဟု ဖော်ပြပါ။

무료 예방 접종 안내

예방 접종 기간: 10월 15일 ~ 11월 15일

대상: 70세 이상

장소: 광진구 보건소

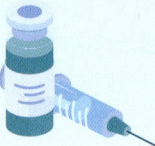

(1) 예방 접종 기간은 1달이다. (　　　)

(2) 예방 접종 시 돈을 내야 한다. (　　　)

(3) 어린이도 예방 접종을 받을 수 있다. (　　　)

(4) 예방 접종은 광진구 보건소에서 한다. (　　　)

✻ 거센소리되기 (1)

🎧 13-6

ㄱ, ㄷ, ㅂ, ㅈ ကွဲ့သို့သော ပုံမှန်အသံသည် ㅎ နှင့် တွေ့လျှင် ㅋ, ㅌ, ㅍ, ㅊ ကွဲ့သို့သော အသံပြင်းအသံသို့ ပြောင်းခြင်းအား အသံပိုင်းဆိုင်ရာဖြစ်ရပ်ဆန်းဟု ပြောနိုင်သည်။ ပညာရှင်တို့သည် အသံပြင်းအစား မူလပုံမှန်အသံအား ဘာသာရပ်ဆိုင်ရာဝေါဟာရများ၌ ပေါများစွာ သုံးကြသည်။ မူလပုံမှန်အသံဆိုသည်မှာ တို့ပြီး ပြတ်သည့်အသံ, ဆိုလိုသည်မှာ အသက်ရှူသံနှင့်အတူ ရောထွေးနေသည်ကို ပြောခြင်းဖြစ်သည်။

အသတ် ㅎ သည် အစအသံ ㄱ, ㄷ, ㅈ အား တွေ့လျှင် အသတ် ㅎ သည် အခြားစာလုံး၏ အစအသံအဖြစ်သို့ ပြောင်းရွှေ့ကာ [ㅋ], [ㅌ], [ㅊ] ဟု အသံထွက်သည်။

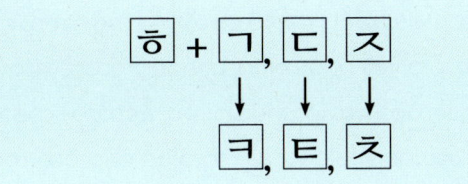

● ㅎ + ㄱ → [ㅋ]

잃고 [일코]	많고 [만코]
앓고 [알코]	그렇게 [그러케]
이렇게 [이러케]	어떻게 [어떠케]

● ㅎ + ㄷ → [ㅌ]

좋다 [조타]	놓다 [노타]
많다 [만타]	싫다 [실타]
앓다 [안타]	까맣다 [까마타]

● ㅎ + ㅈ → [ㅊ]

놓자마자 [노차마자]	좋지만 [조치만]
끊자마자 [끈차마자]	싫지만 [실치만]

ကိုရီးယား၏ ဆေးကုသမှုဆိုင်ရာ အဖွဲ့အစည်းများ

ကိုရီးယားနိုင်ငံ၏ ဆေးကုသမှုစနစ်သည် ပြည်သူများအနေဖြင့် လွယ်ကူစွာရယူနိုင်ပြီး အဆင့်မြင့်သည့် ဆေးကုသမှု ဝန်ဆောင်ခြင်းအား ပေးအပ်လျှက်ရှိသည်။ ကိုရီးယားဆေးရုံများသည် ကုတင်အရေအတွက်နှင့် စမ်းသပ်ကုသမှုဌာန အလိုက် အဆင့် ၁ - အဆင့် ၃ ဆေးဘက်ဆိုင်ရာ အဖွဲ့အစည်းအနေဖြင့် သတ်မှတ်ကာ အဆင့် ၁ ဆေးဘက်ဆိုင်ရာ အဖွဲ့အစည်းဖြစ်သည့် ဆေးခန်းသည် နေရာဒေသအလိုက် လွယ်ကူစွာ ရှာဖွေနိုင်သည်။ ထို့နောက် နိုင်ငံခြားသားများအတွက် ဆေးကုသမှုအား စကားပြန်ဝန်ဆောင်မှုအထိ ပေးအပ်ထားသည့် ဆေးရုံများလည်း တိုးပွားလျှက်ရှိသည်။

အဆင့် ၁ ဆေးဘက်ဆိုင်ရာအဖွဲ့အစည်း၌ အထွေထွေရောဂါ အစပိုင်းလက္ခဏာ ဖြစ်ပေါ်သည့်အခါနှင့် ပတ်သတ်၍ စမ်းသပ်ကာ ရောဂါရှာဖွေကြသည်။ ဤကဲ့သို့သော ဆေးရုံအမျိုးအစားအား ဆေးခန်း, ကျန်းမာရေးစင်တာဟု ခေါ်ဆိုသည်။ အဆင့် ၂ ဆေးဘက်ဆိုင်ရာ အဖွဲ့အစည်း၌ ခေါင်းစဉ် ၄ မျိုးနှင့် အထက် ဆေးကုသမှုပေးပြီး အထူးကု အသီးသီး၏ ကျွမ်းကျင်ပညာရှင်များရှိသည့် ဆေးရုံအား ဆိုလိုသည်။ ထိုဆေးရုံ၌ ဆေးရုံတက်ခြင်း သို့မဟုတ် ကြာရှည်စွာ ဆေးကုသမှုအား ခံယူနိုင်သည်။ လူနာကုတင်သည် အခု ၃၀-၅၀၀ ပတ်ဝန်းကျင်ခန့် ပိုင်ဆိုင်သည့် ဆေးရုံများ ပါဝင်သည်။ ထို့အပြင် နောက်ဆုံးအနေဖြင့် အဆင့် ၃ ဆေးကုသမှု အဖွဲ့အစည်း ဖြစ်သည်။ ဤအဖွဲ့အစည်း၌ ပြည်သူ့ဆေးရုံကြီး (종합병원) နှင့် တက္ကသိုလ်ဆေးရုံ (대학병원) များ ပါဝင်သည်။ ကုတင် ၅၀၀ နှင့်အထက် ဆေးရုံကြီးများ ဖြစ်ကြသည်။

▎ တက္ကသိုလ်ဆေးရုံ

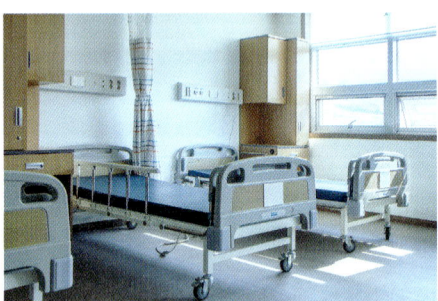
▎ ဆေးကုသခန်း

အဆင့် ၁ နှင့် အဆင့် ၂ ဆေးဘက်ဆိုင်ရာ အဖွဲ့အစည်း၌ ဘိုကင်တင်ခြင်းသည် မလွဲမသွေ လိုအပ်ခြင်းမျိုး မဟုတ်သော်လည်း အဆင့် ၃ ဆေးဘက်အဖွဲ့အစည်း၌ ဆေးကုသမှု ခံယူလိုလျှင် ဆေးကုသမှု ဘိုကင်အား အဆင့် ၁ သို့မဟုတ် အဆင့် ၂ ရှိ ဆေးဘက်ဆိုင်ရာ ဆရာဝန်၏ ဆေးထောက်ခံချက်အား မဖြစ်မနေ လိုအပ်သည်။ လူနာသည် အဆင့် ၁ သို့မဟုတ် အဆင့် ၂ ဆေးဘက်ဆိုင်ရာ အဖွဲ့အစည်းထံသို့ မသွားဘဲ အဆင့် ၃ သို့ တိုက်ရိုက် အသုံးပြုရာ၌ ဆေးကုသစရိတ် မြင့်မားနိုင်သည့်အတွက် အဆင့် ၁ သော်လည်းကောင်း အဆင့် ၂ ရှိ ဆေးဘက်ဆိုင်ရာ အဖွဲ့အစည်းထံ ဆေးကုသမှု ခံယူခြင်းက ပို၍ ကောင်းမွန်သည်။

ဘဏ်

은행

လေ့လာရခြင်း ရည်ရွယ်ချက်

- ဘဏ်လုပ်ငန်းကိစ္စ၌ လိုအပ်သည့် အသုံးအနှုန်းများကို လေ့လာနိုင်ပြီး ၎င်းတို့ကို အသုံးပြုနိုင်မည်။

အဓိက သဒ္ဒါ

- -나요? လဲ၊ လား
- -는데 မို့လို့/ ပေမယ့်
- -(으)면서 ရင်းနဲ့
- -(으)ㄹ 때 တဲ့အချိန်/ တဲ့အခါ

ယဉ်ကျေးမှုအကြောင်း တစေ့တစောင်း

- ကိုရီးယား၏ ဘဏ်

㉒ အသံဖိုင်ကို နားထောင်ရင်း အသံကျယ်ကျယ်ဖြင့် လိုက်ဖတ်၍ အရေး လေ့ကျင့်ခြင်းကိုလည်း လုပ်ကြည့်ပါ။

🎧 14-1

돕다 ကူညီသည်	**통장** ဘဏ်စာအုပ်	**만들다** ပြုလုပ်သည်
신분증 မှတ်ပုံတင်	**모바일 뱅킹** မိုဘိုင်းလ်ဘဏ်စနစ်	**사용하다** အသုံးပြုသည်
신청하다 လျှောက်ထားသည်	**작성하다** ရေးသားဖြည့်စွက်သည်	**체크하다** စစ်ဆေးသည်
부분 အပိုင်း	**환전** ငွေလဲလှယ်မှု	**환율** ငွေလဲလှယ်မှုနှုန်း
화면 မျက်နှာပြင်	**장소** နေရာ	**지갑** ပိုက်ဆံအိတ်

[♠] ပုံနှင့် ကိုက်ညီသော ဝေါဟာရကို ရွေးပြီး ရေးပါ။

통장	환전	지갑
체크하다	신분증	작성하다

①

_____

②

_____

③

_____

④

_____

⑤

_____

⑥

_____

정답 --- ① 체크하다 ② 신분증 ③ 통장 ④ 작성하다 ⑤ 환전 ⑥ 지갑

은행원 무엇을 도와 드릴까요?

꼬민 통장을 만들려고 합니다.

은행원 신분증을 주시겠어요?

꼬민 여기 있습니다. 모바일 뱅킹도
사용하려고 하는데, 여기서 신청하면
되나요?

은행원 네, 신청서를 작성해 주시면 됩니다.
여기 체크한 부분을 써 주세요.

꼬민 알겠습니다.

ဘာသာပြန်

ဘဏ်ဝန်ထမ်း ဘာ ကူညီပေးရမလဲ။

ကိုမင်း ဘဏ်စာအုပ် လုပ်မလို့ပါ။

ဘဏ်ဝန်ထမ်း မှတ်ပုံတင် ပေးပါလား။

ကိုမင်း ဒီမှာပါ။
မိုဘိုင်းလ်ဘဏ်စနစ်လည်း
သုံးမှာမို့လို့ ဒီမှာ လျှောက်လို့
ရမလား။

ဘဏ်ဝန်ထမ်း ဟုတ်ကဲ့၊ လျှောက်လွှာကို
ဖြည့်ပေးရင် ရပါတယ်။
ဒီမှာ စစ်ဆေးထားတဲ့
အပိုင်းကို ရေးပေးပါ။

ကိုမင်း သိပါပြီ။

은행원 무엇을 도와 드릴까요?

마이클 환전을 하려고 합니다. 달러 환율이 어떻게 되나요?

은행원 잠시만요. 제가 화면을 보면서 말씀드리겠습니다.
1달러에 1,250원입니다.

마이클 많이 올랐네요. 100만원 환전해 주세요.

은행원 네, 알겠습니다.
여기 있습니다. 그리고 이건 저희 은행 환전 이벤트 사은품입니다. 여행 가실 때 사용하세요.

마이클 고맙습니다.

ဘာသာပြန်

ဘဏ်ဝန်ထမ်း ဘာ ကူညီပေးရမလဲ။

မိုက်ကယ် ငွေလဲမလို့ပါ။ ဒေါ်လာ ငွေလဲနှုန်းက ဘယ်လိုလဲ။

ဘဏ်ဝန်ထမ်း ခဏလေးပါ။ ကျွန်မက Screen ကိုကြည့်ရင်းနဲ့ ပြောပြပေးပါ့မယ်။ ၁ ဒေါ်လာကို ၁၂၅၀ ဝမ်ပါ။

မိုက်ကယ် အများကြီး တက်သွားတာပဲ။ ဝမ် ၁၀ သိန်း လဲပေးပါ။

ဘဏ်ဝန်ထမ်း ဟုတ်ကဲ့၊ သိပါပြီ။ ဒီမှာပါ။ ပြီးတော့ ဒီဟာ ကျွန်မတို့ ဘဏ် ငွေလဲတဲ့ Event က လက်ဆောင်ပစ္စည်းပါ။ ခရီးသွားတဲ့အခါ အသုံးပြုပါ။

မိုက်ကယ် ကျေးဇူးတင်ပါတယ်။

✱ အဓိက ဖော်ပြချက်ကို ကျက်ပြီး ဝေါဟာရကို ပြောင်းလဲ၍ ပုံစံအမျိုးမျိုး လေ့ကျင့်ကြည့်ပါ။

> 무엇을 도와드릴까요?
> ဘာ ကူညီပေးရမလဲ။

> 통장을 만들려고 합니다.
> ဘဏ်စာအုပ် လုပ်မလို့ပါ။

ဘဏ် လုပ်ငန်းကိစ္စ

입금하다 ငွေထည့်သည်	출금하다 ငွေထုတ်သည်
돈을 부치다(송금하다) ငွေလွှဲသည်	해외 송금 하다 နိုင်ငံခြား ငွေလွှဲသည်
통장을 만들다 ဘဏ်စာအုပ် လုပ်သည်	카드를 만들다 ကဒ် လုပ်သည်
공과금을 내다 အခကြေးငွေ ပေးသည်	환전하다 ငွေလဲလှယ်သည်
적금을 들다 ပုံမှန်ငွေစုသည်	대출을 받다 ချေးငွေယူသည်

환율이 어떻게 돼요?
ငွေလဲနှုန်းက ဘယ်လိုလဲ။

1달러에 1,250원입니다.
၁ ဒေါ်လာကို ၁,၂၅၀ ဝမ် ဖြစ်ပါတယ်။

ကမ္ဘာ့ ငွေကြေးယူနစ်

한국 원 ကိုရီးယား ဝမ်	미얀마 짯 မြန်မာ ကျပ်
미국 달러 အမေရိကန် ဒေါ်လာ	일본 엔 ဂျပန် ယန်း
중국 위안 တရုတ် ယွမ်	유럽연합 유로 ဥရောပ ယူရို
베트남 동 ဗီယက်နမ် ဒေါင်	태국 바트 ထိုင်း ဘတ်

❶ -나요? လဲ၊ လား

ကြိယာ သို့မဟုတ် နာမဝိသေသနၶ ကပ်၍ တစ်ဖက်လူအား တစ်စုံတစ်ခုနှင့် ပတ်သက်ပြီး မေးမြန်းသည့်အခါ အသုံးပြုသော အသုံးအနှုန်းဖြစ်သည်။

들어가도 되나요? ဝင်သွားလို့ ရလား။
이 버스가 동대문으로 가나요? ဒီ ဘတ်စ်ကားက ဒုံဒယ်မွန်းကို သွားလား။
오늘 환율이 어떻게 되나요? ဒီနေ့ ငွေလဲနှုန်းက ဘယ်လိုလဲ။
이름을 썼나요? နာမည်ကို ရေးခဲ့လား။
사장님이 오셨나요? သူဌေး လာလား။

❷ -는데 မို့လို့/ ပေမယ့်

ကြိယာ သို့မဟုတ် 있다, 없다 ၌ ကပ်၍ နောက်ပြောမည့် စကားအတွက် ၎င်း အခြေအနေနှင့် ဆက်စပ်နေသည့် အဖြစ်အပျက်အား ကြိုတင် ဖော်ပြရန် သုံးသည့် စကားဆက်ဖြစ်သည်။ နာမဝိသေသနအား 은데 ပုံစံဖြင့် ကပ်သည်။ ㄹ သတ်အား ခြွင်းချက်ထား၍ အသတ်ဖြင့်ဆုံးသည့် နာမဝိသေသန၌ 은데 , ကျန်သည့် နာမဝိသေသန၌ ㄴ데 အား ကပ်သည်။

ကြိယာ	받침 O	-는데	먹는데, 읽는데
	받침 ×, ㄹ 받침 (ㄹ 탈락)	-는데	가는데, 오는데 만드는데, 노는데
နာမဝိသေသန	받침 O	-은데	좋은데, 싫은데, 작은데
	받침 ×, ㄹ 받침 (ㄹ 탈락)	-ㄴ데	예쁜데, 큰데, 깨끗한데 긴데, 먼데

밥을 먹는데 사장님한테 전화가 왔어요. ထမင်း စားနေတုန်း သူဌေးဆီက ဖုန်းလာခဲ့တယ်။
약속 장소에 가는데 길이 막힙니다. ချိန်းထားတဲ့ နေရာကို သွားပေမယ့် လမ်းက ပိတ်တယ်။
이 신발은 예쁜데 너무 비싸요. ဒီ ဖိနပ်က လှတာမို့လို့ အရမ်း ဈေးကြီးတယ်။

အတိတ်ကာလ၌ 았/었는데 ကို သုံးသည်။

버스를 탔는데 지갑이 없었어요. ဘတ်စ်ကားကို စီးခဲ့ပေမယ့် ပိုက်ဆံအိတ်က မရှိခဲ့ဘူး။
소풍을 갔는데 비가 왔어요. ပျော်ပွဲစား သွားခဲ့ပေမယ့် မိုးက ရွာခဲ့တယ်။
책을 읽었는데 재미가 없었어요. စာအုပ်ကို ဖတ်ခဲ့ပေမယ့် စိတ်ဝင်စားဖို့ မကောင်းခဲ့ဘူး။

❸ -(으)면서 ရင်းနဲ့

နှစ်ခု သို့မဟုတ် နှစ်ခုနှင့် အထက် လှုပ်ရှားမှု သို့မဟုတ် အခြေအနေသည် အတူတကွ ဖြစ်ပေါ်လာခြင်းအား ဖော်ပြသည့် စကားဆက် ဖြစ်သည်။

받침 ○	-으면서	읽다 + 으면서 앉다 + 으면서	읽으면서 앉으면서
받침 ×, ㄹ 받침	-면서	가다 + 면서 일하다 + 면서 살다 + 면서 만들다 + 면서	가면서 일하면서 살면서 만들면서

책을 읽으면서 밥을 먹어요. စာအုပ် ဖတ်ရင်းနဲ့ ထမင်းစားတယ်။

집에 가면서 친구를 만났어요. အိမ်ပြန်ရင်းနဲ့ သူငယ်ချင်းကို တွေ့ခဲ့တယ်။

일하면서 음악을 들어요. အလုပ်လုပ်ရင်းနဲ့ သီချင်း နားထောင်တယ်။

❹ -(으)ㄹ 때 တဲ့အချိန်/ တဲ့အခါ

ကြိယာ၊ နာမဝိသေသန၊ 이다,아니다 ၌ ကပ်၍ လုပ်ဆောင်ချက်တစ်ခု သို့မဟုတ် အခြေအနေတစ်ခု ဆက်တိုက် ဖြစ်နေသည့် အတောအတွင်း သို့မဟုတ် အချိန်အား ဖော်ပြသည့် အသုံးအနှုန်းဖြစ်သည်။

받침 ○	-을 때	먹다 읽다 좋다 많다	먹을 때 읽을 때 좋을 때 많을 때
받침 ×, ㄹ 받침 (ㄹ 탈락)	-ㄹ 때	가다 오다 바쁘다 살다	갈 때 올 때 바쁠 때 살 때

집에 갈 때 전화 좀 줘요. အိမ် ပြန်တဲ့အခါ ဖုန်းဆက်ပေးပါ။

올 때 아이스크림 좀 사 와요. လာတဲ့အခါ ရေခဲမုန့် ဝယ်လာပါ။

바쁠 때 가끔 점심을 못 먹어요. အလုပ်များတဲ့အခါ တစ်ခါတစ်လေ နေ့လယ်စာကို မစားဘူး။

저는 기분이 좋을 때 신나는 노래를 들어요.
ကျွန်တော်က စိတ်ခံစားမှုကောင်းတဲ့အခါ ပျော်စရာ သီချင်းတွေကို နားထောင်တယ်။

1 စကားပြောကို နားထောင်ပြီး မေးခွန်းများကို ဖြေဆိုပါ။

🎧 14-4

(1) ဘဏ်၌ မည်သည့် လုပ်ငန်းကိစ္စများ လုပ်နေသည်ကို ရွေးချယ်ပါ။

① ငွေလဲနေသည်။

② ကဒ် လုပ်နေသည်။

③ ပုံမှန်ငွေစု ဘဏ်စာအုပ် လုပ်နေသည်။

(2) လစဉ် ငွေစုသည့် ပမာဏ ဘယ်လောက်လဲဆိုတာ ရွေးချယ်ပါ။

① ဝမ် ၁၀ သိန်း

② ဝမ် ၁ သိန်း

③ ဝမ် ၁၅ သိန်း

2 စကားပြောကို နားထောင်ပြီး အကြောင်းအရာနှင့် ကိုက်ညီလျှင် ◯၊ ကွဲပြားလျှင် × ဟု ဖော်ပြပါ။

🎧 14-5

(1) ယောက်ျားလေးက ပြည်တွင်းငွေလွှဲခြင်းကို လုပ်မလို့ လုပ်သည်။ (   )

(2) ငွေလွှဲသည့်အခါ မှတ်ပုံတင် လိုသည်။ (   )

(3) မှတ်ပုံတင်သည် နိုင်ငံသား မှတ်ပုံတင်သာ လက်ခံသည်။ (   )

(4) ဝန်ဆောင်ခသည် ၁၅% ဖြစ်သည်။ (   )

1 နမူနာနှင့် အတူ အဓိက ဝေါဟာရအနေဖြင့် စာကြောင်းအား ပြုလုပ်ကြည့်ပါ။

နမူနာ

텔레비전을 보다, 밥을 먹다 → 텔레비전을 보면서 밥을 먹어요.

(1) 걷다, 전화를 하다

_____

(2) 일하다, 음악을 듣다

_____

(3) 여행하다, 사진을 찍다

_____

(4) 밥을 먹다, 이야기를 하다

_____

(5) 통장을 만들다, 카드를 만들다

_____

2 နမူနာနှင့် အတူ အဓိက ဝေါဟာရကို မှန်ကန်သော သဒ္ဒါဖြင့် ပြန်ရေးပါ။

နမူနာ

집에 왔는데 아무도 없었어요. (오다)

(1) 밥을 _____ 또 배가 고파요. (먹다)

(2) 날씨가 _____ 집에만 있었어요. (좋다)

(3) 책을 _____ 이해가 잘 안 돼요. (읽다)

(4) 배가 _____ 바빠서 밥을 못 먹었어요. (고프다)

(5) 어렸을 때는 키가 _____ 지금은 작아요. (크다)

✱ အောက်ပါတို့ကို ဖတ်ပြီး အကြောင်းအရာနှင့် ကိုက်ညီလျှင် ○၊ ကွဲပြားလျှင် ✕ ဟု ဖော်ပြပါ။

푸른은행 **희망 적금** 안내

이율 연 3.5%

저축 기간 **24**개월
월 최대 **100**만원

※ 적금 가입 시 사은품을 드립니다.

(1) 일년에 100만원을 저금할 수 있다. (　　　)

(2) 1년 동안 이자가 3.5%이다. (　　　)

(3) 저축 기간이 1년이다. (　　　)

(4) 적금을 들면 사은품을 증정한다. (　　　)

✱ 거센소리되기 (2)

🎧 14-6

နောက်ဆုံး ဗျည်း၏ အသံထွက်သည် [ㄱ], [ㄷ], [ㅂ], [ㅈ] ဖြင့် ဆုံးပြီး အနောက်၌ ㅎ နှင့်
တွေ့သည့် အခြေအနေအား သေချာကြည့်ကြပါစို့။

အသတ်သံ [ㄱ], [ㄷ], [ㅂ], [ㅈ] သည် အနောက်၌ ㅎ နှင့် တွေ့လျှင် [ㄱ], [ㄷ], [ㅂ], [ㅈ]
အသံထွက်သည် ㅎ နေရာ၌ [ㅋ], [ㅌ], [ㅍ], [ㅊ] ဟု အသံထွက်သည်။

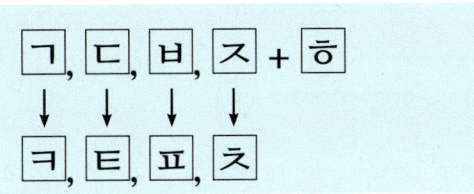

- [ㄱ] + ㅎ → [ㅋ]
  백화점 [배콰점]   막히다 [마키다]
  읽히다 [일키다]   악화되다 [아콰되다]

- [ㄷ] + ㅎ → [ㅌ]
  따뜻해요 [따뜨태요]   흐릿하다 [흐리타다]
  받침소리 [ㄷ]   받침소리 [ㄷ]

- [ㅂ] + ㅎ → [ㅍ]
  잡히다 [자피다]   꼽히다 [꼬피다]
  넓히다 [널피다]   복잡하다 [복짜파다]

- [ㅈ] + ㅎ → [ㅊ]
  맞히다 [마치다]   젖히다 [저치다]
  앉히다 [안치다]   얹히다 [언치다]

ကိုရီးယား၏ ဘဏ်

ကိုရီးယား၌ ဘဏ်အမျိုးအစား များစွာရှိပြီး၊ ဘဏ်၏ လုပ်ငန်းကိစ္စများအနေဖြင့် ငွေအပ်နှံခြင်း၊ ငွေလွှဲခြင်း၊ ငွေလဲလှယ်ခြင်း၊ ချေးငွေ စသည်တို့ ရှိကြသည်။ ကိုရီးယား၏ ဘဏ်လုပ်ငန်းချိန်သည် မနက် ၉ နာရီ မှစ၍ ညနေ ၄ နာရီ အထိ ဖြစ်သည်။

ဘဏ်၌ ခရီးသွားချက်လက်မှတ်အား ငွေသားအနေဖြင့် လဲလှယ်ခြင်း သို့မဟုတ် ငွေလဲလှယ်ဝန်ဆောင်မှုအား အသုံးပြုနိုင်ပြီး ဤ၀န်ဆောင်မှုအား အသုံးပြုရန်အတွက် နိုင်ငံခြားသားများသည် ပတ်စ်ပို့ သို့မဟုတ် မှတ်ပုံတင်ကို မလွဲမသွေ ယူဆောင်လာရမည်။ တစ်ကြိမ်လျှင် ဒေါ်လာ ၁၀,၀၀၀ နှင့်အထက် လဲလှယ်သည့်အခါ၌ မလွဲမသွေ လျှောက်ထားရမည်။

နိုင်ငံခြားသားများသည်လည်း ကိုရီးယား၌ ရက်ပေါင်း ၃၀ ကျော် နေထိုင်ပါက ၎င်းတို့၏ ကိုယ်ပိုင်အမည်ဖြင့် ဘဏ်အကောင့် ဖွင့်နိုင်သည်။ ဘဏ်အကောင့်ဖွင့်ရန် မှတ်ပုံတင်နှင့် အလုပ်ထောက်ခံစာ သို့မဟုတ် ကျောင်းထောက်ခံစာအား ပြင်ဆင်၍ ဘဏ်သို့ ကိုယ်တိုင်သွားရမည်။ အကြွေးဝယ်ကတ်သည် ဗီဇာ၏ အမျိုးအစား သို့မဟုတ် အလုပ်အကိုင် အခြေအနေပေါ် မူတည်၍ အကြွေးဝယ်ကဒ် ထုတ်ပေးခြင်းအား ကန့်သတ်နိုင်သည်။ သို့သော် အင်တာနက်ဘဏ်စနစ် သို့မဟုတ် မိုဘိုင်းလ်ဘဏ်စနစ်အား အသုံးပြုလိုပါက ဘဏ်သို့ ကိုယ်တိုင်သွားရောက်၍ လျှောက်လွှာကို ဖြည့်စွက်ရမည်။

၊ ကိုရီးယား၏ ဘဏ်

အခန်း

15

အလုပ်ရှာဖွေခြင်း
구직

လေ့လာရခြင်း ရည်ရွယ်ချက်

- အင်တာဗျူး၌ လက်တွေ့အသုံးချနိုင်သည့် ဝေါဟာရနှင့် ဖော်ပြချက်များအား ပြောဆိုနိုင်မည်။

အဓိက သဒ္ဒါ

- -는/(으)ㄴ/(으)ㄹ 뒤? / ခဲ့တဲ့/ မယ့် • -(으)ㄴ 지 ~ 되다 တာ...ပြီ
- -(으)ㄴ 적이 있다/없다 ဖူးသည်/ မ...ဖူးဘူး
- -는/(으)ㄴ/(으)ㄹ 것 같다 တယ်/ ခဲ့တယ်/ မယ်လို့ ထင်သည်
- -았/었으면 좋겠다 ခဲ့ရင် ကောင်းမည် • -보다 (더) ထက် (ပို)

ယဉ်ကျေးမှုအကြောင်း တစေ့တစောင်း

- ကိုရီးယား၌ အလုပ်ရှာဖွေခြင်း လုပ်ဆောင်မှု

◉ အသံဖိုင်ကို နားထောင်ရင်း အသံကျယ်ကျယ်ဖြင့် လိုက်ဖတ်၍ အရေး လေ့ကျင့်ခြင်းကိုလည်း
လုပ်ကြည့်ပါ။

🎧 15-1

구인 광고
ဝန်ထမ်းရှာဖွေသည့် ကြော်ငြာ

결정되다
ဆုံးဖြတ်ချက် ချသည်

연락하다
ဆက်သွယ်သည်

면접
အင်တာဗျူး

떨리다
ရင်တုန်သည်

지원하다
ထောက်ပံ့သည်

부서
ဌာန

영업부
အရောင်းဌာန

열심히
ကြိုးကြိုးစားစား

준비하다
ပြင်ဆင်သည်

꼭
သေချာပေါက်

합격하다
အောင်မြင်သည်

시원하다
အေးမြသည်၊ လန်းဆန်းသည်

크다
ကြီးသည်

빠르다
မြန်သည်

[🎤] ပုံနှင့် ကိုက်ညီသော ဝေါဟာရကို ရွေးပြီး ရေးပါ။

시원하다	면접	크다
구인 광고	합격하다	떨리다

①

_____

②

_____

③

_____

④

_____

⑤

_____

⑥

_____

정답 --- ① 면접 ② 시원하다 ③ 합격하다 ④ 구인 광고 ⑤ 떨리다 ⑥ 크다

15-2

꼬민	안녕하세요. 구인 광고를 보고 왔습니다.
사장	아 그러세요? 레스토랑에서 일해 본 적이 있으세요?
꼬민	네, 있습니다.
사장	어떤 일을 해 보셨어요?
꼬민	서빙을 해 봤습니다.
사장	일한 지는 얼마나 되셨어요?
꼬민	일한 지 2년 되었습니다.
사장	언제부터 일할 수 있으세요?
꼬민	다음 주부터 바로 일할 수 있습니다.
사장	알겠습니다. 결정이 되면 연락드리겠습니다.
꼬민	알겠습니다. 감사합니다.

ဘာသာပြန်

ကိုမင်း	မင်္ဂလာပါ။ ဝန်ထမ်းရှာဖွေတဲ့ ကြော်ငြာကို တွေ့ပြီး လာခဲ့တာပါ။
သူဌေး	သြော် ဟုတ်လား။ စားသောက်ဆိုင်မှာ အလုပ် လုပ်ဖူးတာရှိလား။
ကိုမင်း	ဟုတ်ကဲ့၊ ရှိပါတယ်။
သူဌေး	ဘယ်လိုအလုပ်ကို လုပ်ခဲ့ဖူးတာလဲ။
ကိုမင်း	စားပွဲထိုးအလုပ်ကို လုပ်ခဲ့ဖူးပါတယ်။
သူဌေး	အလုပ်လုပ်တာ ဘယ်လောက် ကြာပြီလဲ။
ကိုမင်း	အလုပ်လုပ်တာ ၂ နှစ် ကြာပါပြီ။
သူဌေး	ဘယ်အချိန်ကစပြီး အလုပ် လုပ်နိုင်မလဲ။
ကိုမင်း	နောက်အပတ်ကစပြီး ချက်ချင်း အလုပ်လုပ်နိုင်ပါတယ်။
သူဌေး	သိပါပြီ။ ဆုံးဖြတ်ချက် ချပြီးရင် ဆက်သွယ်လိုက်ပါ့မယ်။
ကိုမင်း	သိပါပြီ။ ကျေးဇူးတင်ပါတယ်။

마이클   모모 씨 지난주에 본 면접은 어땠어요?

모모   떨어져서 잘 못 본 것 같아요.

마이클   다른 회사에 더 지원했어요?

모모   네, 한 군데 더 지원했어요.

마이클   어느 부서에 지원했어요?

모모   영업부에 지원했어요. 이번 면접은
        지난번 면접보다 더 열심히 준비할
        거예요.

마이클   이번에는 꼭 합격했으면 좋겠네요.

ဘာသာပြန်

မိုက်ကယ် မိုးမိုး အရင်အပတ်က ဖြေခဲ့တဲ့
         အင်တာဗျူး ဘယ်လိုလဲ။

မိုးမိုး   ရင်တုန်လို့ သိပ်ပြီး မဖြေနိုင်ဘူး
         ထင်တယ်။

မိုက်ကယ် တခြားကုမ္ပဏီမှာ ထပ်
         လျှောက်ထားခဲ့လား။

မိုးမိုး   ဟုတ်ကဲ့၊ နောက်တစ်နေရာကို
         ထပ် လျှောက်ခဲ့ပါတယ်။

မိုက်ကယ် ဘယ်ဌာနကို လျှောက်ခဲ့တာလဲ။

မိုးမိုး   အရောင်းဌာနမှာ
         လျှောက်ခဲ့ပါတယ်။ ဒီတစ်ခေါက်
         အင်တာဗျူးကတော့
         အရင်တစ်ခေါက်
         အင်တာဗျူးထက် ပို
         ကြိုးကြိုးစားစား ပြင်ဆင်မှာပါ။

မိုက်ကယ် ဒီတစ်ခေါက်မှာတော့
         သေချာပေါက် အောင်မြင်ရင်
         ကောင်းမှာပဲ။

✱ အဓိက ဖော်ပြချက်ကို ကျက်ပြီး ဝေါဟာရကို ပြောင်းလဲ၍ ပုံစံအမျိုးမျိုး လေ့ကျင့်ကြည့်ပါ။

어떤 일을 해 보셨어요?
ဘယ်လို အလုပ်ကို လုပ်ခဲ့ဖူးလဲ။

서빙을 해 봤습니다.
စားပွဲထိုး အလုပ်ကို လုပ်ခဲ့ဖူးပါတယ်။

လုပ်ငန်းကိစ္စ

통역 စကားပြန်	번역 ဘာသာပြန်
사무 보조 ရုံးအကူ	서빙 စားပွဲထိုး
매장 관리 အရောင်းဆိုင် စီမံအုပ်ချုပ်ခြင်း	물건 판매 ပစ္စည်း ရောင်းချခြင်း
텔레마케팅 တယ်လီမာကတ်တင်း	배달 ပို့ဆောင်မှု

어느 부서에 지원했어요?
ဘယ်ဌာနကို လျှောက်ခဲ့တာလဲ။

영업부에 지원했어요.
အရောင်းဌာနမှာ လျှောက်ခဲ့ပါတယ်။

ဌာန

기획부 စီမံကိန်းဌာန	비서실 အတွင်းရေးမှူးရုံးခန်း
인사부 ဝန်ထမ်းရေးရာဌာန	영업부 အရောင်းဌာန
총무부 အထွေထွေရေးရာဌာန	회계부 စာရင်းကိုင်ဌာန
경영지원부(관리부) စီမံခန့်ခွဲရေးဌာန	마케팅부 မာကတ်တင်းဌာန
홍보부 ကြော်ငြာဌာန	생산부 ထုတ်လုပ်ရေးဌာန

 သဒ္ဒါ | 문법

❶ -는/(으)ㄴ/(으)ㄹ 는걸/ ခဲ့တဲ့/ မယ့်

① -는 는걸

အဖြစ်အပျက် သို့မဟုတ် လှုပ်ရှားမှုသည် ပစ္စုပ္ပန်၌ ဖြစ်ပေါ်နေသည့်အခါ သုံးသည့် အသုံးအနှုန်းဖြစ်သည်။

가는 곳 သွားတဲ့ နေရာ   읽는 책 ဖတ်တဲ့ စာအုပ်

먹는 음식 စားတဲ့ အစားအစာ   보는 영화 ကြည့်တဲ့ ရုပ်ရှင်

② -(으)ㄴ ခဲ့တဲ့

အဖြစ်အပျက် သို့မဟုတ် လှုပ်ရှားမှုသည် အတိတ်၌ ဖြစ်ပေါ်ခဲ့သည်ကို ဖော်ပြသော စကားလုံးဖြစ်သည်။ ကြိယာ၏ မူလအရင်းအမြစ်သည် အသတ်ဖြင့်ဆုံးလျှင် 은 အား သုံးပြီး၊ အသတ် မရှိလျှင် ㄴ အား သုံးသည်။

간 곳 သွားခဲ့တဲ့ နေရာ   읽은 책 ဖတ်ခဲ့တဲ့ စာအုပ်

먹은 음식 စားခဲ့တဲ့ အစားအစာ   본 영화 ကြည့်ခဲ့တဲ့ ရုပ်ရှင်

③ -(으)ㄹ မယ့်

အဖြစ်အပျက် သို့မဟုတ် လှုပ်ရှားမှုသည် အနာဂတ်၌ ဖြစ်ပေါ်လာမည်ကို ဖော်ပြသည့် စကားလုံးဖြစ်သည်။ ကြိယာ၏ မူလအရင်းအမြစ်သည် အသတ်ဖြင့် ဆုံးလျှင် 을 အား သုံးပြီး၊ အသတ် မရှိလျှင် ㄹ အား သုံးသည်။

갈 곳 သွားမယ့် နေရာ   읽을 책 ဖတ်မယ့် စာအုပ်

먹을 음식 စားမယ့် အစားအစာ   볼 영화 ကြည့်မယ့် ရုပ်ရှင်

❷ -(으)ㄴ 지 ~ 되다 တာ...ပြီ

ကြိယာ၌ ကပ်၍ အရှေ့စကားအား ဖြစ်ပေါ်စေသည့် အပြုအမူ၏ ပြီးဆုံးချိန်သည် မည်မျှကုန်ဆုံးသည်ကို ဖော်ပြသည့် အသုံးအနှုန်းဖြစ်သည်။

받침 ○	-은 지	먹다 + 은 지 읽다 + 은 지	먹은 지 읽은 지
받침 ×, ㄹ 받침 (ㄹ 탈락)	-ㄴ 지	배우다 + ㄴ 지 일하다 + ㄴ 지 살다 + ㄴ 지	배운 지 일한 지 산 지

한국에서 일한 지 3년 됐어요. ကိုရီးယားမှာ အလုပ်လုပ်တာ ၃ နှစ် ရှိပြီ။

밥을 먹은 지 1시간 됐어요. ထမင်းစားပြီးတာ ၁ နာရီ ကြာပြီ။

❸ –(으)ㄴ 적이 있다/없다 ဖူးသည်/ မ...ဖူးဘူး

ကြိယာ သို့မဟုတ် နာမဝိသေသန�နှင့် ကပ်၍ အရှေ့စကားအား ဖြစ်ပေါ်စေသည့် လှုပ်ရှားမှု
ထွက်ပေါ်လာခြင်း သို့မဟုတ် ထို အခြေအနေ ထွက်ပေါ်လာသည့် အချိန်အား ဖော်ပြသည့်
အသုံးအနှုန်းဖြစ်သည်။

이 책을 읽은 적이 있어요. ဒီစာအုပ်ကို ဖတ်ဖူးတယ်။
여기에 온 적이 없어요. ဒီကို မလာဖူးဘူး။

❹ –는/(으)ㄴ/(으)ㄹ 것 같다 တယ်/ ခဲ့တယ်/ မယ်လို့ ထင်သည်

ကြိယာ၊ နာမဝိသေသန, 이다/아니다 ၌ ကပ်၍ အရှေ့စကား ဖြစ်ပေါ်လာသည့် လှုပ်ရှားမှု
သို့မဟုတ် အခြေအနေအား ခန့်မှန်းသည့်အခါ သုံးသည့် အသုံးအနှုန်းဖြစ်သည်။

지금 밖에 비가 오는 것 같아요. အခု အပြင်မှာ မိုးရွာနေတယ်လို့ ထင်တယ်။
이 옷은 클 것 같아요. ဒီ အင်္ကျီက ကြီးမယ်လို့ ထင်တယ်။
그 사람은 선생님인 것 같아요. အဲဒီလူက ဆရာလို့ ထင်တယ်။

❺ –았/었으면 좋겠다 ခဲ့ရင် ကောင်းမှာပဲ

ကြိယာ၊ နာမဝိသေသန, 이다/아니다 ၌ ကပ်၍ လက်တွေ့အဖြစ်အပျက်နှင့် အခြားသော
ဖြစ်ရပ်မှန်အား ယူဆချက်ဖြင့် ဖော်ပြသည့် အဆုံးသတ်စကားလုံး ဖြစ်သည်။

ㅏ, ㅗ	-았으면 좋겠다	가다 + 았으면 좋겠다 오다 + 았으면 좋겠다	갔으면 좋겠다 왔으면 좋겠다
ㅏ, ㅗ 이외	-었으면 좋겠다	먹다 + 었으면 좋겠다 쉬다 + 었으면 좋겠다	먹었으면 좋겠다 쉬었으면 좋겠다
-하다	-했으면 좋겠다	시원하다 일하다	시원했으면 좋겠다 일했으면 좋겠다

❻ 보다 (더) ထက် (ပို)

နာမ်၌ ကပ်၍ တစ်ခုခုနှင့် နှိုင်းယှဉ်သည့် အခါတွင် အသုံးပြုသည်။ 더 အား အသုံးပြု၍ ရသကဲ့လို့
အသုံးမပြုလည်း ရသည်။

친구가 나보다 공부를 잘해요. သူငယ်ချင်းက ငါ့ထက် စာတော်တယ်။
지하철이 버스보다 더 빨라요. မြေအောက်ရထားက ဘတ်စ်ကားထက် ပိုမြန်တယ်။

အကြား လေ့ကျင့်မှု | 듣기 연습

1 စကားပြောအား နားထောင်ပြီး အချင်းချင်း မှန်ကန်အောင် ဆက်သွယ်ကြည့်ပါ။

🎧 15-4

(1) ကိုမင်း   •

    • ကိုရီးယားစာကို သင်ယူသည် •

    • ၁ နှစ်

(2) မိုးမိုး   •

    • ကိုရီးယားကို လာသည်   •

    • တစ်ပတ်

(3) မိုက်ကယ်   •

    • ဒီအလုပ်ကို လုပ်သည်   •

    • ၂ နှစ်

(4) ဆူဂျီ   •

    • အိမ်ပြောင်းခဲ့သည်   •

    • ၆ လ

2 အောက်ပါ စကားပြောအား နားထောင်ပြီး အကြောင်းအရာနှင့် ကိုက်ညီလျှင် ○, မကိုက်ညီလျှင် × ဟု ဖော်ပြပါ။

🎧 15-5

(1) ယောက်ျားလေးက ၂၄ နာရီစတိုးကို ပစ္စည်းဝယ်ဖို့ သွားခဲ့သည်။ ( )

(2) ယောက်ျားလေးက အလုပ်လုပ်တာ တစ်ပတ် ရှိပြီ။ ( )

(3) ယောက်ျားလေးက ကော်ဖီဆိုင်မှာ အလုပ်လုပ်ဖူးသည်။ ( )

(4) ယောက်ျားလေးသည် အလုပ်လုပ်ရင်း ကိုရီးယားစာကို လေ့လာသည်။ ( )

1 နမူနာနှင့်အတူ ဝါကျကို ပြီးပြည့်စုံအောင် တည်ဆောက်ပါ။

နမူနာ

배가 고파서 빨리 밥을 <u>먹었으면 좋겠어요</u>. (먹다)

(1) 한국어를 _____. (잘하다)

(2) 주말에 날씨가 _____. (좋다)

(3) 내일 경기에서 _____. (이기다)

(4) 도서관에서 책을 _____. (읽다)

(5) 너무 힘들어서 내일 _____. (쉬다)

2 နမူနာနှင့်အတူ ဝါကျကို ပြီးပြည့်စုံအောင် တည်ဆောက်ပါ။

နမူနာ

비가 <u>온 것 같아요</u>. (오다)

(1) 옷이 _____. (크다)

(2) 날씨가 _____. (좋다)

(3) 버스를 _____. (놓치다)

(4) 엄마가 _____. (화나다)

(5) 시험을 잘 _____. (보다)

✱ အောက်ပါတို့ကို ဖတ်ပြီး အကြောင်းအရာနှင့် ကိုက်ညီလျှင် ○၊ ကွဲပြားလျှင် ✕ ဟု ဖော်ပြပါ။

직원을 구합니다

- 근무 시간
  - 주간: 09:00 ~ 18:00
  - 야간: 23:00 ~ 06:00
- 근무 요일: 월요일~금요일(주 5일)
- 급여: 면접 후 결정
- 연령: 20 ~ 30세

※ 경력자 우대/초보자 가능

서울시 강남구 AB 편의점
문의: 010 – 1234 – 5678

(1) 이 편의점은 일할 사람을 구하고 있다. (　　)

(2) 20세부터 39세까지 일할 수 있다. (　　)

(3) 급여는 면접 후 결정한다. (　　)

(4) 초보자는 지원할 수 없다. (　　)

∗ ㄴ 첨가 (1)

🎧 15-6

အရှေ့စကား၏ နောက်ဆုံးအသံထွက်သည် [ㄱ, ㄴ, ㄷ, ㅁ, ㅂ, ㅇ] နှင့် ဆုံးပြီး အနောက်၌ သရ [이, 야, 여, 요, 유] နှင့် တွေ့လျှင် ㄴ အသံအား ပေါင်းစပ်ကာ [니, 냐, 녀, 뇨, 뉴] ဟု အသံထွက်ရသည်။

> ## 맨입 [맨닙]

담요 [담뇨]   논일 [논닐]
솜이불 [솜니불]   한여름 [한녀름]
식용유 [시굥뉴]   신도림역 [신도림녁]

● ㄴ ပေါင်းစပ် + နူသံ *အခန်း(၁၀)အား ရည်ညွှန်းသည်

막일 [막닐→망닐]   헛일 [헛닐→헏닐→헌닐]
꽃잎 [꼳입→꼳닙→꼰닙]   색연필 [색년필→생년필]
수업용 [수업뇽→수엄뇽]   장식용 [장식뇽→장싱뇽]

※ အသုံးပြုမှု ခြင်းချက်

금융: [금늉] (O), [그뮹] (O) – နှစ်မျိုးလုံး အသုံးပြု
검열: [검녈] (O), [거멸] (O) – နှစ်မျိုးလုံး အသုံးပြု
목요일: [모교일] (O), [몽뇨일] (×)
금요일: [그묘일] (O), [금뇨일] (×)

ကိုရီးယား၌ အလုပ်ရှာဖွေခြင်း လုပ်ဆောင်မှု

ကိုရီးယား၌ အလုပ်ရှာဖွေသည့်အခါ အလုပ်ရှာဖွေရေး အေဂျင်စီရုံးခန်း၊ ထို့အပြင် အွန်လိုင်း ဝက်ဆိုဒ်တွင် အလုပ်ရှာဖွေသည့် အချက်အလက်များအား ရယူနိုင်သည်။ အလုပ်ရှာဖွေရေးအေဂျင်စီ၌ အလုပ်နေရာအား မိတ်ဆက်သည့် အခါတိုင်း ဝန်ဆောင်ခအား ယူကြသည်။ အွန်လိုင်း အလုပ်ရှာဖွေရေးဝက်ဆိုဒ်သည် ပုဂ္ဂလိက အချက်အလက်နှင့် ကိုယ်ရေးအချက်အလက်အား အစဉ်လိုက်ဖော်ပြထားကာ မိမိ စိတ်ဝင်စားသည့် ဌာန နယ်ပယ်၏ သတ်မှတ်ချက်နှင့် ကိုက်ညီသည့် အလုပ်နေရာအား မိတ်ဆက်ခြင်းကို အွန်လိုင်းမှတဆင့် လုပ်ဆောင်ပေးလျှက်ရှိသည်။ ထို့အပြင် ကိုရီးယား၌ ကုမ္ပဏီကြီးများထံ အလုပ်ဝင်လိုလျှင် သက်ဆိုင်ရာ ကြော်ငြာစာ သို့မဟုတ် အရေးကြီးသည့် အချက်အလက်များအား သတ်မှတ်ထားသည့် အွန်လိုင်း ဝက်ဆိုဒ်တွင် ကြည့်ရှုနိုင်သည်။ ကိုရီးယားလူမျိုးများ အသုံးအများဆုံး အလုပ်ရှာဖွေသည့် ဝက်ဆိုဒ်မှာ 사람인(ဆာရာမင်းနံ)၊ 잡코리아(ဂျပ်ကိုရီးယား)၊ 벼룩시장(ဗျောလူ့ဂ်ရှီဂျန်းင်)၊ 알바천국(အားလ်ဘာချော့န်းဂွ်) စသည်တို့ ရှိသည်။

ကိုရီးယား၌ အလယ်အလတ်တန်းစား လုပ်ငန်းများတွင် လျှောက်ထားလိုသည့် မူဝါဒနှင့် အလုပ်နေရာ များစွာရှိသည်။ အထူးသဖြင့် ဘရန်းတံဆိပ်၏ ပို့ကုန်များ များလာသည့်အလျောက် နိုင်ငံခြားသား အလုပ်သမားများအား ဖိတ်ခေါ်သည့် နိုင်ငံခြားသား လုပ်သားအသုံးပြုခြင်းကိုလည်း လက်တွေ့လုပ်ဆောင်လျှက်ရှိသည်။ ထို့ ရလဒ်အရ အိမ်နီးချင်း အာရှနိုင်ငံများမှ အလုပ်သမားများ လာရောက်လုပ်ကိုင်ကြသည့် ပန်းတိုင်နေရာတစ်ခု ဖြစ်သည်။ ထို့အပြင် နိုင်ငံခြားသား ပညာတော်သင်ကျောင်းသားများလည်း အချိန်ပိုင်းအလုပ် လုပ်ကိုင်နိုင်ပြီး လူဝင်မှုကြီးကြပ်ရေးရုံးမှ အချိန်အလိုက် အလုပ်ဝင်ရန် ခွင့်ပြုမိန့်အား လျှောက်ထားနိုင်သည်။ ကျောင်းသား၏ ဗီဇာအလိုက် တစ်ပတ်လျှင် ၁၀ နာရီမှ နာရီ ၃၀ အထိ အချိန်အလိုက် အလုပ်ဝင်နိုင်သည့် ခွင့်ပြုချက်လည်း ရယူနိုင်သည်။

ဆာရာမင်းနံ

ဗျောလူ့ဂ်ရှီဂျန်းင်

အားလ်ဘာချော့န်းဂွ်

အခန်း

16

လူဝင်မှုကြီးကြပ်ရေး၊ နေထိုင်ခွင့်
출입국, 체류

လေ့လာရခြင်း ရည်ရွယ်ချက်

- လူဝင်မှုကြီးကြပ်ရေး သို့မဟုတ် နေထိုင်ခွင့်နှင့် ပတ်သက်သည့် ကိစ္စရပ်များ၌ လိုအပ်သော ဝေါဟာရနှင့် အသုံးအနှုန်းများကို သင်ယူနိုင်ပြီး ၎င်းတို့ကို အသုံးပြုနိုင်မည်။

အဓိက သဒ္ဒါ

- -(으)러 가다/오다 မလို့ သွားသည်/ လာသည်   • -(으)려면 ဖို့ဆိုရင်
- -고 나서 ပြီးတဲ့နောက်   • -(으)니까 လို့/ သောကြောင့်
- -아/어야 되다 မှ ဖြစ်မည်/ ရမည်

ယဉ်ကျေးမှုအကြောင်း တစေ့တစောင်း

- လူဝင်မှုကြီးကြပ်ရေး၊ နေထိုင်ခွင့် လုပ်ငန်းကိစ္စ

⑦ အသံဖိုင်ကို နားထောင်ရင်း အသံကျယ်ကျယ်ဖြင့် လိုက်ဖတ်၍ အရေး လေ့ကျင့်ခြင်းကိုလည်း လုပ်ကြည့်ပါ။

16-1

여권 နိုင်ငံကူးလက်မှတ်၊ ပတ်စ်စပို့	보여주다 ပြပေးသည်	관광하다 လှည့်လည်ကြည့်ရှုသည်
머물다 တည်းခိုသည်	연장 တိုးခြင်း	수수료 ဝန်ဆောင်ခ
납부하다 ပေးသွင်းသည်	깨끗하다 သန့်ရှင်းသည်	닦다 တိုက်သည်
세제 ဆပ်ပြာမှုန့်	졸업하다 ဘွဲ့ရသည်	숙제하다 အိမ်စာလုပ်သည်
게임하다 ဂိမ်းကစားသည်	밥 ထမင်း	편하다 အဆင်ပြေသည်

[🔊] ပုံနှင့် ကိုက်ညီသော ဝေါဟာရကို ရွေးပြီး ရေးပါ။

여권	세제	밥
졸업하다	게임하다	닦다

①

_____

②

_____

③

_____

④

_____

⑤

_____

⑥

_____

정답 --- ① 세제 ② 졸업하다 ③ 닦다 ④ 여권 ⑤ 밥 ⑥ 게임하다

 16-2

출입국 직원	안녕하세요. 여권을 보여주십시오.
마이클	네, 여기 있습니다.
출입국 직원	한국에 무슨 일로 오셨습니까?
마이클	관광하러 왔습니다.
출입국 직원	한국에 얼마 동안 머무실 예정이신가요?
마이클	5일 동안 머물 겁니다.
출입국 직원	어디서 머무십니까?
마이클	동대문 라마다 호텔에서 머물 겁니다.
출입국 직원	네, 여권 여기 있습니다. 즐거운 여행 하세요.

ဘာသာပြန်

လဝက ဝန်ထမ်း	မင်္ဂလာပါ။ ပတ်စ်ပို့ ပြပေးပါ။
မိုက်ကယ်	ဟုတ်ကဲ့၊ ဒီမှာ ပါ။
လဝက ဝန်ထမ်း	ကိုရီးယားကို ဘာကိစ္စနဲ့ လာတာလဲ။
မိုက်ကယ်	လျှောက်လည်ဖို့ လာတာပါ။
လဝက ဝန်ထမ်း	ကိုရီးယားမှာ ဘယ်လောက်နေဖို့ စီစဉ်ထားလဲ။
မိုက်ကယ်	၅ ရက် နေမှာပါ။
လဝက ဝန်ထမ်း	ဘယ်မှာ တည်းခိုမှာလဲ။
မိုက်ကယ်	ဒုန်ဒယ်မွှန်း ရာမာဒါ ဟိုတယ်မှာ တည်းခိုမှာပါ။
လဝက ဝန်ထမ်း	ဟုတ်ကဲ့၊ ပတ်စ်ပို့ ဒီမှာပါ။ ပျော်ရွှင်စရာကောင်းတဲ့ ခရီးဖြစ်ပါစေ။

직원   안녕하세요. 어떻게 오셨습니까?

꼬민   비자 연장을 신청하려면 어떻게 해야
       되나요?

직원   이 신청서를 작성하세요.
       신분증을 가지고 오셨나요?

꼬미   네 여기 있습니다.

직원   저쪽에서 수수료를 납부하시고 나서 다시
       오시겠습니까?

꼬민   네, 알겠습니다.

(납부 후)

직원   2주 정도 걸리니까 그 후에 오셔서 찾아
       가시면 됩니다.

꼬민   감사합니다.

ဘာသာပြန်

ဝန်ထမ်း   မင်္ဂလာပါ။ ဘာကိစ္စနဲ့ လာပါသလဲ။

ကိုမင်း   ဗီဇာသက်တမ်းတိုး လျှောက်ဖို့ဆိုရင်
       ဘယ်လိုလုပ်ရမလဲ။

ဝန်ထမ်း   ဒီ လျှောက်လွှာကို ဖြည့်ပါ။
       မှတ်ပုံတင် ယူလာပါသလား။

ကိုမင်း   ဟုတ်ကဲ့ ဒီမှာ ပါ။

ဝန်ထမ်း   ဟိုဘက်မှာ ဝန်ဆောင်ခကို
       ပေးချေပြီး ပြန်လာခဲ့ပေးပါလား။

ကိုမင်း   ဟုတ်ကဲ့၊ သိပါပြီ။

(ငွေသွင်းပြီးနောက်)

ဝန်ထမ်း   ၂ ပတ်လောက် ကြာမှာမို့လို့
       အဲဒီအချိန်လောက်မှ လာထုတ်ရင်
       ရပါပြီ။

ကိုမင်း   ကျေးဇူးတင်ပါတယ်။

စကားပြော လေ့ကျင့်ခြင်း | 회화 연습

✱ အဓိက ဖော်ပြချက်ကို ကျက်ပြီး ဝေါဟာရကို ပြောင်းလဲ၍ ပုံစံအမျိုးမျိုး လေ့ကျင့်ကြည့်ပါ။

> 한국에 무슨 일로 오셨습니까?
> ကိုရီးယားကို ဘာကိစ္စနဲ့ လာခဲ့ပါသလဲ။

> 관광하러 왔습니다.
> လျှောက်လည်ဖို့ လာခဲ့တာပါ။

နိုင်ငံအတွင်းသို့ ဝင်ရောက်ခြင်း ရည်ရွယ်ချက်

유학하다 နိုင်ငံခြားတွင် ပညာသင်သည်	사업하다 လုပ်ငန်းလုပ်သည်
미팅하다 Meeting လုပ်သည်	세미나에 참석하다 ဆွေးနွေးပွဲသို့ တက်ရောက်သည်
출장 오다 အလုပ်ကိစ္စဖြင့် လာသည်	어학연수하다 ဘာသာစကား သင်ယူသည်
취업하다 အလုပ်ဝင်သည်	관광하다 လှည့်လည်ကြည့်ရှုသည်
진료 받다 စမ်းသပ်ကုသမှု ခံယူသည်	가족을 만나다 မိသားစုကို တွေ့ဆုံသည်

လူဝင်မှုကြီးကြပ်ရေး နေထိုင်ခွင့် လုပ်ငန်းကိစ္စ

비자를 신청하다 ဗီဇာ လျှောက်ထားသည်	비자 연장을 신청하다 ဗီဇာသက်တမ်းတိုး လျှောက်ထားသည်
외국인등록을 신청하다 နိုင်ငံခြားသားမှတ်ပုံတင် လျှောက်ထားသည်	외국인등록증을 발급받다 နိုင်ငံခြားသားမှတ်ပုံတင်ကတ် ထုတ်ယူရရှိသည်
○○을 재발급받다 ○○ ပြန်လည်ထုတ်ယူသည်	주소 변경 신고를 하다 လိပ်စာပြောင်းလဲခြင်း အကြောင်းကြားသည်
체류 기간을 연장하다 နေထိုင်ခွင့် သက်တမ်းတိုးသည်	체류 자격을 변경하다 နေထိုင်ခွင့်အမျိုးအစား ပြောင်းလဲသည်
영주권을 신청하다 အမြဲတမ်းနေထိုင်ခွင့် လျှောက်ထားသည်	귀화 신청을 하다 နိုင်ငံသားဖြစ်ခွင့် လျှောက်ထားသည်

သဒ္ဒါ | 문법

❶ -(으)러 가다/오다 ဖို့ သွားသည်/ လာသည်

ကြိယာဒ္၌ ကပ်၍ သွားရန် သို့မဟုတ် လာရန် လှုပ်ရှားမှု၏ ရည်ရွယ်ချက်ကို ဖော်ပြသည်။

| 받침 ○ | -으러 | 먹다 + 으러
읽다 + 으러 | 먹으러
읽으러 |
| 받침 ×,
ㄹ 받침 | -러 | 보다 + 러
일하다 + 러
살다 + 러 | 보러
일하러
살러 |

지금 밥을 먹으러 가요. အခု ထမင်း စားဖို့ သွားတယ်။
영화를 보러 가요. ရုပ်ရှင် ကြည့်ဖို့ သွားတယ်။

❷ -(으)려면 ဖို့ဆိုရင်

ကြိယာဒ္၌ ကပ်၍ အပြုအမူတစ်ခုခုအား လုပ်မည့် ရည်ရွယ်ချက် သို့မဟုတ် ရည်ရွယ်ထားသည့် အတွေးရှိသည့် အခြေအနေအား ယာယီသတ်မှတ်သည့်အခါ အသုံးပြုသော စကားဆက်ဖြစ်သည်။

| 받침 ○ | -으려면 | 먹다 + 으려면
읽다 + 으려면
닦다 + 으려면 | 먹으려면
읽으려면
닦으려면 |
| 받침 ×,
ㄹ 받침 | -려면 | 가다 + 려면
끝나다 + 려면
시작하다 + 려면
살다 + 려면 | 가려면
끝나려면
시작하려면
살려면 |

깨끗하게 닦으려면 세제가 필요해요.
သန့်ရှင်းအောင် တိုက်ဖို့ဆိုရင် ဆပ်ပြာမှုန့် လိုအပ်တယ်။
공항에 가려면 공항버스를 타세요.
လေဆိပ်ကို သွားဖို့ဆိုရင် လေဆိပ်ဘတ်စ်ကားကို စီးပါ။

❸ -고 나서 ပြီးတဲ့နောက်

ကြိယာဒ္၌ ကပ်၍ အရှေ့စကားမှ ထွက်ပေါ်လာသည့် လှုပ်ရှားမှုသည် ပြီးဆုံးပြီဖြစ်ကြောင်း ဖော်ပြသော အသုံးအနှုန်းဖြစ်သည်။

밥을 먹고 나서 운동을 했어요. ထမင်းစားပြီးတဲ့နောက် အားကစားလုပ်ခဲ့တယ်။
숙제를 하고 나서 게임을 했어요. အိမ်စာ လုပ်ပြီးတဲ့နောက် ဂိမ်းကစားခဲ့တယ်။

❹ -(으)니까 လို့/သောကြောင့်

ကြိယာ၊ နာမဝိသေသန၊ 이다/아니다 ၌ ကပ်၍ အနောက်မှ လာသည့် စကားနှင့် ပတ်သက်ပြီး အရှေ့မှ လာသော စကား၏ အကြောင်းအရင်း သို့မဟုတ် အရင်းအမြစ်၊ ကြိုတင်ခန့်မှန်းခြင်းကို အလေးပေးဖော်ပြသည့် စကားဆက်ဖြစ်သည်။

받침 ○	-으니까	먹다 + 으니까 읽다 + 으니까 앉다 + 으니까 많다 + 으니까	먹으니까 읽으니까 앉으니까 많으니까
받침 ×, ㄹ 받침 (ㄹ 탈락)	-니까	끝나다 + 니까 바쁘다 + 니까 시작하다 + 니까 알다 + 니까	끝나니까 바쁘니까 시작하니까 아니까

시험이 끝나니까 마음이 편해요. စာမေးပွဲ ပြီးလို့ စိတ်ချမ်းသာတယ်။

졸업하니까 정말 좋네요. ဘွဲ့ရလို့ တကယ် ကောင်းလိုက်တာ။

❺ -아/어야 되다 မှ ဖြစ်မည်/ ရမည်

ကြိယာနှင့် နာမဝိသေသနနှင့် ကပ်၍ သေချာပေါက် ၎င်းသည် လိုအပ်ခြင်း သို့မဟုတ် တာဝန်ဝတ္တရားရှိခြင်းကို ဖော်ပြသည့် အသုံးအနှုန်းဖြစ်သည်။ ကြိယာနှင့် နာမဝိသေသနနှင့် မူလအရင်းအမြစ်၏ နောက်ဆုံးစာလုံးသည် ㅏ, ㅗ ဖြစ်လျှင် -아야 되다, ကျန်သည့် သရများဖြစ်လျှင် -어야 되다, 하다 သည် -해야 되다 ဟု ပြောင်းရမည်။

ㅏ, ㅗ	-아야 되다	가다 + 아야 되다 오다 + 아야 되다 바쁘다 + 아야 되다	가야 되다 와야 되다 바빠야 되다
ㅏ, ㅗ 이외	-어야 되다	먹다 + 어야 되다 배우다 + 어야 되다 크다 + 어야 되다	먹어야 되다 배워야 되다 커야 되다
-하다	-해야 되다	일하다 운동하다	일해야 되다 운동해야 되다

일해야 돼요. အလုပ် လုပ်ရမယ်။

운동해야 돼요. အားကစား လုပ်ရမယ်။

အကြား လေ့ကျင့်မှု | 듣기 연습

1 စကားပြောကို နားထောင်ပြီး မေးခွန်းအား ဖြေဆိုပါ။

🎧 16-4

(1) ယောက်ျားလေး၏ ဤနေရာအား လည်ပတ်ရသည့် အကြောင်းအရင်းကို ရေးပါ။

_____

(2) ဝန်ဆောင်ခ �’ဘယ်လောက်လဲဆိုတာ ရေးပါ။

_____

(3) ယောက်ျားလေး လျှောက်ထားသည့် ကိစ္စသည် အချိန်မည်မျှကြာသလဲဆိုတာ ရေးပါ။

_____

2 အောက်ပါ စကားပြောကို နားထောင်ပြီး အကြောင်းအရာနှင့် ကိုက်ညီလျှင် ○ မကိုက်ညီလျှင် ✕ ဟု ဖော်ပြပါ။

🎧 16-5

(1) ယောက်ျားလေးကတော့ ပတ်စ်စပို့ ရှိသည်။ (   )

(2) ယောက်ျားလေးကတော့ လျှောက်လည်ဖို့ လာခဲ့သည်။ (   )

(3) ယောက်ျားလေးကတော့ နိုင်ငံခြားသားမှတ်ပုံတင်ကတ် ရှိသည်။ (   )

(4) ပြည်ဝင် ပြီးသည့်နောက် နိုင်ငံခြားသားမှတ်ပုံတင်ကတ် ချက်ချင်း လိုအပ်သည်။ (   )

아래· 레웨꺼늣징뎌 | 쓰기 연습

1 네무돼나늣 아투 와꺼꼬 삐뎌빼뎌쯰뽕아응 따읻쒜아꺼뻐။

> **네무뎌나**
>
> 비가 <u>오니까</u> 우산을 가져 가세요. (오다)

(1) 키가 _____ 좋겠어요. (크다)

(2) 머리가 _____ 약을 먹어요. (아프다)

(3) 날씨가 _____ 소풍을 가요. (좋다)

(4) 바지가 _____ 교환해 주세요. (작다)

(5) 시험이 _____ 공부를 많이 해요. (어렵다)

2 네무돼나늣 아투 와꺼꼬 삐뎌빼뎌쯰뽕아응 따읻쒜아꺼뻐။

> **네무뎌나**
>
> 지금 <u>가야</u> 돼요. (가다)

(1) 오늘은 일찍 _____. (출근하다)

(2) 한국어 시험을 _____. (준비하다)

(3) 하루에 2번 약을 _____. (먹다)

(4) 면접이 있어서 정장을 _____. (입다)

(5) 내일 시험이어서 _____. (공부하다)

✽ အောက်ပါတို့ကို ဖတ်ပြီး မေးခွန်းကို ဖြေဆိုပါ။

통합신청서 (신고서)
APPLICATION FORM (REPORT FORM)

□ 업무선택 SELECT APPLICATION

[ ] 외국인 등록 FOREIGN RESIDENT REGISTRATION	[ ] 체류자격외 활동허가 (희망 자격 :　　　) ENGAGE IN ACTIVITIES NOT COVERED BY THE STATUS OF SOJOURN / Status to apply for (　　　)
[ ] 등록증 재발급 REISSUANCE OF REGISTRATION CARD	[ ] 근무처변경 · 추가허가 / 신고 CHANGE OR ADDITION OF WORKPLACE
[✓] 체류기간 연장허가 EXTENSION OF SOJOURN PERIOD	[ ] 재입국허가 (단수, 복수) REENTRY PERMIT (SINGLE, MULTIPLE)
[ ] 체류자격 변경허가 (희망 자격 :　　　) CHANGE OF STATUS OF SOJOURN / Status to apply for (　　)	[ ] 체류지 변경신고 ALTERATION OF RESIDENCE
[ ] 체류자격 부여 (희망 자격 :　　　) GRANTING STATUS OF SOJOURN / Status to apply for (　　)	[ ] 등록사항 변경신고 CHANGE OF INFORMATION ON FOREIGN RESIDENT REGISTRATION

성 명 Name In Full	성 Surname	명 Given names	漢字姓名
	AUNG	KO MIN	

생년월일 Date of Birth	년 yy	월 mm	일 dd	성 별 Sex	[✓]남 M [ ]여 F	국 적 Nationality/ Others	
	1993	07	07				미얀마
외국인등록번호 Foreign Resident Registration No. (If any)							

여권 번호 Passport No.	MB123456	여권 발급일자 Passport Issue Date	2019.05.02	여권 유효기간 Passport Expiry Date	2024.05.01
대한민국 내 주소 Address In Korea	경기도 안산시 단원구 구부로 78				

전화 번호 Telephone No.		휴대 전화 Cell phone No.	010-1234-5678

(1) ကိုမင်း ဘာကို လျှောက်ထားခဲ့သလဲဆိုတာ ရေးပါ။

_____

(2) ကိုမင်း ဘယ်မှာ နေသလဲဆိုတာ ရေးပါ။

_____

(3) ကိုမင်း ဘယ်နိုင်ငံကနေ လာခဲ့သလဲဆိုတာ ရေးပါ။

_____

* ㄴ 첨가 (2) 🎧 16-6

အရှေ့စကား၏ အသတ် ㄹ သည် ၎င်း အနောက်၌ သရ [이, 야, 여, 요, 유] နှင့် တွေ့လျှင် ㄴ အသံအား ပေါင်းစပ်ကာ [니, 냐, 녀, 뇨, 뉴] ဟု အသံထွက်ရသည်။ ထိုအချိန်၌ အရှေ့စကား အသတ် ㄹ ၏ လွှမ်းမိုးမှုအနေဖြင့် [니, 냐, 녀, 뇨, 뉴] အား [리, 랴, 려, 료, 류] ဟု အသံထွက်သည့် အသံထွက်ဖြစ်စဉ် ပေါ်ပေါက်လာသည်။ *အခန်း(၉)အား ရည်ညွှန်းသည်

알약 [알냑→알략]

물약 [물냑→물략] 물엿 [물녇→물렫]
솔잎 [솔입→솔닙→솔립] 풀잎 [풀입→풀닙→풀립]
할 일 [할닐→할릴] 휘발유 [휘발뉴→휘발류]
서울역 [서울녁→서울력] 열여덟 [열녀덜→열려덜]

※ အသုံးပြုမှု ခြင်းချက်

절약: [저략] (O), [절략] (×)
일요일: [이료일] (O), [일료일] (×)
월요일: [워료일] (O), [월료일] (×)
송별연: [송벼련] (O), [송별련] (×)

လူဝင်မှုကြီးကြပ်ရေး၊ နေထိုင်ခွင့် လုပ်ငန်းကိစ္စ

လူဝင်မှုကြီးကြပ်ရေး နိုင်ငံခြားသားရုံး (ရုံးဌာန) (출입국 외국인청(사무소)) သည် ကိုရီးယားနိုင်ငံအတွင်းသို့ ဝင်ရောက်ခြင်း သို့မဟုတ် နိုင်ငံမှ ထွက်ခွာသည့် လူနှင့်ပတ်သက်၍ လူဝင်မှုကြီးကြပ်ရေးသည် အသေးစိတ်စစ်ဆေးခြင်းနှင့် သက်ဆိုင်ရာဒေသအသီးသီးရှိ နိုင်ငံခြားသားများအား ထိန်းသိမ်းပြီး အမြဲတမ်းနေထိုင်ခွင့်၊ နိုင်ငံသား၊ ဗီဇာ စသည့်တို့နှင့် ပတ်သက်သည့် လုပ်ငန်းကိစ္စများကို တာဝန်ယူသော အစိုးရဌာန တစ်ခုဖြစ်သည်။

လူဝင်မှုကြီးကြပ်ရေး နိုင်ငံခြားသားရုံး (ရုံးဌာန) သည် တစ်နိုင်ငံလုံး ၁၉ နေရာ ရှိပြီး တာဝန်ယူသော ဒေသ၏ ရုံးဌာန၌ လုပ်ငန်းမစတင်မီ ကြိုတင်လျှောက်ထားမှ လုပ်ငန်းကိစ္စများကို လုပ်နိုင်မည်။ ထိုအစား နိုင်ငံခြားသားမှတ်ပုံတင်ကတ် ထုတ်ပေးရန်အတွက် သီးခြား ကြိုတင်ချိန်းဆိုရန် (방문 예약) ရန် မလိုအပ်ပေ။ ကြိုတင်စာရင်းပေးဝန်ဆောင်မှုအား အသုံးပြုရန်အတွက် နိုင်ငံခြားသားများအတွက် နေထိုင်ခွင့်ဆိုင်ရာ

| HIKOREA

အချက်အလက်များကို ကိုင်တွယ်စီမံသည့် HIKOREA(www.hikorea.go.kr) ဝက်ဆိုက်၌ ဝင်ရောက်၍ ကိုယ်ပိုင်အချက်အလက်များကို စာရင်းသွင်းပြီး ကြိုတင်သွားရောက်မည့် အချိန်ကို အသစ်သတ်မှတ်ပြီး လက်ခံနိုင်သည်။ ထို့အပြင် ထို ဝက်ဆိုက်၌ သွားရောက်မည့်အချိန်ကို ကြိုတင်စာရင်းပေးသည့်အပြင် အွန်လိုင်းဖြင့် အလည်ဗီဇာအား လျှောက်ထားနိုင်သည်။ ထိုကဲ့သို့ လျှောက်ထားရာ၌ အချက်အလက်၏ အသေးစိတ်စစ်ဆေးခြင်းလုပ်ငန်းစဉ်၊ ရလဒ်ကို အားလုံး စစ်ဆေးနိုင်သည်။ ထို ဝက်ဆိုက်၌ ကိုရီးယားသမ္မတနိုင်ငံ၌ နေထိုင်လျှက်ရှိသည့် နိုင်ငံခြားသားများဆီသို့ ဗီဇာ အမျိုးအစားနှင့် ဗီဇာနှင့် ဆက်စပ်သည့် အသေးစိတ်အား လမ်းညွှန်ပေးလျှက်ရှိသည်။

ထို့အပြင် မလဲည်ပတ်မီ လိုအပ်သည့် စာရွက်စာတမ်းနှင့် စုံစမ်းမေးမြန်းရန် ၁၃၄၅ နံပါတ်အား ဖုန်းခေါ်ဆို၍ ဘာသာစကား ၁၂ မျိုးဖြင့် ကျွမ်းကျင်သည့် ဝန်ထမ်းများနှင့် တိုင်ပင်နိုင်ပြီး မြန်မာဘာသာစကား အတိုင်ပင်ခံမှ တဆင့် လိုအပ်သည့် စာရွက်စာတမ်းနှင့် အခြေခံ ညွှန်ကြားချက်များကို လိုက်နာဆောင်ရွက်နိုင်မည်။

အဖြေ

정답

정답

제1과

〈듣기 연습〉

1. 01-4

(1) 여 이름이 뭐예요?
남 꼬민이에요.

မ နာမည်က ဘာလဲ။
ကျား ကိုမင်းပါ။

(2) 남 제시카 씨는 프랑스 사람이에요?
여 아니요, 저는 프랑스 사람이 아니에요.
저는 미국 사람이에요.

ကျား ဂျက်စီကာက ပြင်သစ်လူမျိုးလား။
မ ဟင့်အင်း၊ ကျွန်မကတော့
ပြင်သစ်လူမျိုး မဟုတ်ပါဘူး။ ကျွန်မက
အမေရိကန်လူမျိုးပါ။

(3) 남 수지 씨는 어느 나라 사람이에요?
여 저는 한국 사람이에요.

ကျား ဆူဂျီက ဘယ်နိုင်ငံ လူမျိုးလဲ။
မ ကျွန်မက ကိုရီးယားလူမျိုးပါ။

(4) 남 호민 씨는 중국 사람이에요?
여 아니요, 베트남 사람이에요.

ကျား ဟိုမင်းက တရုတ်လူမျိုးလား။
မ ဟင့်အင်း၊ ဗီယက်နမ်လူမျိုးပါ။

(1) ယောကျ်ားလေးရဲ့ နာမည်ကတော့ ကိုမင်းပါ။ (○)
(2) ဂျက်စီကာကတော့ အမေရိကန်လူမျိုးပါ။ (○)
(3) ဆူဂျီကတော့ ကိုရီးယားလူမျိုးပါ။ (○)
(4) ဟိုမင်းကတော့ တရုတ်လူမျိုးပါ။ (×)

2. 01-5

(1) ①
안녕하세요, 저는 아까예요. 저는 미얀마 사람이에요.

မင်္ဂလာပါ။ ကျွန်တော်ကတော့ အာကာပါ။
ကျွန်တော်ကတော့ မြန်မာလူမျိုးပါ။

(2) ⑤
유카 씨는 한국 사람이 아니에요. 유카 씨는 일본 사람이에요.

ယူခါကတော့ ကိုရီးယားလူမျိုး မဟုတ်ပါဘူး။
ယူခါကတော့ ဂျပန်လူမျိုးပါ။

(3) ②
지수 씨는 한국 사람입니다.
ဂျီဆူကတော့ ကိုရီးယားလူမျိုး ဖြစ်ပါတယ်။

(4) ③
마이클 씨는 미국 사람입니다.
မိုက်ကယ်ကတော့ အမေရိကန်လူမျိုး ဖြစ်ပါတယ်။

(5) ④
남 빅토리아 씨는 러시아 사람입니까?
여 네, 러시아 사람입니다.

ကျား ဗစ်တိုးရီးယားက ရုရှားလူမျိုးဖြစ်ပါသလား။
မ ဟုတ်ကဲ့၊ ရုရှားလူမျိုး ဖြစ်ပါတယ်။

〈쓰기 연습〉

1.

(1) 제 이름은 유리예요.
ကျွန်မနာမည်ကတော့ ယူရီပါ။
(2) 저는 모모예요.
ကျွန်မကတော့ မိုးမိုးပါ။
(3) 아까 씨는 미얀마 사람입니다.
အာကာကတော့ မြန်မာလူမျိုး ဖြစ်ပါတယ်။
(4) 마이클은 미국 사람입니까?
မိုက်ကယ်ကတော့ အမေရိကန်လူမျိုး ဖြစ်ပါသလား။
(5) 저는 호민입니다.
ကျွန်တော်ကတော့ ဟိုမင်း ဖြစ်ပါတယ်။

2.

(1) 저는 태국 사람이에요.
ကျွန်တော်ကတော့ ထိုင်းလူမျိုးပါ။
(2) 저는 호주 사람이에요.
ကျွန်တော်ကတော့ ဩစတေးလျလူမျိုးပါ။
(3) 제 이름은 모모예요.
ကျွန်မ နာမည်က မိုးမိုးပါ။
(4) 이 사람은 일본 사람이에요.
ဒီလူကတော့ ဂျပန်လူမျိုးပါ။
(5) 그 사람은 러시아 사람이에요.
အဲဒီလူကတော့ ရုရှားလူမျိုးပါ။

〈읽기 연습〉 🎧01-6

(1) မင်္ဂလာပါ။
ကျွန်တော်ကတော့ ကိုမင်းဖြစ်ပါတယ်။
ကျွန်တော်ကတော့ မြန်မာလူမျိုး ဖြစ်ပါတယ်။
ရန်ကုန်ကနေ လာခဲ့တာပါ။
တွေ့ရတာ ဝမ်းသာပါတယ်။

(2) မင်္ဂလာပါ။
ကျွန်တော်ကတော့ မိုက်ကယ်ပါ။
ကျွန်တော်ကတော့ အမေရိကန်လူမျိုးပါ။
နယူးယောက်ကနေ လာခဲ့တာပါ။
တွေ့ရတာ ဝမ်းသာပါတယ်။

(3) မင်္ဂလာပါ။
ကျွန်မကတော့ ဆူဇီပါ။
ကျွန်မကတော့ ကိုရီးယားလူမျိုးပါ။
ဘူဆန်ကနေ လာခဲ့တာပါ။
တွေ့ရတာ ဝမ်းသာပါတယ်။

제2과

〈듣기 연습〉

1. 🎧02-4

(1) ①
남 지금 뭐 하고 있어요?
여 친구를 만나고 있어요.

ကျား အခု ဘာလုပ်နေလဲ။
မ သူငယ်ချင်းကို တွေ့နေပါတယ်။

(2) ③
남 지금 뭐 하고 있어요?
여 달리고 있어요.

ကျား အခု ဘာလုပ်နေလဲ။
မ ပြေးနေပါတယ်။

(3) ④
여 지금 뭐 하고 있어요?
남 창문을 닫고 있어요.

မ အခု ဘာလုပ်နေလဲ။
ကျား ပြတင်းပေါက်ကို ပိတ်နေပါတယ်။

(4) ②
여 지금 뭐 하고 있어요?
남 짐을 나르고 있어요.

မ အခု ဘာလုပ်နေလဲ။
ကျား အထုပ်ကို သယ်နေပါတယ်။

2. 🎧02-5

(1) ✕
남 수지 씨 지금 뭐해요?
여 저는 지금 빵을 먹어요.

ကျား ဆူဂျီ အခု ဘာလုပ်နေလဲ။
မ ကျွန်မကတော့ အခု ပေါင်မုန့်ကို
စားနေပါတယ်။

(2) ○
여 마이클 씨는 영어를 배워요?
남 아니요, 영어를 배우지 않아요. 한국어를 배워요.

မ မိုက်ကယ်က အင်္ဂလိပ်စာ သင်လား။
ကျား ဟင့်အင်း။ အင်္ဂလိပ်စာကို မသင်ဘူး။
ကိုရီးယားစာကို သင်တယ်။

(3) ✕
남 지금 뭐 하고 있어요?
여 텔레비전을 보고 있어요.

ကျား အခု ဘာလုပ်နေလဲ။
မ တီဗွီကို ကြည့်နေတယ်။

〈쓰기 연습〉

1.

	-아/어요	-고 있어요
먹다 စားသည်	먹어요	먹고 있어요
만나다 တွေ့ဆုံသည်	만나요	만나고 있어요
배우다 သင်ယူသည်	배워요	배우고 있어요
읽다 ဖတ်သည်	읽어요	읽고 있어요
앉다 ထိုင်သည်	앉아요	앉고 있어요
있다 ရှိသည်	있어요	-
없다 မရှိဘူး	없어요	-
좋다 ကောင်းသည်	좋아요	-
일하다 အလုပ်လုပ်သည်	일해요	일하고 있어요
좋아하다 ကြိုက်သည်	좋아해요	좋아하고 있어요

정답

	-ㅂ니다/습니다
먹다 စားသည်	먹습니다
만나다 တွေ့ဆုံသည်	만납니다
배우다 သင်ယူသည်	배웁니다
읽다 ဖတ်သည်	읽습니다
앉다 ထိုင်သည်	앉습니다
있다 ရှိသည်	있습니다
없다 မရှိဘူး	없습니다
좋다 ကောင်းသည်	좋습니다
일하다 အလုပ်လုပ်သည်	일합니다
좋아하다 ကြိုက်သည်	좋아합니다

2.

	안	-지 않아요
먹다 စားသည်	안 먹어요	먹지 않아요
만나다 တွေ့ဆုံသည်	안 만나요	만나지 않아요
배우다 သင်ယူသည်	안 배워요	배우지 않아요
읽다 ဖတ်သည်	안 읽어요	읽지 않아요
앉다 ထိုင်သည်	안 앉아요	앉지 않아요
놀다 ကစားသည်	안 놀아요	놀지 않아요
보다 ကြည့်သည်	안 봐요	보지 않아요
좋다 ကောင်းသည်	안 좋아요	좋지 않아요
일하다 အလုပ်လုပ်သည်	일 안 해요	일하지 않아요
좋아하다 ကြိုက်သည်	안 좋아해요	좋아하지 않아요

〈읽기 연습〉

မင်္ဂလာပါ။
ကျွန်မနာမည်ကတော့ မိုးမိုး ဖြစ်ပါတယ်။
ကျွန်မကတော့ မြန်မာလူမျိုး ဖြစ်ပါတယ်။
ကျွန်မကတော့ ကိုရီးယားဘာသာကို
သင်ယူနေပါတယ်။
ကိုရီးယားဘာသာက စိတ်ဝင်စားဖွယ်ကောင်းပါတယ်။
ဆူဂျီကတော့ ကျွန်မ သူငယ်ချင်း ဖြစ်ပါတယ်။
ဆူဂျီကတော့ ကိုရီးယားလူမျိုး ဖြစ်ပါတယ်။
ဆူဂျီကတော့ တိုက်ကွမ်ဒိုကို သင်ကြားပါတယ်။
ကျွန်မကတော့ တိုက်ကွမ်ဒိုကို မသင်ယူပါဘူး။

(1) ဆူဂျီကတော့ မြန်မာလူမျိုးပါ။ (X)
(2) မိုးမိုးကတော့ ကိုရီးယားဘာသာကို သင်ယူပါတယ်။
(○)

(3) ဆူဂျီကတော့ တိုက်ကွမ်ဒိုကို သင်ကြားပါတယ်။
(○)
(4) မိုးမိုးကတော့ တိုက်ကွမ်ဒိုကို သင်ယူပါတယ်။ (X)

제3과

〈듣기 연습〉

1. 🎧 03-4

(1) ②
우리 가족은 할아버지, 할머니, 저입니다.
ငါတို့ မိသားစုကတော့ အဖိုး၊ အဖွား၊ ကျွန်တော်
ဖြစ်ပါတယ်။

(2) ③
우리 가족은 아빠, 엄마, 오빠, 저입니다.
ငါတို့ မိသားစုကတော့ အဖေ၊ အမေ၊ အကိုနဲ့၊ ကျွန်မ
ဖြစ်ပါတယ်။

(3) ①
우리 가족은 엄마, 남동생, 저입니다.
ငါတို့ မိသားစုကတော့ အမေ၊ ညီလေး၊ ကျွန်တော်
ဖြစ်ပါတယ်။

(4) ④
우리 가족은 할아버지, 아빠, 엄마, 여동생,
저입니다.
ငါတို့ မိသားစုကတော့ အဖိုး၊ အဖေ၊ အမေ၊
ညီမလေး၊ ကျွန်မ ဖြစ်ပါတယ်။

2. 🎧 03-5

남1	이 사람은 제 친구 모모입니다.
여	안녕하세요? 저는 마이클의 친구, 모모입니다.
남2	안녕하세요? 저는 꼬민입니다.
여	꼬민 씨는 마이클의 친구입니까?
남2	아니요, 저는 마이클의 친구가 아닙니다. 직장 동료입니다.

ကျား1	ဒီလူကတော့ ကျွန်တော့ သူငယ်ချင်း မိုးမိုးဖြစ်ပါတယ်။
မ	မင်္ဂလာပါ။ ကျွန်မကတော့ မိုက်ကယ်ရဲ့ သူငယ်ချင်း မိုးမိုး ဖြစ်ပါတယ်။

ကျား2	မင်္ဂလာပါ။ ကျွန်တော်ကတော့ ကိုမင်းဖြစ်ပါတယ်။
မ	ကိုမင်းက မိုက်ကယ်ရဲ့ သူငယ်ချင်း ဖြစ်ပါသလား။
ကျား2	ဟင့်အင်း။ ကျွန်တော်က မိုက်ကယ်ရဲ့ သူငယ်ချင်းမဟုတ်ပါဘူး။ လုပ်ဖော်ကိုင်ဖက် ဖြစ်ပါတယ်။

(1) မိုးမိုးကတော့ မိုက်ကယ်ရဲ့ သူငယ်ချင်းပါ။ (○)
(2) ကိုမင်းကတော့ မိုက်ကယ်ရဲ့ သူငယ်ချင်းပါ။ (×)
(3) ကိုမင်းကတော့ မိုက်ကယ်ရဲ့ လုပ်ဖော်ကိုင်ဖက်ပါ။
   (○)
(4) ကိုမင်းနဲ့ မိုးမိုးကတော့ သူငယ်ချင်းပါ။ (×)

〈쓰기 연습〉

1.

(1) 꿈을 꿔요.
   အိပ်မက်ကို မက်တယ်။
(2) 영화를 봐요.
   ရုပ်ရှင်ကို ကြည့်တယ်။
(3) 찌개를 먹어요.
   ဟင်းရည်ကို သောက်တယ်။
(4) 신문을 읽어요.
   သတင်းစာကို ဖတ်တယ်။
(5) 가족을 소개해요.
   မိသားစုကို မိတ်ဆက်တယ်။

2.

(1) 그녀의 이름은 모모예요.
   သူမရဲ့ နာမည်ကတော့ မိုးမိုးပါ။
(2) 저희 직업은 소방관이에요.
   ကျွန်တော်တို့ရဲ့ အလုပ်အကိုင်ကတော့ မီးသတ်သမားပါ။
(3) 그의 친구는 러시아 사람이에요.
   သူ့ရဲ့ သူငယ်ချင်းကတော့ ရုရှားလူမျိုးပါ။
(4) 제 아버지는 미얀마 사람이에요.
   ကျွန်တော်ရဲ့ အဖေကတော့ မြန်မာလူမျိုးပါ။
(5) 그 사람의 어머니는 한국 사람이에요.
   အဲဒီလူရဲ့ အမေကတော့ ကိုရီးယားလူမျိုးပါ။

〈읽기 연습〉

ဂျီဆူ	အာကာ ဘာလုပ်လဲ။
အာကာ	မိသားစုဓာတ်ပုံကို ကြည့်နေတယ်။
ဂျီဆူ	ဒီလူတွေက အမေ၊ အဖေလား။
အာကာ	ဟုတ်ကဲ့၊ မှန်ပါတယ်။
ဂျီဆူ	ဒီလူက အစ်မလား။
အာကာ	ဟင့်အင်း၊ အစ်မ မဟုတ်ပါဘူး။ ညီမလေးပါ။
ဂျီဆူ	အာကာ မိသားစုကတော့ အားလုံးပေါင်း လေးယောက်လား။
အာကာ	ဟုတ်ကဲ့၊ လေးယောက်ပါ။

(1) အာကာကတော့ မိသားစုကို ဖုန်းဆက်နေတယ်။ (×)
(2) အာကာကတော့ အစ်မရှိတယ်။ (×)
(3) အာကာကတော့ ညီမလေးရှိတယ်။ (○)
(4) အာကာရဲ့ မိသားစုကတော့ ၄ ယောက်ရှိတယ်။ (○)

제4과

〈듣기 연습〉

1. 🎧 04-4

(1) 오늘은 5월 5일이에요. 어린이날이에요.
   ဒီနေ့ကတော့ ၅ လပိုင်း ၅ ရက်နေ့ပါ။
   ကလေးများနေ့ပါ။

(2) 오늘은 10월 9일이에요. 한글날이에요.
   ဒီနေ့ကတော့ ၁၀ လပိုင်း ၉ ရက်နေ့ပါ။
   ကိုရီးယားစာနေ့ပါ။

(3) 오늘은 3월 5일이에요. 친구 생일이에요.
   ဒီနေ့ကတော့ ၃ လပိုင်း ၅ ရက်နေ့ပါ။
   သူငယ်ချင်းမွေးနေ့ပါ။

(4) 모레는 8월 26일이에요.
   သန်ဘက်ခါကတော့ ၈ လပိုင်း ၂၆ ရက်နေ့ပါ။

(1) 5월 5일 (၅ လပိုင်း ၅ ရက်နေ့)
(2) 10월 9일 (၁၀ လပိုင်း ၉ ရက်နေ့)
(3) 3월 5일 (၃ လပိုင်း ၅ ရက်နေ့)
(4) 8월 26일 (၈ လပိုင်း ၂၆ ရက်နေ့)

정답

2. 🎧 04-5

남   지수 씨 오늘 뭐 해요?
여   공부할 거예요. 내일 시험이 있어요.
남   토요일에 시험이 있어요?
여   네. 한국어 시험을 봐요.

ကျား ဂျီဆူ ဒီနေ့ ဘာလုပ်လဲ။
မ   စာလေ့လာမှာပါ။ မနက်ဖြန် စာမေးပွဲ ရှိတယ်။
ကျား စနေနေ့မှာ စာမေးပွဲရှိလား။
မ   ဟုတ်ကဲ့၊ ကိုရီးယားဘာသာ စာမေးပွဲကို
       ဖြေမှာပါ။

(1) ဂျီဆူကတော့ ဒီနေ့ စာလေ့လာမှာပါ။ (◯)
(2) ဂျီဆူကတော့ ကိုရီးယားဘာသာ စာမေးပွဲကို ဖြေမှာပါ။
    (◯)
(3) ကိုရီးယားဘာသာစာမေးပွဲက တနင်္ဂနွေနေ့မှာ ရှိတယ်။
    (✕)

〈쓰기 연습〉

1.

(1) 일요일에 등산할 거예요?
    တနင်္ဂနွေနေ့မှာ တောင်တက်မှာလား။
(2) 내일ㄨ 뭐 해요?
    မနက်ဖြန် ဘာလုပ်မှာလဲ။
(3) 주말에 영화를 봐요.
    ပိတ်ရက်မှာ ရုပ်ရှင်ကို ကြည့်တယ်။
(4) 오늘ㄨ 친구를 만나요.
    ဒီနေ့ သူငယ်ချင်းကို တွေ့တယ်။
(5) 금요일에 뭐 해요?
    သောကြာနေ့မှာ ဘာလုပ်လဲ။

2.

(1) 금요일부터 일요일까지 쉴 거예요.
    သောကြာနေ့ကနေ တနင်္ဂနွေနေ့အထိ နားမှာပါ။
(2) 아침부터 저녁까지 공부할 거예요.
    မနက်ကနေ ညနေအထိ စာလေ့လာမှာပါ။
(3) 수요일부터 토요일까지 여행 갈 거예요.
    ဗုဒ္ဓဟူးနေ့ကနေ စနေနေ့အထိ ခရီးသွားမှာပါ။
(4) 9월부터 12월까지 학교에 갈 거예요.
    ၉ လပိုင်းကနေ ၁၂ လပိုင်းအထိ ကျောင်းတက်မှာပါ။
(5) 이번 달부터 다음 달까지 바쁠 거예요.
    ဒီလကနေ နောက်လအထိ အလုပ်များမှာပါ။

〈읽기 연습〉

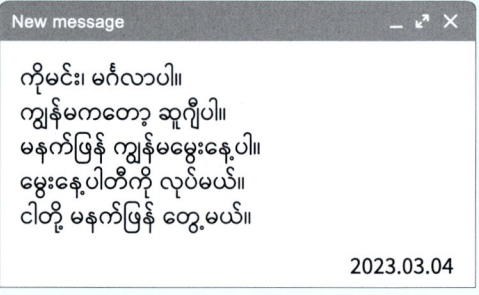

New message

ကိုမင်း၊ မင်္ဂလာပါ။
ကျွန်မကတော့ ဆူဂျီပါ။
မနက်ဖြန် ကျွန်မမွေးနေ့ပါ။
မွေးနေ့ပါတီကို လုပ်မယ်။
ငါတို့ မနက်ဖြန် တွေ့မယ်။

2023.03.04

(1) ဆူဂျီကတော့ မွေးနေ့ပါတီကို လုပ်မှာပါ။ (◯)
(2) ဆူဂျီရဲ့ မွေးနေ့ကတော့ ၃ လပိုင်း ၄ ရက်နေ့ပါ။ (✕)
(3) ဆူဂျီရဲ့ မွေးနေ့ကတော့ ၃ လပိုင်း ၅ ရက်နေ့ပါ။
    (◯)

제5과

〈듣기 연습〉

1. 🎧 05-4

(1) ②
    여름에는 바다에 가요.
    နွေရာသီမှာတော့ ပင်လယ်ကို သွားတယ်။
(2) ①
    봄에는 벚꽃이 피어요.
    နွေဦးရာသီမှာတော့ ချယ်ရီပန်းက ပွင့်တယ်။
(3) ③
    가을에는 단풍이 예뻐요.
    ဆောင်းဦးရာသီမှာတော့ မေပယ်ရွက်က လှတယ်။
(4) ④
    겨울에는 눈이 많이 와요.
    ဆောင်းရာသီမှာတော့ နှင်းက အများကြီး
    ကျတယ်။

2. 🎧 05-5

(1) ③

오늘 양곤 날씨가 맑습니다.
ဒီနေ့၊ ရန်ကုန် ရာသီဥတုက ကြည်လင်ပါတယ်။

(2) ④

내일 서울 날씨는 추울 거예요.
မနက်ဖြန် ဆိုးလ် ရာသီဥတုကတော့ အေးမှာပါ။

(3) ②

부산은 날씨가 항상 따뜻해요.
ဘူဆန်ကတော့ ရာသီဥတုက အမြဲတမ်း
နွေးထွေးတယ်။

(4) ①

주말에 날씨가 흐려서 산책을 못 가요.
ပိတ်ရက်မှာ ရာသီဥတုက အုံ့မိုင်းလို့ လမ်းလျှောက်
မသွားဘူး။

〈쓰기 연습〉

1.

	-았/었어요	-아/어서
눕다 လဲ့သည်။	누웠어요	누워서
맵다 စပ်သည်။	매웠어요	매워서
무겁다 လေးသည်။	무거웠어요	무거워서
쉽다 လွယ်သည်။	쉬웠어요	쉬워서
아름답다 လှပသည်။	아름다웠어요	아름다워서
어렵다 ခက်သည်။	어려웠어요	어려워서
줍다 ကောက်သည်။	주웠어요	주워서
접다 ခေါက်သည်။	접었어요	접어서
좁다 ကျဉ်းသည်။	좁았어요	좁아서
뽑다 ရွေးသည်။	뽑았어요	뽑아서

2.

(1) 주말에 뭐 했어요?
ပိတ်ရက်မှာ ဘာလုပ်ခဲ့လဲ?
친구를 만났어요.
သူငယ်ချင်းကို တွေ့ခဲ့တယ်။

(2) 지난주 토요일에 뭐 했어요?
အရင်အပတ် စနေနေ့မှာ ဘာလုပ်ခဲ့လဲ?
쇼핑했어요.
ရှော့ပင်း ထွက်ခဲ့တယ်။

(3) 월요일에 뭐 했어요?
တနင်္လာနေ့မှာ ဘာလုပ်ခဲ့လဲ?
한국어를 공부했어요.
ကိုရီးယားဘာသာကို လေ့လာခဲ့တယ်။

(4) 오늘 아침에 뭐 했어요?
ဒီနေ့၊ မနက်မှာ ဘာလုပ်ခဲ့လဲ?
운동했어요.
အားကစား လုပ်ခဲ့တယ်။

〈읽기 연습〉

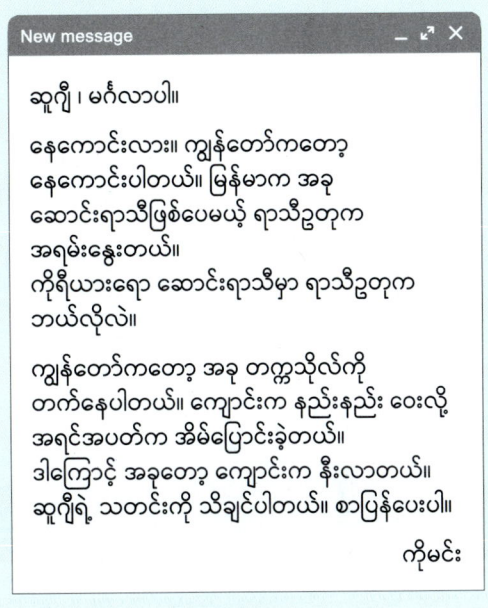

New message

ဆူဂျီ ၊ မင်္ဂလာပါ။

နေကောင်းလား။ ကျွန်တော်ကတော့
နေကောင်းပါတယ်။ မြန်မာက အခု
ဆောင်းရာသီဖြစ်ပေမယ့် ရာသီဥတုက
အရမ်းနွေးတယ်။
ကိုရီးယားရော ဆောင်းရာသီမှာ ရာသီဥတုက
ဘယ်လိုလဲ။

ကျွန်တော်ကတော့ အခု တက္ကသိုလ်ကို
တက်နေပါတယ်။ ကျောင်းက နည်းနည်း ဝေးလို့
အရင်အပတ်က အိမ်ပြောင်းခဲ့တယ်။
ဒါကြောင့် အခုတော့ ကျောင်းက နီးလာတယ်။
ဆူဂျီရဲ့ သတင်းကို သိချင်ပါတယ်။ စာပြန်ပေးပါ။

ကိုမင်း

(1) မြန်မာကတော့ ဆောင်းရာသီ ရာသီဥတုက
အရမ်းအေးတယ်။ (✕)
(2) ကိုမင်းကတော့ အခု ကျောင်းတက်နေပါတယ်။ (◯)
(3) ကိုမင်းကတော့ အိမ်ပြောင်းပြီး အိမ်က ကျောင်းနဲ့
ဝေးသွားတယ်။ (✕)
(4) ကိုမင်းကတော့ အဖြေကို စောင့်နေပါတယ်။ (◯)

정답

〈듣기 연습〉

1. 🎧 06-4

(1) ①
부산에 비행기를 타고 가요.
ဘူဆန်ကို လေယာဉ် စီးပြီး သွားတယ်။

(2) ②
수업에 늦어서 택시를 탔어요.
အတန်း နောက်ကျလို့ တက္ကစီကို စီးခဲ့တယ်။

(3) ④
매일 지하철을 타고 학교에 가요.
နေ့တိုင်း မြေအောက်ရထားကို စီးပြီး ကျောင်းကို
သွားတယ်။

(4) ③
한강에서 유람선을 타요.
ဟန်မြစ်မှာ အပျော်စီးသင်္ဘောကို စီးတယ်။

2. 🎧 06-5

(1) 여   가방이 어디에 있어요?
    남   가방은 책상 옆에 있어요.

    မ   အိတ်က ဘယ်မှာ ရှိလဲ။
    ကျား အိတ်ကတော့ စားပွဲဘေးမှာ ရှိတယ်။

(2) 여   달력이 어디에 있어요?
    남   달력은 책상 위에 있어요.

    မ   ပြက္ခဒိန်က ဘယ်မှာ ရှိလဲ။
    ကျား ပြက္ခဒိန်ကတော့ စားပွဲပေါ်မှာ ရှိတယ်။

(3) 여   시계가 어디에 있어요?
    남   시계는 벽 위에 있어요.

    မ   နာရီက ဘယ်မှာ ရှိလဲ။
    ကျား နာရီကတော့ နံရံပေါ်မှာ ရှိတယ်။

(4) 여   수학책이 어디에 있어요?
    남   수학책은 소설책 사이에 있어요.

    မ   သင်္ချာစာအုပ်က ဘယ်မှာ ရှိလဲ။
    ကျား သင်္ချာစာအုပ်ကတော့ ဝတ္ထုစာအုပ်ကြားမှာ
         ရှိတယ်။

(1) 아이테크 စားပွဲ ဘေးမှာ ရှိတယ်။ (○)
(2) ပြက္ခဒိန်က စားပွဲ အထဲမှာ ရှိတယ်။ (✕)
(3) နာရီက နံရံပေါ်မှာ ရှိတယ်။ (○)
(4) သင်္ချာစာအုပ်က ဝတ္ထုစာအုပ်ကြားမှာ ရှိတယ်။
    (○)

〈쓰기 연습〉

1.

(1) 신용카드로 결제해요.
အကြွေးဝယ်ကဒ်နဲ့ ငွေရှင်းတယ်။
(2) 저는 지하철로 학원에 가요.
ကျွန်တော်ကတော့ မြေအောက်ရထားနဲ့ သင်တန်းကို
သွားတယ်။
(3) 교통카드를 현금으로 사요.
ယာဉ်စီးကဒ်ကို ငွေသားနဲ့ ဝယ်တယ်။
(4) 핸드폰으로 게임하고 있어요.
ဖုန်းနဲ့ ဂိမ်းကစားနေတယ်။
(5) 택시로 10분 정도 걸려요.
တက္ကစီနဲ့ ၁၀ မိနစ်လောက် ကြာတယ်။

2.

(1) 언니가 시장에 있어요.
အစ်မက ဈေးမှာ ရှိတယ်။
언니가 시장에서 과일을 사요.
အစ်မက ဈေးမှာ သစ်သီးကို ဝယ်တယ်။
(2) 모모는 학교에 있어요.
မိုးမိုးကတော့ ကျောင်းမှာ ရှိတယ်။
모모는 학교에서 한국어를 배워요.
မိုးမိုးကတော့ ကျောင်းမှာ ကိုရီးယားစာကို
သင်ယူတယ်။
(3) 엄마가 집에 있어요.
အမေက အိမ်မှာ ရှိတယ်။
엄마가 집에서 요리해요.
အမေက အိမ်မှာ ဟင်းချက်တယ်။
(4) 친구가 공원에 있어요.
သူငယ်ချင်းက ပန်းခြံမှာ ရှိတယ်။
친구가 공원에서 운동하고 있어요.
သူငယ်ချင်းက ပန်းခြံမှာ အားကစားကို လုပ်နေတယ်။

〈읽기 연습〉

ကျွန်တော့်အခန်းကတော့ စားပွဲ၊ ထိုင်ခုံ၊ ကွန်ပြူတာ၊ စာအုပ်စင်၊ ပြတင်းပေါက်၊ နာရီတို့ ရှိတယ်။
နာရီကတော့ နံရံပေါ်မှာ ရှိတယ်။
စားပွဲကတော့ ပြတင်းပေါက်ရှေ့မှာ ရှိပြီး
စာအုပ်စင်ကတော့ စားပွဲဘေးမှာ ရှိတယ်။
စားပွဲပေါ်မှာ စာအုပ်က ရှိတယ်။
စားပွဲရှေ့မှာ ထိုင်ခုံက ရှိပြီး စားပွဲအောက်မှာ အံဆွဲက ရှိတယ်။
ကွန်ပြူတာကတော့ စားပွဲ ဘယ်ဘက်မှာ ရှိတယ်။

(1) နာရီကတော့ စားပွဲပေါ်မှာ ရှိတယ်။ (×)
(2) စားပွဲရှေ့မှာ ပြတင်းပေါက် ရှိတယ်။ (○)
(3) စာအုပ်ကတော့ စားပွဲပေါ်မှာ ရှိတယ်။ (○)
(4) အံဆွဲကတော့ စားပွဲပေါ်မှာ ရှိတယ်။ (×)
(5) ကွန်ပြူတာကတော့ စားပွဲ ဘယ်ဘက်မှာ ရှိတယ်။ (○)

제7과

〈듣기 연습〉

1. 07-4

(1) 20,000원 (၂၀,၀၀၀ ဝမ်)
남 이 파란색 셔츠 얼마예요?
여 한 벌에 20,000원이에요.
ကျား ဒီ အပြာရောင်ရှပ်အင်္ကျီ ဘယ်လောက်လဲ။
မ တစ်ထည်ကို ၂၀,၀၀၀ ဝမ်ပါ။

(2) 15,000원 (၁၅,၀၀၀ ဝမ်)
남 커피 두 잔과 케이크를 주세요.
여 총 15,000원입니다.
ကျား ကော်ဖီ နှစ်ခွက်နဲ့ ကိတ်မုန့်ပေးပါ။
မ စုစုပေါင်း ၁၅,၀၀၀ ဝမ်ပါ။

(3) 5,000원 (၅,၀၀၀ ဝမ်)
남 아주머니, 사과하고 오렌지가 얼마예요?
여 5,000원이에요.
ကျား အန်တီကြီး, ပန်းသီးနဲ့ လိမ္မော်သီးက ဘယ်လောက်လဲ။
မ ၅,၀၀၀ ဝမ်ပါ။

2. 07-5

(1) ③
남 총 몇 권이에요?
여 3권이요. 얼마예요?
남 3권에 3만원이에요.
ကျား စုစုပေါင်း ဘယ်နှအုပ်လဲ။
မ ၃ အုပ်ပါ။ ဘယ်လောက်လဲ။
ကျား ၃ အုပ်ကို ၃ သောင်းဝမ်ပါ။

(2) ②
남 장미 열 송이에 얼마예요?
여 만원이에요.
ကျား နှင်းဆီ ဆယ်ပွင့်ကို ဘယ်လောက်လဲ။
မ တစ်သောင်းဝမ်ပါ။

(3) ①
여 원피스하고 이 치마도 같이 주세요. 총 얼마예요?
남 10만원이에요.
မ ဂါဝန်နဲ့ ဒီ စကပ်လည်း အတူပေးပါ။ အားလုံး ဘယ်လောက်လဲ။
ကျား ၁ သိန်းဝမ်ပါ။

〈쓰기 연습〉

1.

(1) 여기에 앉으세요.
ဒီမှာ ထိုင်ပါ။
(2) 이쪽으로 오세요.
ဒီဘက်ကို လာပါ။
(3) 아빠는 신문을 읽으세요.
အဖေက သတင်းစာကို ဖတ်နေတယ်။
(4) 할아버지는 방에서 쉬세요.
အဘိုးက အခန်းထဲမှာ အနားယူနေတယ်။
(5) 선생님은 지금 식사하세요.
ဆရာမက အခု ထမင်းစားနေတယ်။

2.

(1) 따라 읽어 보세요.
အနောက်ကလိုက်ပြီး ဖတ်ကြည့်ပါ။
(2) 이 옷을 입어 보세요.
ဒီ အဝတ်အစားကို ဝတ်ကြည့်ပါ။

정답

(3) 커피를 마셔 보세요.
ကော်ဖီကို သောက်ကြည့်ပါ။
(4) 제 요리를 먹어 보세요.
ကျွန်တော့် ဟင်းကို စားကြည့်ပါ။
(5) 영어를 배워 보세요.
အင်္ဂလိပ်စာကို သင်ယူကြည့်ပါ။

〈읽기 연습〉

ပစ္စည်းကို ရောင်းပါတယ်။
ကျွန်တော်ကတော့ မြန်မာ တက္ကသိုလ်ကျောင်းသားပါ။
ဒီလ ၂၀ ရက်နေ့မှာ မြန်မာကို ပြန်သွားမှာပါ။
ဒါကြောင့် ကျွန်တော့် ပစ္စည်းတွေကို ရောင်းမလို့ပါ။

စားပွဲ
ဒီ စားပွဲကို အရင်လက ကုန်တိုက်ကနေ ဝယ်ခဲ့တယ်။
အားလုံးနီးပါး အသုံးမပြုရသေးလို့
အရမ်းကောင်းပါတယ်။

စာအုပ်
ကျွန်တော်တို့ အိမ်မှာ စာအုပ်က အများကြီးရှိတယ်။
တစ်အုပ်ကို လေးထောင်ဝမ်၊ သုံးအုပ်ကို
တစ်သောင်းဝမ်ပါ။

ကွန်ပြူတာ, လပ်တော့
၁၇ လက်မ လပ်တော့က ရှိတယ်။ လပ်တော့က
နောက်ဆုံးပေါ်မို့လို့ အရမ်းပေါ့ပါးတယ်။
ကွန်ပြူတာလည်း ရှိတယ်။ လပ်တော့နဲ့ အတူ
ဝမ်ဆယ်သိန်း ပေးပြီး ဝယ်ခဲ့တယ်။
ဆက်သွယ်ပေးပါ။
ဟန်းဖုန်း–၀၁၀–၁၂၃၄–၅၆၇၈

(1) ① ပစ္စည်းကို ရောင်းတယ်။
(2) ④ ကျောင်းသားကတော့ လပ်တော့နဲ့ ကွန်ပြူတာကို
ဝမ်ဆယ်သိန်း ပေးပြီး ဝယ်ခဲ့တယ်။

제8과

〈듣기 연습〉

1. 🎧 08-4

(1) ①
남 주말에 뭐 했어요?
여 자전거를 탔어요.
ကျား ပိတ်ရက်မှာ ဘာလုပ်ခဲ့လဲ။
မ စက်ဘီးကို စီးခဲ့တယ်။

(2) ③
여 취미가 뭐예요?
남 낚시예요.
မ ဝါသနာက ဘာလဲ။
ကျား ငါးများတာပါ။

(3) ②
남 취미가 뭐예요?
여 등산이에요.
ကျား ဝါသနာက ဘာလဲ။
မ တောင်တက်တာပါ။

(4) ④
남 휴가 때 뭐 했어요?
여 집에서 쉬었어요.
ကျား အားလပ်ရက်မှာ ဘာလုပ်ခဲ့လဲ။
မ အိမ်မှာ အနားယူခဲ့တယ်။

2. 🎧 08-5

모모 아까 씨, 주말에 뭐 했어요?
아까 친구들과 함께 영화를 보고 고기도 먹었어요.
모모 좋았겠어요. 저는 주말에 아르바이트를 했어요.
아까 무슨 아르바이트를 했어요?
모모 주방 도우미를 했어요.
아까 모모 씨는 한국 음식을 만들 수 있어요?
모모 아니요, 저는 한국 음식을 좋아하지만, 요리는
못해요.
아까 그럼 한번 배워 보세요.

모이모이 အာကာ ပိတ်ရက်မှာ ဘာလုပ်ခဲ့လဲ။

အာကာ သူငယ်ချင်းတွေနဲ့ အတူတူ ရုပ်ရှင် ကြည့်ပြီး
အသားလည်း စားခဲ့တယ်။

모이모이 ကောင်းလိုက်တာ။ ကျွန်မလည်း ပိတ်ရက်မှာ
အချိန်ပိုင်းအလုပ်ကို လုပ်ခဲ့တယ်။

အာကာ ဘာ အချိန်ပိုင်းအလုပ်ကို လုပ်ခဲ့တာလဲ။

모이모이 မီးဖိုချောင်အကူ လုပ်ခဲ့တယ်။

အာကာ မိုးမိုးက ကိုရီးယားအစားအစာကို
ပြုလုပ်နိုင်လား။

모이모이 ဟင့်အင်း။ ကျွန်မက ကိုရီးယားအစားအစာကို
ကြိုက်ပေမယ့် မချက်နိုင်ဘူး။

အာကာ ဒါဆို တစ်ခေါက် သင်ယူကြည့်ပါ။

〈쓰기 연습〉

1.

(1) 아침을 안 먹어서 배가 <u>고파요</u>.
မနက်စာ မစားခဲ့လို့ ဗိုက်ဆာတယ်။

(2) 친구에게 편지를 <u>써요</u>.
သူငယ်ချင်းဆီကို စာရေးတယ်။

(3) 먼지가 들어가서 눈이 <u>아파요</u>.
ဖုန်မှုန့်ဝင်သွားလို့ မျက်လုံး နာတယ်။

(4) 우리 동생은 키가 <u>커요</u>.
ငါတို့ ညီလေးကတော့ အရပ်ရှည်တယ်။

(5) 요즘 많이 <u>바빠요</u>.
အခုတလော အရမ်း အလုပ်များတယ်။

2.

	-겠어요	-지만	-(으)ㄹ까요?
있다 ရှိသည်။	있겠어요	있지만	있을까요?
없다 မရှိဘူး။	없겠어요	없지만	없을까요?
하다 လုပ်သည်။	하겠어요	하지만	할까요?
좋다 ကောင်းသည်။	좋겠어요	좋지만	좋을까요?
먹다 စားသည်။	먹겠어요	먹지만	먹을까요?
입다 ဝတ်သည်။	입겠어요	입지만	입을까요?
신다 စီးသည်။	신겠어요	신지만	신을까요?
쉬다 နားသည်။	쉬겠어요	쉬지만	쉴까요?
싸다 ဈေးပေါသည်။	싸겠어요	싸지만	쌀까요?
비싸다 ဈေးကြီးသည်။	비싸겠어요	비싸지만	비쌀까요?

〈읽기 연습〉

ငါ့ရဲ့ ဝါသနာ

ကျွန်တော်ကတော့ မူလတန်းကျောင်းရဲ့ ၅
တန်းကျောင်းသားဖြစ်ပါတယ်။
ကျွန်တော့် ဝါသနာကတော့ ဘောလုံးကန်ခြင်း
ဖြစ်ပါတယ်။
ကျွန်တော်ကတော့ ပိတ်ရက်မှာ သူငယ်ချင်းတွေနဲ့
အတူ အားကစားကွင်းမှာ ဘောလုံးကန်ပါတယ်။
ကျွန်တော်ရဲ့ ရင်းနှီးတဲ့သူငယ်ချင်း မင်ဟိုကတော့
ဘတ်စကတ်ဘောကို ပိုပြီး သဘောကျပါတယ်။
ဒါကြောင့် ကျွန်တော်ကတော့ တစ်ခါတစ်လေ မင်ဟိုနဲ့
ဘတ်စကတ်ဘောလည်း ကစားပါတယ်။
အားကစားလုပ်ပြီး ကျွန်တော်ကတော့
သူငယ်ချင်းတွေအားလုံးနဲ့အတူတူ ပီဇာကို
စားပါတယ်။
ကျွန်တော်ကတော့ အားကစားက ကောင်းပေမယ့်
သူငယ်ချင်းတွေနဲ့ ပီဇာစားတာလည်း ကောင်းပါတယ်။

(1) စာရေးသူရဲ့ ဝါသနာကတော့
ဘောလုံးကန်ခြင်းဖြစ်ပါတယ်။ (○)
(2) စာရေးသူက ကြားရက်မှာ သူငယ်ချင်းတွေနဲ့
အားကစားကွင်းမှာ ဘောလုံးကန်ပါတယ်။ (×)
(3) မင်ဟိုကတော့ ဘတ်စကတ်ဘောထက် ဘောလုံးကို
ပိုပြီး ကြိုက်ပါတယ်။ (×)
(4) စာရေးသူက အားကစားလုပ်ပြီး ဟမ်ဘာဂါကို
စားပါတယ်။ (×)

제9과

〈듣기 연습〉

1. 🎧 09-4

남 이번에 같이 제주도 여행을 가게 되어서 기뻐요.

여 저도 기뻐요. 제주도에 가서 어디에 갈까요?

남 저는 한라산에 가고 싶어요. 한라산은 한국에서
제일 높은 산이에요.

여 좋아요. 또 어디 갈까요?

남 제주도는 오름도 유명해요. 오름도 가 보고
싶어요.

여 좋아요.

정답

ကျား ဒီတစ်ခါ အတူတူ ဂျယ်ဂျူဒို ခရီးကို သွားရလို့ ပျော်တယ်။
မ ကျွန်မလည်း ပျော်တယ်။ ဂျယ်ဂျူဒိုကို သွားပြီး ဘယ်နေရာ သွားမှာလဲ။
ကျား ကျွန်တော်ကတော့ 한라산(ဟန်လာတောင်)ကို သွားချင်တယ်။ 한라산(ဟန်လာတောင်)ကတော့
ကိုရီးယားမှာ အမြင့်ဆုံး တောင်ပါ။။
မ ကောင်းပါပြီ။ ထပ်ပြီး ဘယ်ကို သွားကြမလဲ။
ကျား ဂျယ်ဂျူဒိုကတော့ 오름 (တောင်ကုန်း)လည်း နာမည်ကြီးတယ်။ 오름 (တောင်ကုန်း)လည်း သွားကြည့်ချင်တယ်။
မ ကောင်းပြီ။

(1) ဂျယ်ဂျူကျွန်းမှာ ဆောလာ့ဂ်တောင် ရှိတယ်။ (×)
(2) ဒီလူနှစ်ယောက်ကတော့ ပင်လယ်ကို သွားမယ်လို့ မှန်းထားတယ်။ (×)
(3) ဒီလူနှစ်ယောက်ကတော့ ခရီးအစီအစဉ်ကို ဆွဲနေတယ်။ (○)

2. 09-5

③
꼬민 산 정상까지 올라가서 뿌듯하지만, 날씨가 너무 더워서 힘들었어요.
수지 맞아요. 여기서 시원한 커피 한 잔 마시면 기운이 날 거예요.
꼬민 수지 씨 뭐 드실래요?
수지 저는 아이스 바닐라 라떼를 마시고 싶어요.
꼬민 저는 아이스 아메리카노를 마실래요.
ကိုမင်း တောင်ထိပ်ဆုံးထိ စိတ်ကျေနပ်အောင် တက်သွားချင်ပေမယ့်၊ ရာသီဥတုက အရမ်းပူလို့ ပင်ပန်းခဲ့တယ်။
ဆူဂျီ ဟုတ်တယ်။ ဒီနေရာမှာ ကော်ဖီအေး တစ်ခွက်သောက်ရင် လန်းဆန်းသွားမှာပါ။
ကိုမင်း ဆူဂျီ ဘာ သောက်မလဲ။
ဆူဂျီ ကျွန်မက အိုက်စ်ဗနီလာလက်တေးကို သောက်ချင်တယ်။
ကိုမင်း ကျွန်တော်က အိုက်စ်အမေရိကာနိုကို သောက်မယ်။

〈쓰기 연습〉

1.

(1) 사진을 찍을래요?
ဓာတ်ပုံရိုက်မလား။
(2) 비행기를 탈래요?
လေယာဉ်စီးမလား။
(3) 삼겹살을 먹을래요?
သုံးထပ်သားကင်ကို စားမလား။
(4) 호텔을 예약할래요?
ဟိုတယ်ကို ဘိုကင်လုပ်မလား။
(5) 바다를 구경할래요?
ပင်လယ်ကို လည်ပတ်ကြည့်မလား။

2.

	-(으)시다	-(으)세요
오다 လာသည်။	오시다	오세요
보다 ကြည့်သည်။	보시다	보세요
가다 သွားသည်။	가시다	가세요
사다 ဝယ်သည်။	사시다	사세요
살다 နေထိုင်သည်။	사시다	사세요
좋다 ကောင်းသည်။	좋으시다	좋으세요
웃다 ရယ်သည်။	웃으시다	웃으세요
읽다 ဖတ်သည်။	읽으시다	읽으세요
하다 လုပ်သည်။	하시다	하세요
예쁘다 လှသည်။	예쁘시다	예쁘세요

	-(으)셨어요	-(으)실 거예요
오다 လာသည်။	오셨어요	오실 거예요
보다 ကြည့်သည်။	보셨어요	보실 거예요
가다 သွားသည်။	가셨어요	가실 거예요
사다 ဝယ်သည်။	사셨어요	사실 거예요
살다 နေထိုင်သည်။	사셨어요	사실 거예요
좋다 ကောင်းသည်။	좋으셨어요	좋으실 거예요
웃다 ရယ်သည်။	웃으셨어요	웃으실 거예요
읽다 ဖတ်သည်။	읽으셨어요	읽으실 거예요
하다 လုပ်သည်။	하셨어요	하실 거예요
예쁘다 လှသည်။	예쁘셨어요	예쁘실 거예요

〈읽기 연습〉

ကိုမင်းရဲ့ ၁ ညအိပ် ၂ ရက် ဘူဆန်ခရီး
အစီအစဉ်ဇယား

၈ လပိုင်း ၁၅ ရက်	
၁၀:၀၀	ဆိုလ်းဘူတာမှ KTX ထွက်ခွာ
၁၂:၃၀	ဘူဆန်ဘူတာ ရောက်ရှိ
၁၃:၀၀	နေ့လည်စာ
၁၄:၀၀ ~ ၁၅:၀၀	해운대(ဟဲအွန်းဒယ်) လည်ပတ်
၁၅:၃၀	파라다이스(ပါရာဒိုက်) ဟိုတယ် Check-in
၁၅:၃၀ ~ ၁၇:၀၀	အနားယူ
၁၇:၀၀ ~ ၁၈:၀၀	ဟိုတယ် ရေကူးကန်မှာ ရေကူး
၁၈:၀၀ ~ ၁၈:၃၀	ညစာ
၈ လပိုင်း ၁၆ ရက်	
၀၈:၃၀	မနက်စာ
၁၀:၀၀ ~ ၁၁:၀၀	ထွက်ခွာရန် ပြင်ဆင်
၁၂:၀၀	Check-out
၁၃:၀၀ ~ ၁၆:၀၀	광안리(ဂွမ်ငါးန်လီ) ပင်လယ်
၁၈:၀၀	ဆိုးလ်သို့ ထွက်ခွာ

(1) ကိုမင်းက ဘူဆန်ကို ခရီးသွားတယ်။ (○)
(2) ကိုမင်းက ဘူဆန်ကို လေယာဉ်စီးပြီး သွားတယ်။ (×)
(3) 파라다이스(ပါရာဒိုက်) ဟိုတယ်က ရေကူးကန်မရှိဘူး။ (×)
(4) ကိုမင်းက 광안리(ဂွမ်ငါးန်လီ)ကို သွားတယ်။ (○)
(5) ကိုမင်းက ၈ လပိုင်း ၁၆ ရက်နေ့မှာ ဆိုးလ်ကို လာတယ်။ (○)

제10과

〈듣기 연습〉

1. 10-4

남 서점에 가려고 하는데, 한국의 가장 큰 서점이 어디에 있어요?
여 광화문에 있어요.
남 광화문에 어떻게 가요?
여 여기서 지하철을 타고 동대문역사문화공원역에서 5호선으로 갈아타세요. 광화문역에서 내려서 3번 출구로 나가면 바로 있어요.
남 네, 감사해요.

ကျား စာအုပ်ဆိုင်ကို သွားဖို့လုပ်ပေမယ့်၊ ကိုရီးယားရဲ့ အကြီးဆုံး စာအုပ်ဆိုင်က ဘယ်မှာရှိလဲ။
မ ဂွါင်းဟွာမွန်းမှာ ရှိတယ်။
ကျား ဂွါင်းဟွာမွန်းကို ဘယ်လိုသွားရလဲ။
မ ဒီကနေ မြေအောက်ရထားကိုစီးပြီး ဒုံးဒယ်မွန်းသမိုင်းနှင့် ယဉ်ကျေးမှုပန်းခြံကနေ လိုင်းနံပါတ် ၅ ကို ပြောင်းစီးပါ။ ဂွါင်းဟွာမွန်းဘူတာမှာ ဆင်းပြီး ထွက်ပေါက် ၃ ကို ထွက်ရင် အဲဒီမှာ ရှိပါတယ်။
ကျား ဟုတ်ကဲ့၊ ကျေးဇူးတင်ပါတယ်။

(1) 남자는 서점에 가려고 합니다.
ယောကျ်ားလေးက စာအုပ်ဆိုင်ကို သွားဖို့လုပ်ပါတယ်။
(2) ③

2. 10-5

여 길 좀 물어보겠습니다.
남 네, 말씀하세요.
여 근처에 하나은행이 어디에 있어요?
남 저 사거리에서 오른쪽으로 가면 있어요.
여 오른쪽으로 얼마나 가면 있어요?
남 5분 정도 걸으면 큰 병원이 나오는데, 그 옆에 있어요.
여 감사합니다.

မ လမ်း တဆိတ်လောက် မေးကြည့်ချင်လို့ပါ။
ကျား ဟုတ်ကဲ့၊ ပြောပါ။
မ အနီးအနားမှာ ဟာနာဘဏ်က ဘယ်မှာရှိလဲ။
ကျား ဟို လမ်းလေးဆုံကနေ ညာဘက်ကို သွားရင် ရှိပါတယ်။
မ ညာဘက်ကို ဘယ်လောက် သွားရင် ရှိလဲ။
ကျား ၅ မိနစ်လောက် လမ်းလျှောက်သွားရင် ဆေးရုံကြီးက ရှိပြီး၊ အဲဒီ ဘေးမှာ ရှိပါတယ်။
မ ကျေးဇူးတင်ပါတယ်။

(1) မိန်းကလေးကတော့ ဆေးရုံကို ရှာနေသည်။ (×)
(2) ဘဏ်ကတော့ လမ်းလေးဆုံ အနီးအနားမှာ ရှိသည်။ (○)
(3) ဘဏ်၏ လမ်းတစ်ဖက်ခြမ်းမှာ ဆေးရုံက ရှိသည်။ (×)

정답

〈쓰기 연습〉

1.

(1) 누구에게 말할까요?
ဘယ်သူ့ဆီကို ပြောရမလဲ။

(2) 친구에게 선물을 줘요.
သူငယ်ချင်းဆီကို လက်ဆောင်ပေးတယ်။

(3) 오늘도 학교에 가요.
ဒီနေ့လည်း ကျောင်းကိုသွားတယ်။

(4) 제 동생이 너무 귀여워요.
ကျွန်မ ညီမလေးက အရမ်း ချစ်ဖို့ကောင်းတယ်။

(5) 저는 내일 친구와 같이 등산을 해요.
ကျွန်တော်ကတော့ မနက်ဖြန် သူငယ်ချင်းနဲ့အတူ တောင်တက်ပါမယ်။

2.

	-(으)ㄹ게요	-아/어 주다	-(으)면
가다 သွားသည်။	갈게요	가 주다	가면
찾다 ရှာသည်။	찾을게요	찾아 주다	찾으면
보다 ကြည့်သည်။	볼게요	봐 주다	보면
쉬다 နားသည်။	쉴게요	쉬어 주다	쉬면
하다 လုပ်သည်။	할게요	해 주다	하면
웃다 ရယ်သည်။	웃을게요	웃어 주다	웃으면
읽다 ဖတ်သည်။	읽을게요	읽어 주다	읽으면
입다 ဝတ်သည်။	입을게요	입어 주다	입으면
찍다 ရိုက်သည်။	찍을게요	찍어 주다	찍으면
기다리다 စောင့်သည်။	기다릴게요	기다려 주다	기다리면

〈읽기 연습〉

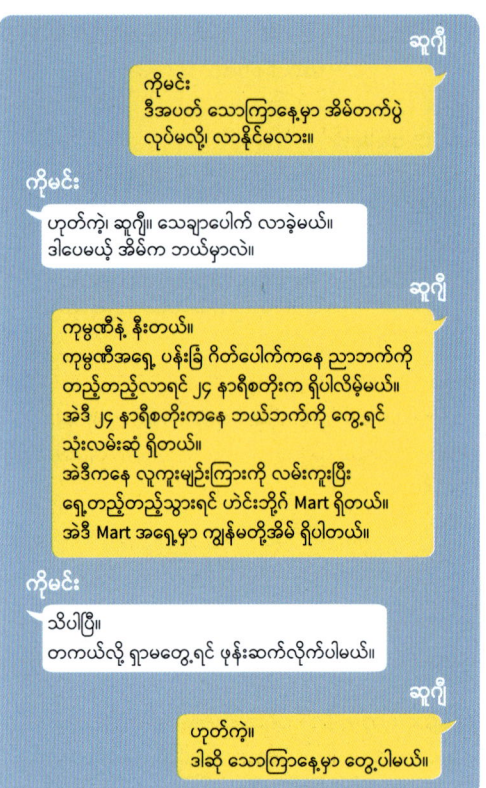

(1) ဆူဂျီက မွေးနေ့ပါတီကို လုပ်ပါမယ်။ (✕)
(2) ကိုမင်းက ဆူဂျီ့ရဲ့ အိမ်ကို ပထမဆုံး သွားတယ်။ (◯)
(3) ဆူဂျီ့ရဲ့ အိမ် အရှေ့မှာ ပန်းခြံ ရှိတယ်။ (✕)
(4) ဆူဂျီ့ရဲ့ အိမ်က ကုမ္ပဏီ အနီးအနားမှာ ရှိတယ်။ (◯)

제11과

〈듣기 연습〉

1. 🎧 11-4

②
남 중국집입니다.
여 오늘 저녁 6시에 8명 예약 가능할까요?
남 네, 가능합니다. 음식을 미리 주문하시겠습니까?
여 아니요, 가서 주문하겠습니다.

ကျား တရုတ်စားသောက်ဆိုင်ပါ။
မ ဒီနေ့ ညနေ ၆ နာရီမှာ ၈ ယောက်အတွက်
ဘိုကင်တင်လို့ရပါသလား။
ကျား ဟုတ်ကဲ့၊ ရပါတယ်။ အစားအစာကို ကြိုတင်
မှာယူမလား။
မ ဟင့်အင်း၊ လာပြီး မှာပါ့မယ်။

2. 🎧 11-5

①, ③

남 무엇을 주문하시겠습니까?
여1 저는 비빔밥으로 주세요.
남 손님은 무엇을 드릴까요?
여2 저는 순두부찌개가 좋아요. 그걸로 주세요.

ကျား ဘာမှာပါ့မလဲ။
မ1 ကျွန်မကို ထမင်းသုပ်ပေးပါ။
ကျား ဒွေ့သည် ဘာ ပေးရမလဲ။
မ2 ကျွန်မကတော့ တို့ဟူးပျော့ဟင်းရည်
ကြိုက်တယ်။ အဲဒါ ပေးပါ။

〈쓰기 연습〉

1.

(1) 집이 멀기 때문에 일찍 출발해요.
အိမ်က ဝေးတဲ့အတွက်ကြောင့် စောစောထွက်တယ်။

(2) 날씨가 춥기 때문에 옷을 두껍게 입어요.
ရာသီဥတုက အေးတဲ့အတွက်ကြောင့် အဝတ်အစားကို
ထူထူ ဝတ်တယ်။

(3) 꼬민은 노래를 잘하기 때문에 인기가 많아요.
ကိုမင်းက သီချင်းဆိုတာ တော်တဲ့အတွက်ကြောင့်
လူကြိုက်များတယ်။

(4) 그 식당은 음식이 맛있기 때문에 손님이 많아요.
အဲဒီ စားသောက်ဆိုင်ရဲ့ အစားအသောက်က
အရသာရှိတဲ့အတွက်ကြောင့် ဧည့်သည်များတယ်။

2.

	-기 때문에	-네요
놀다 ကစားသည်။	놀기 때문에	노네요
들다 သယ်သည်။	들기 때문에	드네요
벌다 ရှာဖွေသည်။	벌기 때문에	버네요
살다 နေထိုင်သည်။	살기 때문에	사네요

알다 သိသည်။	알기 때문에	아네요
열다 ဖွင့်သည်။	열기 때문에	여네요
울다 ငိုသည်။	울기 때문에	우네요
팔다 ရောင်းသည်။	팔기 때문에	파네요
길다 ရှည်သည်။	길기 때문에	기네요
만들다 ပြုလုပ်သည်။	만들기 때문에	만드네요

	-세요	-ㅂ니다
놀다 ကစားသည်။	노세요	놉니다
들다 သယ်သည်။	드세요	듭니다
벌다 ရှာဖွေသည်။	버세요	법니다
살다 နေထိုင်သည်။	사세요	삽니다
알다 သိသည်။	아세요	압니다
열다 ဖွင့်သည်။	여세요	엽니다
울다 ငိုသည်။	우세요	웁니다
팔다 ရောင်းသည်။	파세요	팝니다
길다 ရှည်သည်။	기세요	깁니다
만들다 ပြုလုပ်သည်။	만드세요	만듭니다

〈읽기 연습〉

ပြီးခဲ့တဲ့အပတ်က 'ကိုရီးယား ထမင်းဝိုင်း'
စားသောက်ဆိုင်ကို သွားလည်ခဲ့တယ်။

ပိတ်ရက်ဖြစ်လို့ လူများပြီး ရှုပ်နေပေမယ့်
အစားအစာက အရသာရှိပြီး ဝန်ထမ်းတွေကလည်း
ဖော်ရွှေတဲ့အတွက်ကြောင့် သဘောကျပါတယ်။
ကိုရီးယားထမင်းဝိုင်းဆိုင်မှာ ငါးကွမ်းရှုပ်ဟင်း
သို့မဟုတ် ကင်မ်ချီဟင်းရည်ကို သုံးဆောင်ကြည့်ပါ။

(1) ဂျီဆူက ပြီးခဲ့တဲ့ ပိတ်ရက်မှာ ခရီးသွားတယ်။ (✗)
(2) ကိုရီးယားထမင်းဝိုင်းဆိုင် ဝန်ထမ်းက မဖော်ရွှေဘူး။
(✗)
(3) ကိုရီးယားထမင်းဝိုင်းဆိုင်က ငါးကွမ်းရှုပ်ဟင်းနဲ့
ကင်မ်ချီဟင်းရည်က အရသာရှိတယ်။ (◯)

정답

제12과

〈듣기 연습〉

1. 🎧 12-4

④
남   무슨 색깔을 좋아해요?
여   빨간색하고 파란색을 좋아해요.
     무슨 색깔을 좋아해요?
남   저는 초록색을 좋아해요.
여   그렇군요. 아, 저 검은색도 좋아해요.

ကျား   ဘာအရောင်ကို သဘောကျလဲ။
မ   အနီရောင်နဲ့၊ အပြာရောင်ကို သဘောကျတယ်။
     ဘာအရောင်ကို သဘောကျလဲ။
ကျား   ကျွန်တော်ကတော့ အစိမ်းရောင်ကို
     သဘောကျတယ်။
မ   အဲဒီလိုကိုး။ အော်၊ ကျွန်မ အမည်းရောင်လည်း
     ကြိုက်သည်။

2. 🎧 12-5

남   지수 씨는 무슨 스타일의 옷을 좋아해요?
여   저는 캐주얼을 즐겨 입어요. 주로 흰색을 많이 입
     어요.
남   지수 씨는 온라인 쇼핑을 하나요?
여   아니요, 잘 안 해요. 저는 매장에서 직접 입어
     보고 사요.

ကျား   ဂျီဆူက ဘယ်လို အဝတ်အစားစတိုင်ကို
     သဘောကျလဲ။
မ   ကျွန်မက ပေါ့ပေါ့ပါးပါး ဝတ်တာကြိုက်တယ်။
     အများသောအားဖြင့် အဖြူရောင်ကို ဝတ်တယ်။
ကျား   ဂျီဆူက အွန်လိုင်းမှာ ဈေးဝယ်လား။
မ   ဟင့်အင်း၊ မဝယ်ဘူး။ ကျွန်မက အရောင်းဆိုင်မှာ
     ကိုယ်တိုင် ဝတ်ကြည့်ပြီး ဝယ်တယ်။

(1) ဂျီဆူကတော့ ဝတ်စုံအပြည့်ကို အမြဲလိုလို ဝတ်တယ်။
   (✕)
(2) ဂျီဆူကတော့ အများအားဖြင့် အဖြူရောင် အင်္ကျီကို
   ဝတ်တယ်။ (○)
(3) ဂျီဆူကတော့ အွန်လိုင်းဈေးဝယ်တာကို အများကြီး
   လုပ်တယ်။ (✕)
(4) ဂျီဆူကတော့ အရောင်းဆိုင်ကနေ အင်္ကျီကို ဝယ်တယ်။
   (○)

〈쓰기 연습〉

1.
(1) 주말에 쇼핑하기로 했어요.
   ပိတ်ရက်မှာ ရှော့ပင်းထွက်ဖို့ လုပ်ခဲ့တယ်။
(2) 아침에 조깅하기로 했어요.
   မနက်မှာ လမ်းလျှောက်ဖို့ လုပ်ခဲ့တယ်။
(3) 공원에서 산책하기로 했어요.
   ပန်းခြံမှာ လမ်းလျှောက်ဖို့ လုပ်ခဲ့တယ်။
(4) 다음 달에 여행을 가기로 했어요.
   နောက်လမှာ ခရီးသွားဖို့ လုပ်ခဲ့တယ်။
(5) 커피숍에서 커피를 마시기로 했어요.
   ကော်ဖီဆိုင်မှာ ကော်ဖီသောက်ဖို့ လုပ်ခဲ့တယ်။

2.

	-고	-아/어요
기르다 မွေးသည်။	기르고	길러요
빠르다 မြန်သည်။	빠르고	빨라요
바르다 လိမ်းသည်။	바르고	발라요
부르다 ခေါ်သည်။	부르고	불러요
고르다 ရွေးချယ်သည်။	고르고	골라요
오르다 တက်သည်။	오르고	올라요
자르다 ဖြတ်သည်။	자르고	잘라요
모르다 မသိဘူး။	모르고	몰라요
다르다 ကွဲပြားသည်။	다르고	달라요
누르다 နှိပ်သည်။	누르고	눌러요

〈읽기 연습〉

အကသင်တန်း ကျောင်းသားများကို
ဖိတ်ခေါ်နေပါတယ်။

ကြိုက်နှစ်သက်ရာ အတန်းကို ရွေးချယ်နိုင်ပါတယ်။
Jazz dance, Samba, Belly dance စသည်တို့
ရှိပါတယ်။
ဘယ်သူမဆို ကြိုဆိုပါတယ်။ Beginner တွေလည်း
သင်နိုင်ပါတယ်။

တနင်္လာ	အင်္ဂါ	ဗုဒ္ဓဟူး	ကြာသပတေး	သောကြာ
၀၉:၀၀ Jazz				၀၉:၀၀ Jazz
၁၀:၀၀ Belly		၁၀:၀၀ Belly		၁၀:၀၀ Belly
	၁၁:၀၀ Samba		၁၁:၀၀ Samba	

(1) အကသင်တန်းမှာ အကအမျိုးအစား ၄ မျိုး ကို
သင်ယူနိုင်ပါတယ်။ (✗)

(2) Jazz dance အတန်းက တနင်္လာနေ့နဲ့
သောကြာနေ့မှာ ရှိတယ်။ (◯)

(3) Samba အတန်းက အင်္ဂါနေ့နဲ့ ကြာသပတေးနေ့မှာ
ရှိတယ်။ (◯)

(4) အရည်အချင်းအလိုက် အတန်းကို ရွေးချယ်နိုင်ပါတယ်။
(✗)

제13과

〈듣기 연습〉

1. 🎧 **13-4**

(1) ①
남 어디가 아프세요?
여 속이 더부룩하고 소화가 안 돼요.

ကျား ဘယ်နေရာက နေမကောင်းလို့လဲ။
မ ရင်ပြည့်ရင်ကယ်ဖြစ်ပြီး အစာမကြေဘူး။

(2) ③
남 어디가 아프세요?
여 잇몸이 붓고 이가 아파요.

ကျား ဘယ်နေရာက နာလို့လဲ။
မ သွားဖုံးရောင်ပြီး သွားက နာတယ်။

(3) ④
남 어디가 아프세요?
여 목이 아프고 기침을 자주 해요.

ကျား ဘယ်နေရာက နေမကောင်းလို့လဲ။
မ လည်ချောင်းက နာပြီး မကြာခဏ
ချောင်းဆိုးတယ်။

(4) ②
남 어디가 아프세요?
여 피부에 두드러기가 나서 가려워요.

ကျား ဘယ်နေရာက နေမကောင်းလို့လဲ။
မ အရေပြားမှာ အဖုအပိန့်နဲ့ထွက်လို့ ယားတယ်။

2. 🎧 **13-5**

남 어디가 아프세요?
여 목이 아프고 기침을 많이 해요.
남 열도 있나요?
여 아니요, 열은 없어요.
남 언제부터 아프셨어요?
여 이틀 전부터요.
남 목이 많이 부었네요. 3일치 약을 처방해 드릴게
요. 따뜻한 물을 많이 드세요.
여 알겠습니다. 감사합니다.

ကျား ဘယ်နေရာက နေမကောင်းလို့လဲ။
မ လည်ချောင်းက နာပြီး ချောင်းအရမ်းဆိုးတယ်။
ကျား အဖျားရော ရှိလား။
မ ဟင့်အင်း၊ အဖျားမရှိဘူး။
ကျား ဘယ်အချိန်ကစပြီး နေမကောင်းဖြစ်ခဲ့တာလဲ။
မ ပြီးခဲ့တဲ့ နှစ်ရက်ကပါ။
ကျား လည်ချောင်းက အရမ်းရောင်နေတာပဲ။
၃ ရက်စာ ဆေးညွှန်းပေးလိုက်ပါ့မယ်။
ရေနွေးများများ သောက်ပါ။
မ သိပါပြီ။ ကျေးဇူးတင်ပါတယ်။

(1) လည်ချောင်းနာပြီး ချောင်းဆိုးသည်။ (◯)
(2) ဖျားသည်။ (✗)
(3) နှစ်ပတ်မတိုင်ခင်က နေမကောင်းဖြစ်ခဲ့သည်။ (✗)
(4) ၃ ရက်စာ ဆေးညွှန်း ရခဲ့သည်။ (◯)

〈쓰기 연습〉

1.

(1) 예쁘게 입으세요.
လှအောင် ဝတ်ပါ။

(2) 방을 깨끗하게 청소했어요.
အခန်းကို သေသေသပ်သပ်ဖြစ်အောင်
သန့်ရှင်းရေးလုပ်ခဲ့တယ်။

(3) 제 동생은 치마를 짧게 입어요.
ကျွန်မ ညီမက စကပ်တို ဝတ်တယ်။

(4) 옷을 따뜻하게 입으세요.
အဝတ်အစားကို နွေးနွေးထွေးထွေး ဝတ်ပါ။

(5) 김밥을 맛있게 만들었어요.
ထမင်းလိပ်ကို အရသာရှိအောင် ပြုလုပ်ခဲ့တယ်။

2.

	-네요	-아/어요
긋다 ဆွဲသည်။	긋네요	그어요
낫다 သက်သာသည်။	낫네요	나아요
젓다 မွှေသည်။	젓네요	저어요
붓다 ရောင်ရမ်းသည်။	붓네요	부어요
짓다 ဆောက်လုပ်သည်။	짓네요	지어요
벗다 ချွတ်သည်။	벗네요	벗어요
웃다 ရယ်သည်။	웃네요	웃어요
씻다 ဆေးကြောသည်။	씻네요	씻어요
빗다 ခေါင်းဖြီးသည်။	빗네요	빗어요
빼앗다 လုယူသည်။	빼앗네요	빼앗아요

	-(으)면	-았/었어요
긋다 ဆွဲသည်။	그으면	그었어요
낫다 သက်သာသည်။	나으면	나았어요
젓다 မွှေသည်။	저으면	저었어요
붓다 ရောင်ရမ်းသည်။	부으면	부었어요
짓다 ဆောက်လုပ်သည်။	지으면	지었어요
벗다 ချွတ်သည်။	벗으면	벗었어요
웃다 ရယ်သည်။	웃으면	웃었어요
씻다 ဆေးကြောသည်။	씻으면	씻었어요
빗다 ခေါင်းဖြီးသည်။	빗으면	빗었어요
빼앗다 လုယူသည်။	빼앗으면	빼앗았어요

〈읽기 연습〉

အခမဲ့ ကာကွယ်ဆေးထိုးခြင်း လမ်းညွှန်

ကာကွယ်ဆေးထိုးခြင်း အချိန်ကာလ : ၁၀ လပိုင်း ၁၅ ရက် ~ ၁၁ လပိုင်း ၁၅ ရက်
သတ်မှတ်ချက် : အသက် ၇၀ အထက်
နေရာ : ဂွါင်းဂျင်မြို့နယ် ကျန်းမာရေးစင်တာ

(1) ကာကွယ်ဆေးထိုးသည့် အချိန်ကာလက ၁ လ ဖြစ်သည်။ (○)
(2) ကာကွယ်ဆေးထိုးရန် ပိုက်ဆံပေးရမည်။ (×)
(3) ကလေးလည်း ကာကွယ်ဆေးထိုးနိုင်သည်။ (×)
(4) ကာကွယ်ဆေးထိုးခြင်းအား ဂွါင်းဂျင်မြို့နယ် ကျန်းမာရေးစင်တာ၌ လုပ်သည်။ (○)

제14과

〈듣기 연습〉

1. 14-4

남　안녕하세요. 무엇을 도와 드릴까요?
여　적금 통장을 만들려고요.
남　신분증을 주시고 여기 서류를 작성해 주세요.
여　네, 여기 있습니다.
남　매월 얼마로 해 드릴까요?
여　10만원으로 해 주세요.

ကျား　မင်္ဂလာပါ။ ဘာကူညီပေးရမလဲ။
မ　ငွေစုဘဏ်စာအုပ် လုပ်မလို့ပါ။
ကျား　မှတ်ပုံတင်ပေးပြီး ဒီစာရွက်စာတမ်းကို ဖြည့်ပေးပါ။
မ　ဟုတ်ကဲ့။ ဒီမှာ ရှိပါတယ်။
ကျား　လစဉ် ဘယ်လောက် လုပ်ပေးရမလဲ။
မ　ဝမ် ၁ သိန်း လုပ်ပေးပါ။

(1) ③
(2) ②

2. 14-5

여　안녕하세요. 어떻게 오셨어요?
남　해외 송금을 하러 왔어요.
여　얼마를 송금하실 건가요?
남　미얀마에 25만원을 부치려고 합니다.
여　송금하시려면 신분증이 필요합니다.
남　여권도 되나요?
여　네, 됩니다. 수수료는 총 금액의 5%입니다.
남　네, 감사합니다.

မ　မင်္ဂလာပါ။ ဘာကိစ္စနဲ့ လာတာပါလဲ။
ကျား　နိုင်ငံခြား ငွေလွှဲလုပ်ဖို့ လာတာပါ။
မ　ငွေဘယ်လောက် လွှဲမှာလဲ။
ကျား　မြန်မာကို ဝမ် ၂ သိန်းခွဲ ပို့ချင်ပါတယ်။
မ　ငွေလွှဲမယ်ဆိုရင် မှတ်ပုံတင် လိုအပ်ပါတယ်။
ကျား　ပတ်စပို့ရော ရလား။
မ　ဟုတ်ကဲ့၊ ရပါတယ်။ ဝန်ဆောင်ခက စုစုပေါင်း ပမာဏရဲ့ ၅ ရာခိုင်နှုန်းပါ။
ကျား　ဟုတ်ကဲ့၊ ကျေးဇူးတင်ပါတယ်။

(1) ယောက်ျားလေးက ပြည်တွင်းငွေလွှဲခြင်းကို လုပ်မလို့
လုပ်သည်။ (✗)

(2) ငွေလွှဲသည့်အခါ မှတ်ပုံတင် လိုသည်။ (◯)

(3) မှတ်ပုံတင်သည် နိုင်ငံသား မှတ်ပုံတင်သာ
လက်ခံသည်။ (✗)

(4) ဝန်ဆောင်ခသည် ၁၅% ဖြစ်သည်။ (✗)

〈쓰기 연습〉

1.

(1) 걸으면서 전화를 해요.
လမ်းလျှောက်ရင်းနဲ့ ဖုန်းဆက်တယ်။

(2) 일하면서 음악을 들어요.
အလုပ်လုပ်ရင်းနဲ့ သီချင်းနားထောင်တယ်။

(3) 여행하면서 사진을 찍어요.
ခရီးသွားရင်းနဲ့ ဓာတ်ပုံရိုက်တယ်။

(4) 밥을 먹으면서 이야기를 해요.
ထမင်းစားရင်းနဲ့ စကားပြောတယ်။

(5) 통장을 만들면서 카드를 만들어요.
ဘဏ်စာအုပ်လုပ်ရင်းနဲ့ ကဒ်လုပ်တယ်။

2.

(1) 밥을 먹었는데 또 배가 고파요.
ထမင်းစားခဲ့ပေမယ့် ဗိုက်က ထပ်ဆာတယ်။

(2) 날씨가 좋았는데 집에만 있었어요.
ရာသီဥတုက ကောင်းပေမယ့် အိမ်မှာပဲ ရှိခဲ့တယ်။

(3) 책을 읽었는데 이해가 잘 안 돼요.
စာအုပ်ကို ဖတ်ခဲ့ပေမယ့် ကောင်းကောင်း
နားမလည်ဘူး။

(4) 배가 고팠는데 바빠서 밥을 못 먹었어요.
ဗိုက်ဆာပေမယ့် အလုပ်များလို့ ထမင်း မစားနိုင်ခဲ့ဘူး။

(5) 어렸을 때는 키가 컸는데 지금은 작아요.
ငယ်ငယ်တုန်းက အရပ်ရှည်ပေမယ့် အခုတော့ ပုတယ်။

〈읽기 연습〉

ဖူရွန်းဘဏ် < မျှော်မှန်း ပုံမှန်ငွေစုခြင်း > လမ်းညွှန်
အတိုးနှုန်း : တစ်နှစ် ၃.၅%
ငွေစု ကာလ : ၂၄ လ
လစဉ် အများဆုံး : ဝမ် ၁၀ သိန်း
※ ငွေစုရန် စာရင်းသွင်းလျှင် လက်ဆောင်ပေးမည်။

(1) တစ်နှစ်ကို ဝမ် ၁၀ သိန်း စုဆောင်းနိုင်သည်။ (✗)

(2) ၁ နှစ် အတွင်း အတိုးနှုန်းက ၃.၅% ဖြစ်သည်။ (◯)

(3) ပုံမှန်ငွေစုကာလက ၁ နှစ် ဖြစ်သည်။ (✗)

(4) ပုံမှန်ငွေစုရန် စာရင်းသွင်းလျှင် လက်ဆောင်
ပေးအပ်သည်။ (◯)

〈듣기 연습〉

1. 🎧 15-4

(1) 여 꼬민 씨는 한국에 온 지 얼마나 됐어요?
남 한국에 온 지 1년 됐습니다.

မ ကိုမင်း ကိုရီးယားကို ရောက်တာ
ဘယ်လောက်ကြာပြီလဲ။

ကျား ကိုရီးယားကို ရောက်တာ ၁ နှစ် ရှိပြီ။

(2) 남 모모 씨는 이 일을 한 지 얼마나 됐어요?
여 이 일을 한 지 6개월 됐습니다.

ကျား မိုးမိုးက ဒီအလုပ်လုပ်တာ
ဘယ်လောက်ကြာပြီလဲ။

မ ဒီအလုပ်လုပ်တာ ၆ လ ရှိပြီ။

(3) 여 마이클 씨는 한국어를 배운 지 얼마나 됐어
요?
남 한국어를 배운 지 2년 됐습니다.

မ မိုက်ကယ် ကိုရီးယားစာ လေ့လာတာ
ဘယ်လောက်ကြာပြီလဲ။

ကျား ကိုရီးယားစာ လေ့လာတာ ၂ နှစ် ရှိပြီ။

(4) 남 수지 씨는 입사한 지 얼마나 됐어요?
여 입사한 지 일주일 됐습니다.

ကျား ဆူဂျီ အလုပ်ဝင်တာ ဘယ်လောက်ကြာပြီလဲ။
မ အလုပ်ဝင်တာ တစ်ပတ်ရှိပြီ။

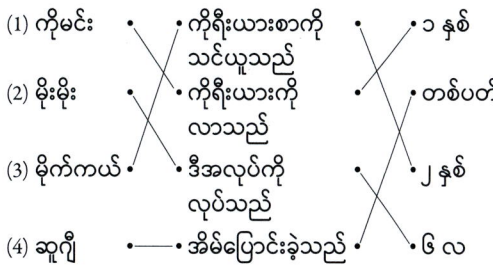

(1) ကိုမင်း • • ကိုရီးယားစာကို • ၁ နှစ်
သင်ယူသည်

(2) မိုးမိုး • • ကိုရီးယားကို • တစ်ပတ်
လာသည်

(3) မိုက်ကယ် • • ဒီအလုပ်ကို • ၂ နှစ်
လုပ်သည်

(4) ဆူဂျီ • • အိမ်ပြောင်းခဲ့သည် • ၆ လ

정답

2. 🎧 15-5

남 저는 일주일 전에 편의점 아르바이트를 시작했습니다. 학교가 방학을 해서 낮 시간 동안 하고 있습니다. 편의점 일은 어렵지 않고, 손님이 없을 때는 한국어 공부도 할 수 있어서 좋습니다. 그러나 다음에는 카페에서 일해 보고 싶습니다. 왜냐하면 제가 커피를 좋아하기 때문입니다.

ကျား ကျွန်တော် ပြီးခဲ့တဲ့ အပတ်တုန်းက ၂၄ နာရီစတိုးမှာ အချိန်ပိုင်းအလုပ်ကို စလုပ်ခဲ့ပါတယ်။ ကျောင်းက ရက်ရှည် ပိတ်လို့ နေ့ဘက်မှာ အလုပ် လုပ်နေပါတယ်။ ၂၄ နာရီစတိုး အလုပ်က မခက်ခဲ့ဘဲ၊ ဝယ်သည် မရှိတဲ့အချိန် ကိုရီးယားစာ လေ့လာတာကိုလည်း လုပ်နိုင်လို့ ကောင်းပါတယ်။ ဒါပေမယ့် နောက်ကျရင် ကော်ဖီဆိုင်မှာ အလုပ်လုပ်ကြည့်ချင်ပါတယ်။ ဘာကြောင့်လဲဆိုရင် ကျွန်တော်က ကော်ဖီကို ကြိုက်တဲ့အတွက်ကြောင့်ပါ။

(1) ယောက်ျားလေးက ၂၄ နာရီစတိုးကို ပစ္စည်းဝယ်ဖို့ သွားခဲ့သည်။ (✕)

(2) ယောက်ျားလေးက အလုပ်လုပ်တာ တစ်ပတ် ရှိပြီ။ (○)

(3) ယောက်ျားလေးက ကော်ဖီဆိုင်မှာ အလုပ်လုပ်ဖူးသည်။ (✕)

(4) ယောက်ျားလေးသည် အလုပ်လုပ်ရင်း ကိုရီးယားစာကို လေ့လာသည်။ (○)

〈쓰기 연습〉

1.

(1) 한국어를 잘했으면 좋겠어요.
ကိုရီးယားစာ တော်ခဲ့ရင် ကောင်းမှာပဲ။

(2) 주말에 날씨가 좋았으면 좋겠어요.
ပိတ်ရက်မှာ ရာသီဥတု သာယာခဲ့ရင် ကောင်းမှာပဲ။

(3) 내일 경기에서 이겼으면 좋겠어요.
မနက်ဖြန် ပြိုင်ပွဲမှာ နိုင်ခဲ့ရင် ကောင်းမှာပဲ။

(4) 도서관에서 책을 읽었으면 좋겠어요.
စာကြည့်တိုက်မှာ စာအုပ်ကို ဖတ်ခဲ့ရင် ကောင်းမှာပဲ။

(5) 너무 힘들어서 내일 쉬었으면 좋겠어요.
အရမ်းပင်ပန်းလို့ မနက်ဖြန် နားရရင် ကောင်းမှာပဲ။

2.

(1) 옷이 큰 것 같아요.
အဝတ်အစားက ကြီးတယ်လို့ ထင်တယ်။

(2) 날씨가 좋은 것 같아요.
ရာသီဥတုက သာယာတယ်လို့ ထင်တယ်။

(3) 버스를 놓친 것 같아요.
ဘတ်စ်ကား လွတ်သွားတယ်လို့ ထင်တယ်။

(4) 엄마가 화난 것 같아요.
အမေက ဒေါသထွက်နေတယ်လို့ ထင်တယ်။

(5) 시험을 잘 본 것 같아요.
စာမေးပွဲကို ကောင်းကောင်း ဖြေနိုင်တယ်လို့ ထင်တယ်။

〈읽기 연습〉

ဝန်ထမ်း အလိုရှိသည်။

• အလုပ်ချိန်
  – နေ့ဆိုင်း : ၀၉:၀၀ ~ ၁၈:၀၀
  – ညဆိုင်း : ၂၃:၀၀ ~ ၀၆:၀၀
• အလုပ် နေ့ရက် : တနင်္လာနေ့ ~ သောကြာနေ့
  (တစ်ပတ် ၅ ရက်)
• လစာ : အင်တာဗျူး ပြီးနောက် ဆုံးဖြတ်မည်
• အသက် : ၂၀ ~ ၃၀ နှစ်

※ အတွေ့အကြုံရှိသူ ဦးစားပေး/ လူသစ်လည်း ရနိုင်

ဆိုးလ်မြို့၊ ဂန်းနမ်းမြို့နယ် အေဘီ ၂၄ နာရီစတိုး
စုံစမ်းရန် : ၀၁၀-၁၂၃၄-၅၆၇၈

(1) ဒီ ၂၄ နာရီစတိုးသည် အလုပ်လုပ်မည့် လူကို ရှာနေသည်။ (○)

(2) ၂၀ နှစ် ကစပြီး ၃၉ နှစ် အထိ အလုပ်လုပ်နိုင်သည်။ (✕)

(3) လစာသည် အင်တာဗျူးပြီးနောက် ဆုံးဖြတ်ချက်ချမည်။ (○)

(4) အတွေ့အကြုံမရှိသူ လျှောက်ထား၍ မရပါ။ (✕)

제16과

〈듣기 연습〉

1. 16-4

여 어서 오세요, 어떻게 오셨습니까?
남 체류 자격을 변경하려면 어떻게 해야 되나요?
여 여기 신청서를 쓰세요. 여권과 외국인등록증을 가지고 오셨나요?
남 네, 여기 가져왔어요.
여 수수료는 6만원입니다.
남 이번에 신청하면 허가는 언제 나오나요?
여 2주 후에 나옵니다.

မ ကြွပါ၊ ဘာကိစ္စနဲ့ ရောက်လာတာပါလဲ။
ကျား နေထိုင်မှု အထောက်အထားကို ပြောင်းလဲရင် ဘယ်လိုလုပ်ရမလဲ။
မ ဒီ လျှောက်လွှာကို ဖြည့်ပါ။ ပတ်စ်စပို့နဲ့ နိုင်ငံခြားသားမှတ်ပုံတင် ယူလာလား။
ကျား ဟုတ်ကဲ့၊ ဒီမှာ ယူလာပါတယ်။
မ ဝန်ဆောင်ခက ၆ သောင်း ဝမ်ပါ။
ကျား ဒီတစ်ခါ လျှောက်ထားရင် ခွင့်ပြုချက်က ဘယ်အချိန် ထွက်လာမလဲ။
မ ၂ ပတ် ကြာမှ ထွက်လာပါမယ်။

(1) 체류자격을 변경하러 왔습니다.
(နေထိုင်မှု အထောက်အထား ပြောင်းလဲဖို့ လာတာပါ။)
(2) 6만원입니다.
(၆ သောင်း ဝမ်ပါ။)
(3) 2주 정도 걸립니다.
(၂ ပတ်လောက် ကြာပါတယ်။)

2. 16-5

여 안녕하세요? 여권을 보여주십시오.
남 네, 여기 있습니다.
여 한국에 무슨 일로 오셨습니까?
남 유학하러 왔습니다.
여 외국인등록증이 있습니까?
남 아니요. 없습니다.
여 입국하고 나서 90일 이내에 외국인등록증을 신청하셔야 합니다.
남 네, 알겠습니다.

မ မင်္ဂလာပါ။ ပတ်စ်စပို့ ပြပေးပါ။
ကျား ဟုတ်ကဲ့၊ ဒီမှာ ရှိပါတယ်။
မ ကိုရီးယားကို ဘာကိစ္စနဲ့ လာတာပါလဲ။
ကျား ပညာတော်သင် လာတာပါ။
မ နိုင်ငံခြားသားမှတ်ပုံတင် ရှိလား။
ကျား ဟင့်အင်း၊ မရှိပါဘူး။
မ ပြည်ဝင်ခွင့်ရရှိပြီး ရက် ၉၀ အတွင်း နိုင်ငံခြားသားမှတ်ပုံတင်ကို ထုတ်ယူရပါမယ်။
ကျား ဟုတ်ကဲ့၊ သိပါပြီ။

(1) ယောက်ျားလေးကတော့ ပတ်စ်စပို့ ရှိသည်။ (○)
(2) ယောက်ျားလေးကတော့ လျှောက်လည်ဖို့ လာခဲ့သည်။ (×)
(3) ယောက်ျားလေးကတော့ နိုင်ငံခြားသားမှတ်ပုံတင်ကတ် ရှိသည်။ (×)
(4) ပြည်ဝင် ပြီးသည့်နောက် နိုင်ငံခြားသားမှတ်ပုံတင်ကတ် ချက်ချင်း လိုအပ်သည်။ (×)

〈쓰기 연습〉

1.

(1) 키가 크니까 좋겠어요.
အရပ်က ရှည်လို့ ကောင်းတယ်။
(2) 머리가 아프니까 약을 먹어요.
ခေါင်းကိုက်လို့ ဆေးသောက်တယ်။
(3) 날씨가 좋으니까 소풍을 가요.
ရာသီဥတုက ကောင်းလို့ ပျော်ပွဲစား သွားတယ်။
(4) 바지가 작으니까 교환해 주세요.
ဘောင်းဘီက သေးလို့ လဲပေးပါ။
(5) 시험이 어려우니까 공부를 많이 해요.
စာမေးပွဲက ခက်လို့ အများကြီး လေ့လာတယ်။

2.

(1) 오늘은 일찍 출근해야 돼요.
ဒီနေ့ စောစော အလုပ်တက်ရမယ်။
(2) 한국어 시험을 준비해야 돼요.
ကိုရီယား စာမေးပွဲကို ပြင်ဆင်ရမယ်။
(3) 하루에 2번 약을 먹어야 돼요.
တစ်နေ့ကို ၂ ကြိမ် ဆေးသောက်ရမယ်။
(4) 면접이 있어서 정장을 입어야 돼요.
အင်တာဗျူးရှိလို့ ဝတ်စုံပြည့် ဝတ်ရမယ်။
(5) 내일 시험이어서 공부해야 돼요.
မနက်ဖြန် စာမေးပွဲမို့လို့ စာလေ့လာရမယ်။

정답

<읽기 연습>

(1) 체류 기간 연장 허가
    (နေထိုင်ခွင့်ကာလ သက်တမ်းတိုးရန် ခွင့်ပြုချက်)

(2) 경기도 안산시 단원구 구부로 78
    (ဂယောင်းဂီပြည်နယ်၊ အန်းဆန်းမြို့၊
    ဒန်းဝေါန်းမြို့နယ်၊ ဂူဘူရို ၇၈)

(3) 미얀마(မြန်မာ)